LA TRANSICIÓN AL OCÉANO AZUL

W. CHAN KIM - RENÉE MAUBORGNE

LA TRANSICIÓN AL OCÉANO AZUL

MÁS ALLÁ DE COMPETIR

PASOS PROBADOS PARA INSPIRAR CONFIANZA Y GENERAR CRECIMIENTO

Empresa Activa

Argentina – Chile – Colombia – España
Estados Unidos – México – Perú – Uruguay

Título original: *Blue Ocean Shift – Beyond Competing –Proven Steps to Inspire Confidence and Seize New Growth*
Editor original: Hachette Books, New York
Traducción: Helena Álvarez de la Millar

1.ª edición Marzo 2018

Plaza de los Reyes Magos 8, piso 1.° C y D – 28007 Madrid
www.empresaactiva.com
www.edicionesurano.com

ISBN: 978-84-92921-84-3
E-ISBN: 978-84-17180-42-3
Depósito legal: B-3.272-2018

Fotocomposición: Ediciones Urano, S.A.U.
Impreso por Rodesa, S.A. – Polígono Industrial San Miguel – Parcelas E7-E8
31132 Villatuerta (Navarra)

Impreso en España – *Printed in Spain*

«Para esforzarse, buscar, encontrar y no ceder.»

ALFRED TENNYSON

Índice

Prólogo 11

PARTE UNO
La transición al océano azul

1. Llegar más allá que el mejor 17
2. Principios básicos de la estrategia que crea mercado 47
3. La mente de un estratega de océano azul. 69
4. Humanidad, confianza y competencia creativa 89

PARTE DOS
Los cinco pasos para realizar una transición al océano azul

Paso uno: Manos a la obra 109
5. Escoger el lugar adecuado para empezar 111
6. Formar el equipo de océano azul adecuado. 131

Paso dos: Comprender dónde estás ahora 145
7. Tener claro cómo están las cosas ahora 147

Paso tres: Imaginar dónde podrías estar 173
8. Descubrir los puntos de dolor ocultos que limitan el tamaño de tu sector 175
9. Descubrir un océano de no consumidores. 197

Paso cuatro: Averiguar cómo llegar 217

10. Reconstruir las fronteras del mercado. Sistemáticamente 219

11. Desarrollar oportunidades de océano azul alternativas 247

Paso cinco: Ejecutar tu jugada 265

12. Escoger tu jugada de océano azul y realizar estudios de mercado rápidos 267

13. Finalizar y lanzar tu jugada de océano azul 287

Epílogo Una transición nacional al océano azul en acción 305

Agradecimientos 321

Sobre los autores 327

Prólogo

En su poema «¡Oh, mi yo! ¡Oh, vida!», Walt Whitman, el poeta y ensayista estadounidense, reflexiona sobre las pruebas y tribulaciones que definen la experiencia humana: «¿Qué de bueno hay en medio de estas cosas, oh, mi yo, oh, vida?», se pregunta; y su respuesta —que todos nosotros podemos contribuir con nuestro verso al poderoso drama que es la vida— nunca nos ha dejado de acompañar.

La vida entraña sus retos y sus tribulaciones, de eso no hay duda, pero entra dentro de nuestras posibilidades el ser capaces de darle forma. Por el mero hecho de existir, todos somos capaces de contribuir con un verso y, al hacerlo, influimos en el curso de la vida y hasta puede que en su belleza, aunque tan solo sea un centímetro.

¿Cuál va a ser tu verso? ¿Cuál será el nuestro? Nunca nos hemos dejado de hacer esta pregunta. ¿Qué queremos que nos defina? ¿En qué arco narrativo queremos centrar nuestros esfuerzos con la esperanza de añadir un pequeño verso al poderoso drama que es la vida que pueda ayudar a que nuestro mundo avance?

Para nosotros, como académicos dedicados al ámbito de los negocios, el mundo que aspirábamos a ayudar a que avanzara no era uno definido por la competencia o la división en los mercados ni en el planeta, en el que la ganancia de uno ha de venir a expensas de la pérdida de otro. La competencia existe y los escenarios en los que uno pierde y otro gana abundan, pero eso no era lo que cautivó nuestra imaginación ni aquello de lo que creímos que el mundo necesitaba tener todavía más. Lo que admirábamos, lo que nos inspiraba, eran las organizaciones y los individuos que iban más allá de la competición y creaban nuevas fronteras de oportunidad, crecimiento y empleo, donde el éxito no consistía en dividir un pastel ya existente —y menguante casi siempre— sino en crear un pastel económico más grande para todos, eso que llamamos los *océanos azules*. Los océanos azules no se centran tanto en la disrupción, sino más bien en la creación no disruptiva, donde uno no ha de ganar necesariamente a expensas de lo que otro pierda.

¿Pero cómo se traduce la aspiración en acción y la intención en realidad?

Necesitamos una hoja de ruta que nos permita desplazar el punto de vista y liberar nuestra imaginación, permitiéndonos dejar en suspenso las creencias en los límites del hoy, de modo que podamos ver y crear las posibilidades del mañana. Y para eso necesitamos inspirar confianza en nosotros mismos y en nuestra gente porque, pese a estar todos rebosantes de energía creativa y capacidad de resiliencia en nuestro interior, la mayoría también somos increíblemente tiernos y vulnerables. Sin la confianza para actuar, pocos se aventurarán a tomar una nueva senda, por muy clara que esté la hoja de ruta. Aspiramos a marcar la diferencia y al mismo tiempo tememos no poder hacerlo. La confianza es la cualidad mágica que nos permite trascender las dudas silenciosas sobre nosotros mismos que arrastramos. La confianza nos muestra el camino emocional a seguir para avanzar al permitirnos creer en nosotros mismos y confiar en el proceso.

El libro que tienes en las manos es nuestra respuesta a este reto. Se basa en nuestro viaje de casi treinta años de investigación adentrándonos en el océano azul, en el transcurso del cual hemos estudiado organizaciones grandes y pequeñas, con y sin ánimo de lucro y gobiernos que fueron más allá de competir en abarrotados mercados existentes —lo que entendemos por océanos rojos— para alcanzar nuevas cotas de confianza, creación de mercado y crecimiento. Lo que aprendimos estudiando a los que tuvieron éxito al realizar esta transición así como los que fracasaron en el intento es que, para que cualquier proceso funcione, debe reconocer nuestras dudas y fortalecer nuestra confianza en la misma medida en que libera la necesaria creatividad de la gente dando pasos de eficacia probada.

En *La transición al océano azul*, la gente y nuestro espíritu humano se sitúan en un mismo plano por medio de un proceso probado y herramientas de mercado para moverte a ti, a tu equipo y a tu organización de los océanos rojos a los azules, y hacerlo de un modo que la gente sienta como suyo y que impulse el proceso hasta culminar en un éxito. Este libro proporciona una guía paso a paso que cualquiera puede seguir, con lecciones puestas a prueba en mil batallas además de aprendidas en el terreno, lecciones sobre lo que funciona y lo que no, y cómo evitar las dificultades que jalonan el camino.

Nosotros hemos decidido con qué verso queremos contribuir en este mundo. Creemos firmemente que todos somos capaces de crear nuevas fronteras y versos propios. Como dijo en una ocasión Nelson Mandela: «Siempre parece imposible hasta que alguien lo hace». Confiamos en que este libro te ayude a crear el tuyo.

PARTE UNO

La transición al océano azul

1
Llegar más allá que el mejor

«Cuando hago música, siento que estoy en un mundo bello que es infinito.»

En 2008, en medio de la devastación en que se ha convertido Irak —un país de divisiones religiosas y étnicas, penalidades y guerra—, Zuhal Sultan tuvo un sueño. La pianista iraquí de diecisiete años quería crear la primera orquesta joven de su país y viajar con ella al extranjero. Pero en Irak había pocos músicos con formación y pocos profesores de música, y también escaseaban los instrumentos de calidad, por no hablar de las brechas culturales que dividían a la juventud iraquí y se remontaban a siglos atrás.

¿Por dónde empezar? Utilizando Internet, Zuhal encontró un director. Paul MacAlindin, un director de orquesta escocés y músico con formación clásica respondió y se comprometió a dirigir la Joven Orquesta Nacional de Irak (NYOI por sus siglas en inglés).

Paul no tardó en darse cuenta de que iba a tener que convertirse en estratega, además de músico, ya que la orquesta no tendría la menor oportunidad si competía en los mismos términos que otras jóvenes orquestas nacionales. La competencia en el sector era intensa, el panorama lo dominaban las venerables jóvenes orquestas europeas de países como Francia, Italia, España y el Reino Unido. Estas orquestas, formadas por jóvenes músicos con intensa y amplia formación y por tanto grandes habilidades técnicas, además contaban con la posibilidad de colaborar con solistas y directores invitados de primer nivel y ofrecían cuidadas actuaciones interpretando las grandes obras clásicas de compositores como Brahms, Beethoven y Mahler. Para destacar, al tiempo que se mantenían los costes bajos, Paul se dio cuenta de que la NYOI tendría que romper con las tradiciones del sector y redefinir lo que significaba ser una joven orquesta nacional.

En vez de centrarse en la excelencia técnica y la sofisticación musical, la NYOI se centraría en el poder de la música para curar, tender puentes que salven las más profundas brechas, e ilustrar a pequeña escala la gloria oculta del rico patrimonio nacional iraquí. A tal efecto, Paul hizo que la orquesta dependiera menos de la excelencia musical y un sofisticado repertorio europeo, y eliminó el recurso a afamados solistas y directores invitados, con lo que se redujo sustancialmente la estructura de costes.

Y, en lugar de todo eso, Paul y Zuhal reunieron un grupo de jóvenes músicos que interpretarían música original iraquí de origen tanto kurdo como árabe, poniéndola al nivel de Haydn, Beethoven y Schubert, cuyas obras también interpretaban. Para gran incredulidad de muchos, la NYOI reunió a jóvenes músicos, hombres y mujeres, tanto suníes como chiíes, árabes y kurdos. De este modo, Paul y Zuhal levantaron una orquesta que mostraba la esperanza y el compromiso de los jóvenes iraquíes para construir juntos un futuro mejor sobre los escombros de la destrucción provocada por la guerra. Tal y como lo expresó el miembro de la NYOI Mohamed Adnan Abdallah: «La música es el lenguaje de la paz y hace que la gente se ame. Cuando los músicos se sientan a tocar juntos, eso es lo que comunican»[1].

El resultado: la NYOI empezó a conocerse como «la orquesta más valiente del mundo», un título que le atribuyó por primera vez un presentador de la cadena británica Sky News. Puede que no sean el grupo más virtuoso de jóvenes músicos en términos técnicos, pero sí probablemente el más inspirado. La NYOI se distinguió de otras jóvenes orquestas más tradicionales desde un principio, ganándose elogios, ovaciones de patios de butacas puestos en pie y visibilidad por todo el planeta. La joven orquesta atrajo a público nuevo que jamás había asistido a un concierto de música clásica y logró uno de los mayores niveles de seguimiento en las redes sociales de entre todas las jóvenes

1. *Véase* el vídeo del lanzamiento de la NYOI en www.youtube.com/watch?v=5DCaqw0dasU

orquestas. Más aún: enseñó a los jóvenes iraquíes que podían crear una narrativa diferente para su país que no fuera la de la destrucción, el odio y la guerra, sino una narrativa de paz, esperanza y solidaridad[2].

Paul MacAlindin es inteligente y un gran director de orquesta. Además es un trabajador incansable, se esfuerza por hacerlo lo mejor posible y le apasiona marcar la diferencia. Ahora bien, también sería el primero en admitir que no es ningún genio ni el típico emprendedor. En muchos sentidos, Paul es sencillamente como la mayoría de nosotros pero, pese a las restricciones organizativas que iban de la escasez de recursos a una disponibilidad limitada de talento de primer nivel, Paul y los jóvenes miembros de su orquesta desarrollaron una estrategia que era a la vez creativa y de bajo coste, lo que permitió a la orquesta destacar en medio de una feroz y profundamente arraigada competencia.

Paul y los jóvenes músicos de la NYOI no están solos.

De orquestas a freidoras de patatas

Tomemos por caso el grupo SEB, la multinacional francesa fundada en 1857. Como la mayor parte de las grandes multinacionales bien establecidas, la gestión del Groupe SEB estaba en manos de directivos profesionales, muchos de los cuales llevan años en la empresa, con una cultura establecida y su dosis de burocracia y movimientos políticos internos. Como la mayoría de los fabricantes de electrodomésticos pequeños de la época, con el tiempo, sus negocios se han ido enfrentando a una competencia creciente y mayor presión en los márgenes. Más concretamente, este era el caso de sus freidoras eléctricas, que no acababan de distinguirse del resto de la competencia en un mercado que se reducía un 10% cada año en términos de valor.

---

2. Tras seis años extraordinarios, en 2014, el Estado islámico en Irak y el Levante, el EIIL, invadió Irak. El ascenso del EIIL y su penetración en Irak ha puesto el país en peligro y ha obligado a la orquesta a hacer un paréntesis. No obstante, su mensaje de paz, tal y como queda documentado aquí, todavía se oye en la actualidad, al tiempo que algunos de los músicos más importantes del mundo siguen celebrando el océano azul que la NYOI ha creado.

Reconociendo la necesidad de apartarse de esa competencia, Christian Grob, responsable de los dispositivos electrónicos de cocina por aquel entonces, y su equipo se propusieron darle la vuelta a esa situación. Los directivos profesionales de SEB se mostraron un tanto escépticos. A fin de cuentas, ¿qué podía hacerse con una freidora de patatas cuando el precio era lo único que parecía impulsar las ventas?

Christian y su equipo razonaban de otra manera: ¿Y si todos los participantes del mercado estuvieran operando conforme al mismo conjunto de asunciones pero estas limitaran el atractivo y la demanda de sus productos? ¿Qué ocurriría si se repensaran esas asunciones? Christian y su equipo se dispusieron a hacer justamente eso: identificar y desafiar las asunciones más básicas del sector. Y, cuando lo hicieron, tuvieron una revelación.

El equipo de Christian descubrió que había dos hechos que todo el mundo aceptaba sin cuestionarlos, dos hechos que, en definitiva, definían el sector. El primero, que para hacer patatas fritas había que freír. El segundo, que para freír hacía falta mucho aceite.

¿Obvio? Sí. Ahora bien, estas asunciones no analizadas habían llevado al sector a ignorar toda una serie de problemas: los dos litros y medio de aceite de cocina que hacían falta suponían un gasto considerable; además, una vez caliente, ese aceite hace que las freidoras resulten peligrosas; cuando acabas de freír, no es fácil deshacerse del aceite, con lo que la limpieza del aparato no resulta sencilla; y ya como colofón, con todo ese aceite, las patatas fritas no son muy sanas que digamos y, además, engordan un montón.

Desafiar estas verdades generalmente aceptadas llevó al equipo a redefinir el problema apartándose del que ocupaba las mentes del sector —cómo hacer la mejor freidora— para centrarse en cómo hacer patatas fritas deliciosas y sanas sin necesidad de freír. El resultado fue ActiFry, un tipo completamente nuevo de freidora que se lanzó por primera vez en Francia en 2006 para luego ampliarse su distribución al resto del mundo. ActiFry no implica freír nada y usa únicamente una cucharada sopera de aceite para freír un kilo de patatas, con aproximadamente un 40% menos de calorías y un 80% menos de grasa que la misma porción de patatas cocinadas a la manera tradicional. Además, el aparato es fácil de limpiar y no plantea problemas ni de seguridad ni a la hora de deshacerse del aceite usado. Y las patatas están buenísimas, crujientes por fuera y blandas por dentro. Se trata de la combinación ganadora de patatas sanas más bajas en calorías pero deliciosas que inspiró a Oprah Winfrey a escribir un tuit sobre lo mucho que le gusta su ActiFry. «Este aparato..., la ActiFry me ha cambiado la vida —escribió Oprah en Twitter—, y no me pagan para que lo diga.»[3] No solo la demanda superó a la oferta en toda Europa sino que, tras el comentario de Oprah, la cotización de la acción de Groupe SEB subió un 5% gracias a este producto. Los competidores tardaron cinco años en llegar al mercado e incluso así no lograron una cuota de mercado significativa, ya que no podían igualar lo que ofrecía ActiFry gracias a las patentes que Groupe SEB había obtenido. A día de hoy, transcurridos ya diez años, ActiFry sigue siendo líder del mercado mundial. Además, con el lanzamiento de ActiFry, el sector creció un 40% en valor y atrajo al mercado a clientes totalmente nuevos que nunca jamás habían comprado una freidora eléctrica.

Los sectores de las jóvenes orquestas y las freidoras de patatas, claramente son mundos distintos: ofrecen cosas distintas, en ellos se compite de manera diferente y los participantes en el mercado son bien distintos. Las dos organizaciones también son diferentes. La Joven Orquesta Nacional de Irak es una entidad nueva sin ánimo de lucro, básicamente una *startup*. Groupe SEB es una multinacional con ánimo de lucro con más de 150 años de historia a sus espaldas.

Por más que las dos organizaciones y el panorama de sus sectores son muy diferentes, sin embargo, lograron el éxito del mismo modo: ambas pasaron de competir en mercados existentes atestados de competidores a crear nuevos espacios de mercado. Y, por más que ambas se enfrentaran a obstáculos de tipo administrativo —como ocurre en to-

---

3. El tuit de Oprah Winfrey sobre ActiFry se publicó a la 1:46pm el 15 de febrero de 2013. El tuit completo decía: «Este aparato, la T-fal actifry me ha cambiado la vida. Y no me pagan para que lo diga». https://twitter.com/oprah/status/302534477878554624?lang=en. T-fal es la marca de Groupe SEB con la que se vende la ActiFry en Estados Unidos. Dependiendo del país, Groupe SEB comercializa la ActiFry con distintas marcas entre las que se encuentran T-Fal, Tefal y SEB. Por este motivo, sencillamente nos referimos a la ActiFry como la ActiFry de Groupe SEB en este libro.

das las organizaciones— las superaron ganándose la confianza y la cooperación de la gente. Esto es lo que llamamos una transición al océano azul. La transición al océano azul es un proceso sistemático para sacar a tu organización de los mercados de competencia feroz y sanguinaria —que imaginamos como océanos rojos llenos de tiburones— y llevarla a amplios océanos abiertos de aguas azules o nuevos mercados sin competencia, y hacerlo de tal modo que tu gente te acompañe en ese viaje.

Para profundizar en la comprensión del concepto de transición al océano azul, consideremos otro ejemplo, en esta ocasión lanzado por un gobierno, supuestamente una de las instituciones más burocráticas y refractarias al cambio, y que pocos describirían como una institución creativa o innovadora.

El regalo de una segunda oportunidad

Muchos países se enfrentan en la actualidad a una criminalidad creciente, prisiones superpobladas y altas tasas de reincidencia. Las implicaciones de esta situación son tremendas y se generan altos costes para el contribuyente. Además, supone una amenaza para la seguridad de los ciudadanos. Para los que han cometido un delito y se encuentran en un círculo vicioso del que no logran salir, la situación no hace sino debilitarlos, y a sus familias sencillamente todo esto les parte el corazón.

La mayoría de los gobiernos abordan la sobrepoblación en los centros penitenciarios de manera convencional: construyendo más prisiones o maximizando la ocupación de las existentes, para lo que no queda más remedio que mezclar a personas que han cometido pequeños delitos con internos de la línea más dura, acabando así las cárceles convertidas en escuelas de delincuencia.

En cualquier caso, el centro de atención está en encarcelar y procurar un estricto entorno de seguridad, no en la rehabilitación. California, por ejemplo, ha construido 22 centros penitenciarios desde 1980 y el presupuesto penitenciario del Estado asciende a 9.000 millones de dólares anuales. Y, sin embargo, las cárceles californianas siguen estando superpobladas y la tasa de reincidencia se sitúa en torno a un descomunal 65%. En resumen: las estrategias existentes para gestionar prisiones pueden tener éxito a la hora de castigar, pero fracasan en lo que más se necesita, que es rehabilitar a los internos para que se conviertan en miembros productivos de la sociedad.

Cuando el gobierno de Malasia se enfrentó precisamente a este reto en 2010, reconoció que solo un cambio de estrategia y un enfoque organizativo conseguirían romper el círculo vicioso de las encarcelaciones sucesivas y reducir la tasa de criminalidad. A tal efecto, el gobierno recurrió a la Cumbre de la Estrategia Nacional de Océano Azul de Malasia (NBOS por sus siglas en inglés). El gobierno había creado la Cumbre NBOS en 2009 para adoptar un papel pionero en el desarrollo de estrategias innovadoras que pudieran conseguir un gran impacto social con un coste bajo. Todos los meses, la Cumbre NBOS reúne a líderes nacionales como el primer ministro, el vice primer ministro y otros ministros del gabinete junto con funcionarios de máximo nivel, incluidos representantes de las fuerzas de seguridad del Estado. Dependiendo del tema que se trate, los participantes en la cumbre van variando y también se implica a los correspondientes líderes del sector privado según proceda.

Buscando una solución creativa al problema de las prisiones, la cumbre dejó de utilizar las mejores prácticas globales como referente y, en vez de eso, tal y como hicieron Paul MacAlindin con la NYOI y Christian Grob en Groupe SEB, se intentó identificar y cuestionar las principales asunciones del sector. Entre todas ellas, la más importante y firmemente arraigada era la noción de que a los delincuentes hay que meterlos en la cárcel. ¿Existía una alternativa a las costosas prisiones de alta seguridad que pudiera tener un alto impacto a un coste menor?

Al explorar estas cuestiones en la cumbre, se identificó la oportunidad que los ministros y los responsables de la seguridad nunca habían contemplado: había muchas bases militares en el país con terreno que no se aprovechaba. Estas bases tenían una robusta infraestructura de seguridad para evitar la entrada de personal ajeno a ellas, infraestructura que evidentemente podía ser igual de eficaz para mantener a los internos dentro. Para quienes hubieran cometido delitos leves, que eran la mayoría de la población penitenciaria, se podía convertir todo ese terreno desaprovechado en un entorno eficaz de seguridad de bajo coste.

Los participantes en la cumbre también sacaron a la luz otra práctica habitual que venía de muy atrás y que estaba impidiendo al gobierno identificar oportunidades de rehabilitación: el hecho de que los conocimientos expertos clave para la rehabilitación de los internos quedaban fuera del marco de competencias del ministerio encargado de las prisiones. Tradicionalmente, los funcionarios de prisiones eran los encargados de la rehabilitación, pero estos funcionarios eran expertos en alta seguridad y confinamiento, no en educación, formación, empleo y necesidades familiares. Esas eran las claves para la rehabilitación y había otros ministerios mucho mejor preparados para actuar en estos ámbitos.

Al cuestionar y desmantelar estas asunciones que habían prevalecido durante mucho tiempo, la cumbre realizó una transición al océano azul y así fue como nació el Programa de Reinserción Comunitaria (CRP por sus siglas en inglés). En vez de construir cárceles más caras, la cumbre creó en el terreno desaprovechado de las bases militares centros CRP para delincuentes culpables de delitos leves, un proyecto pionero a nivel mundial. El CRP ofrecía una solución a la sobrepoblación penitenciaria que podía ponerse en práctica rápidamente y con un coste bajo, y que, además, garantizaba que quienes cumplían penas por delitos leves estuvieran separados —y por tanto lejos de la influencia— de criminales peligrosos. Eso fue solo el principio.

En los centros CRP, los ministerios de agricultura y educación superior empezaron a ofrecer formación profesional de alta calidad en cría de peces y cultivos de alto rendimiento cuyos frutos podían venderse en mercados abiertos. Los internos ganaban y ahorraban dinero a través de la venta de sus productos. La formación no solo les enseñaba habilidades valiosas, sino que además mostraba a estos delincuentes menores una alternativa financiera a cometer delitos. El CRP también trata de tender la mano a las familias de los internos a través del comisario de derechos humanos, fomentando un contacto regular e incluso proporcionando alojamiento para que las familias que visitan a sus parientes presos puedan quedarse más tiempo.

Las visitas en las cárceles convencionales suelen ser de unos treinta minutos y se desarrollan con un cristal de por medio. En cambio, en los centros CRP, los internos y sus parejas e hijos pueden no solo abrazarse sino también jugar juntos. Con esto se logra restañar heridas y además se les recuerda a los internos lo mucho que les quieren sus familias y lo importante que es su rehabilitación. Cuando salen en libertad, el Ministerio de Recursos Humanos ofrece a los presos que han cumplido su condena un servicio de búsqueda de empleo y también pone a su disposición préstamos ofrecidos por el Ministerio de la Mujer, la Familia y el Desarrollo Comunitario si desean montar su propio negocio.

El resultado es que el CRP ha sido capaz de dar un gran salto en el valor que se ofrece a los internos, sus familias y la sociedad, al tiempo que los costes se han mantenido bajos para el gobierno. Estos son los hechos: desde que se crearon los centros CRP en 2011, la tasa de reincidencia para delitos leves ha caído aproximadamente un 90% y se sitúa en el 0,6% del nivel de las cárceles californianas. Las familias están felices. La sociedad ha ganado en seguridad. En cuanto al coste, si se compara con una cárcel convencional, un centro CRP es un 85% más barato de construir y un 58% más barato de gestionar. En base a los niveles actuales de reinserción, se espera que el CRP genere una reducción de costes y unos beneficios para la sociedad por valor de 1.000 millones de dólares en su primera década de vida.

Pero tal vez el regalo más grande sea ver cómo el CRP transforma las vidas de los internos dándoles esperanza, dignidad y las herramientas necesarias para comenzar sus vidas de nuevo y convertirse en miembros productivos de la sociedad. En palabras de un antiguo interno beneficiario del CRP: «De verdad que siento que me han dado una segunda oportunidad. He aprendido, tengo nuevas habilidades y he podido montar mi propio taller de reparación de motos con lo que gané en las actividades del CRP. Ahora veo claro que tengo un futuro nuevo por delante».

De competir en el mercado a crear mercado

Los líderes de las organizaciones suelen aceptar y actuar en base a dos asunciones fundamentales: una es que si los límites del mercado y las condiciones del sector están ya establecidos y no se pueden cambiar, luego tienes que construir tu estrategia en base a ellos[4]. Y la otra es que, para tener éxito en un entorno con estas restricciones, una organización tiene que realizar una elección estratégica entre la diferenciación y el bajo coste. O sea, que puede optar por ofrecer al cliente más valor pero con más coste y por tanto a un precio más alto, o se puede ofrecer un valor razonable a un coste más bajo. Pero no se pueden hacer las dos cosas a la vez. Así pues, la esencia de la estrategia se considera que consiste en encontrar un punto adecuado de compromiso entre valor y coste[5].

¿Pero es realmente así? ¿Acaso no pueden las organizaciones marcar los límites del mercado y las condiciones del sector al que se enfrentan? ¿No pueden las organizaciones crear estrategias que rompan con esa necesidad de encontrar un punto de compromiso entre valor y coste para centrarse, en cambio, en lograr la diferenciación con coste bajo al mismo tiempo?[6]

Pensemos en el CRP. ¿Aceptó la Cumbre NBOS las condiciones del mercado o del sector de costes penitenciarios crecientes, altas tasas de reincidencia y delincuencia creciente como realidades de partida? No. Redefinieron los límites de lo que significa encarcelar y reinsertar delin-

---

4. Esto se conoce como determinismo ambiental o visión estructuralista. Su raíz teórica se encuentra en la economía de organizaciones industriales, cuyo principal argumento puede resumirse en el paradigma estructura-conducta-rendimiento. El paradigma dice que la estructura de un sector o una industria determina el comportamiento o estrategia de la organización, que a su vez incide en el rendimiento. Véase, por ejemplo, Bain (1959) y Scherer (1970).

5. Esta visión de la estrategia se articula muy bien en la influyente obra de Michael Porter *Estrategia competitiva* (1980).

6. El que las organizaciones puedan dar forma a los límites del sector de manera consciente y sean asimismo capaces de crear nuevo espacio de mercado, rompiendo con la necesidad de encontrar un punto de compromiso entre valor y coste, son argumentos fundamentales de nuestro estudio sobre estrategias de creación de mercado. Consúltense también otras publicaciones nuestras, por ejemplo: Kim y Mauborgne (1997a, 1999a, 2005, 2009, 2015a).

cuentes. Lo que hicieron fue reunir a funcionarios de prisiones, policía, ejército y otros ministerios y diseñar un cambio estratégico y organizativo que transformó y remodeló estas condiciones ambientales.

En cuanto a la diferenciación y los costes bajos, el CRP no se centró en alcanzar un punto de compromiso entre valor y coste, sino que lo rompió para dar un gran salto en el valor generado en beneficio de los condenados por delitos leves, sus familias y la sociedad, y a un coste bajo para el gobierno. Al no tomar como referencias las mejores prácticas globales ya existentes ni tratar de seguirlas, el CRP realizó una transición a un océano azul, llegando más allá de lo que había conocido hasta entonces el sector de prisiones, al tiempo que se ganaba la confianza y el apoyo de todos los miembros de los ministerios relevantes.

El gráfico 1-1 capta esta dinámica visualmente. La curva continua muestra la frontera de productividad definida por Michael Porter, que establece la frontera existente de un sector, la suma total de todas sus mejores prácticas[7]. La curva representa los niveles más altos de valor y correspondientes costes que pueden llegar a alcanzarse en una organización, dada la tecnología disponible actualmente y las mejores prácticas empresariales. Como tal, la frontera es el límite donde se desarrolla la estrategia de un espacio de mercado existente u océano rojo. En ese límite, todos los participantes en el sector tienen la misma productividad (razón entre valor y coste). En consecuencia, entre el valor para el comprador y el coste hay una relación positiva: más de uno implica necesariamente más del otro. Lo que esto significa es que para que una estrategia de competencia en el mercado o de océano rojo tenga éxito, una organización tiene que encontrar una solución de compromiso de la disyuntiva entre valor y coste: puede destacar por el valor que ofrece, que es lo que se conoce como diferenciación (posición 1) o por su bajo coste (posición 2). Lo que no puede es destacar en los dos aspectos[8]. Si la oferta de una organización se sitúa por detrás de la frontera de pro-

---

7. En su influyente trabajo «¿Qué es la estrategia?», Porter (1996) formulaba y utilizaba el concepto de la frontera de productividad para distinguir entre eficacia operativa y estrategia.

8. *Véase* Porter (1980).

ductividad del sector, de manera inevitable sus competidores situados en la frontera obtendrán mejores resultados. Así pues, el foco estratégico estaría en cómo competir y ganar en un espacio de mercado existente.

Gráfico 1-1. De competir en el mercado a crear mercado

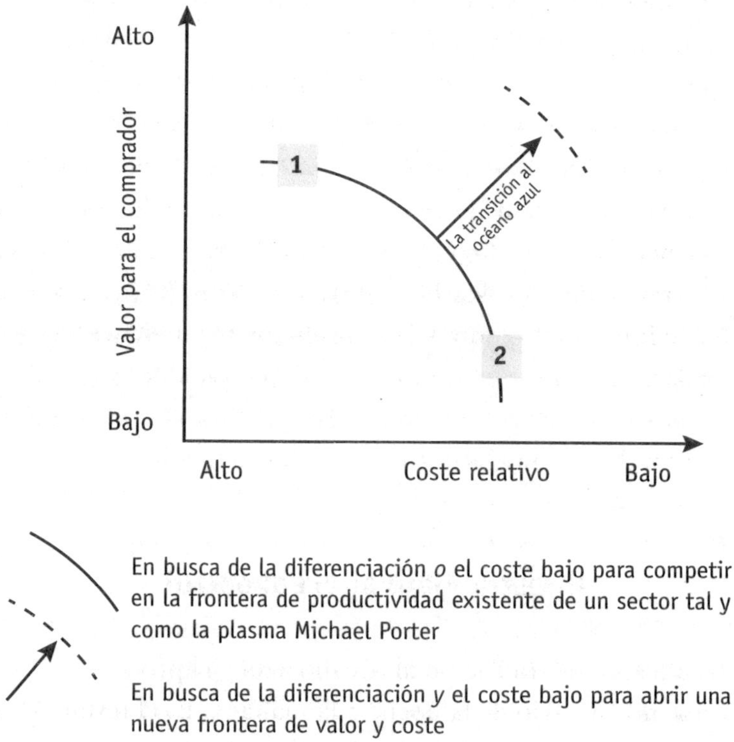

Esta lógica estratégica, en cambio, no funciona cuando consideramos el CRP. Desde una perspectiva de negocio, el CRP no asumió sin más la frontera del sector existente y trató de hacerse un hueco en la frontera de productividad aplicando las mejores prácticas penitenciarias existentes, sino que realizó un cambio a un océano azul que supuso romper con la aspiración a lograr una solución de compromiso para la disyuntiva entre valor y coste. Fue un movimiento pionero de una nueva estrategia que abrió una nueva frontera de valor y coste al cambiar el paso en relación con la *clase* y *grado* de valor que se ofrecía. Así es cómo se crea espacio nuevo de mercado. La curva discontinua del gráfico 1-1 muestra esta dinámica alternativa. En este caso, la estrategia busca obtener diferenciación y un coste bajo al mismo tiempo. Al abrir una nueva frontera de valor y coste que suponga un salto más allá de la curva existente de productividad del sector, se crea un océano azul y la competencia en la frontera existente se vuelve irrelevante[9].

Lograr una transición al océano azul puede parecer poco menos que cosa de magia, pero no lo es. De hecho, existe un proceso para lograrlo que es sistemático y accesible a todos, tanto si te consideras creativo como si no. El proceso no solamente marca la ruta para pasar de océanos rojos a océanos azules, sino que además lo hace de un modo que inspira la confianza de la gente y los mantiene en la senda correcta desde el principio, ya que logra que entiendan y se comprometan con el cambio o transición. La ActiFry de Groupe SEB, la Joven Orquesta Nacional de Irak y el Programa de Reinserción Comunitaria del gobierno de Malasia son tan solo unos pocos ejemplos de transiciones al océano azul realizadas por organizaciones de todo el mundo que han estado aplicando este proceso, ya sea en su totalidad o en parte.

Nuestro viaje al océano azul

Nuestro concepto de transición al océano azul y el proceso para conseguirlo no se nos ocurrió de la noche a la mañana. Es el resultado de un viaje de investigación de casi 30 años en el que nos embarcamos juntos y a menudo, aparentemente, con todo en contra. Hace tres décadas fuimos testigos de un fenómeno desconcertante que cautivó nuestra mente y nuestro corazón y nos colocó en esta senda. A mediados de la década de 1980, la competencia mundial se estaba recalentando como nunca antes y, por primera vez en la historia, las empresas estadounidenses estaban perdiendo terreno rápidamente en un sector tras otro.

9. La curva discontinua acabará formando una nueva frontera de productividad cuando su imitación y competencia estén en pleno apogeo.

Desde motos hasta automóviles pasando por maquinaria para remover tierra o electrodomésticos, un nuevo grupo de competidores les estaba tomando la delantera: las empresas japonesas.

Como investigadores con nuestra base de operaciones en Ann Arbor, Michigan, por aquel entonces, no solo leímos sobre el tema sino que lo vimos con nuestros propios ojos. La capital estadounidense del automóvil, que quedaba justo al lado —Detroit— quedó arrasada. Los Tres Grandes —General Motors, Ford y Chrysler— sufrían una hemorragia continua de puestos de trabajo. Los negocios estaban cerrando. La gente tenía miedo. En Michigan, hasta hubo quien se dedicó a atacar con actos vandálicos los automóviles japoneses en la calle, por el miedo y la ansiedad que sentían ante el avance imparable de los nuevos y fuertes competidores. La situación nunca nos resultó tan evidente como cuando íbamos en coche a Detroit: una calle tras otra, teníamos la sensación de estar en una ciudad fantasma que se estaba convirtiendo poco a poco en una ruina total. Por aquel entonces, ninguno de los dos teníamos un centavo, así que los coches que teníamos eran viejísimos y desvencijados, y así sentíamos que estaba la ciudad también, tanto su espíritu como su economía.

Básicamente, la economía del mundo desarrollado estaba entrando en una nueva fase que suponía un nuevo reto. Estaba cambiando, pasando de la situación de demanda superior a la oferta que caracterizó el periodo posterior a la Segunda Guerra Mundial, a otro juego mucho más duro de oferta superior a la demanda, lo que implicaba una competencia todavía mayor. Las empresas americanas pueden haber sido las primeras en sentir el envite de este desafío emergente, pero estábamos convencidos de que no era más que cuestión de tiempo antes de que las compañías de todo el mundo desarrollado tuvieran que enfrentarse a lo mismo, incluidos los japoneses. Y, salvo si se preparaban, caerían como lo había hecho la en otro tiempo todopoderosa Detroit.

Con esa perspectiva y desanimados por lo que vimos, nos propusimos comprender no ya cómo sobrellevar o ralentizar esta realidad emergente, sino qué haría falta para prosperar —no únicamente sobrevivir— a medida que la competencia iba en aumento por todo el planeta. Con un enfoque cada vez más específico y una claridad creciente, empezaron a surgir nuestras preguntas de investigación. Más concretamente: ¿cómo puede una empresa salir de este océano rojo de competencia sangrienta y generar crecimiento fuerte y rentable? ¿Qué hace falta para llegar más allá que el mejor para crear un nuevo espacio de mercado y hacer que la competencia se vuelva irrelevante?

Los resultados iniciales de nuestra investigación fueron una serie de artículos sobre estrategia y gestión publicados en la revista *Harvard Business Review* y otras publicaciones académicas[10]. Todo esto culminó en la publicación de nuestro primer libro, *La estrategia del océano azul.* Este libro, publicado por primera vez en 2005 y actualizado y ampliado en 2015, se tradujo a 44 idiomas y se convirtió en un éxito de ventas en los cinco continentes. La verdadera historia que hay detrás de este caso de superventas «repentino» la forman años de mantenernos obstinadamente focalizados, peleándolo y perseverando.

En resumidas cuentas, *La estrategia del océano azul* articulaba una visión del universo del mercado en la que se identificaban dos tipos de océanos: océanos rojos y océanos azules. Los océanos rojos son todos los sectores que existen hoy y por y en los que luchan la mayoría de las empresas. Los océanos azules son los sectores que todavía quedan por crear, que están por venir y de donde vienen cada vez más el beneficio y el crecimiento. En base a nuestro estudio de 150 jugadas estratégicas, a lo largo de un periodo de más de 100 años y cubriendo un arco de 30 sectores, el libro establecía las diferencias conceptuales y patrones subyacentes que distinguen a los movimientos o jugadas para competir en el mercado —lo que denominamos estrategia de océano rojo— de los movimientos o jugadas para crear mercado —lo que denominamos estrategia de océano azul—, y proporcionaba herramientas analíticas para crear océanos azules. Además, el libro subrayaba por qué la estrategia de océano rojo es una teoría sobre la competencia en el mercado, mientras que la estra-

---

10. *Véase*, por ejemplo, Kim y Mauborgne (1993, 1995, 1996, 1997a, 1998, 1999a, 2002b, 2004, 2005, 2009, 2015a) entre otros.

tegia de océano azul es una teoría sobre la creación de mercado que hace que la competencia se vuelva irrelevante. Los términos *océanos rojos*, *océanos azules* y *estrategia de océano azul* no tardaron en incorporarse al lenguaje popular de negocios.

Con una velocidad que no habíamos anticipado, fue creciendo una gran ola de interés a medida que individuos, gobiernos, empresas y entidades sin ánimo de lucro de todo el mundo empezaron a contemplar su mundo a través del prisma de los océanos rojos y azules. Organizaciones firmemente establecidas se vieron en un océano rojo, y con un llamado a la acción para salir de él y crear océanos azules. Los emprendedores empezaron a defender la necesidad de buscar oportunidades de océano azul y evitar completamente los océanos rojos. El foco de interés y debate pasó a un nivel completamente nuevo: de «¿Qué es la estrategia de océano azul?» a «¿Cómo podemos aplicar su teoría y herramientas para realizar una transición del océano rojo al azul?»

Emprendedores y *startups* estaban buscando pasos concretos y un proceso sistemático que pudieran seguir para crear y capturar océanos azules con un riesgo mínimo. Compañías establecidas atrapadas en el océano rojo se propusieron comprender cómo podían salir a mar abierto. Razonaban de este modo: nuestra cultura es burocrática y resistente al cambio. ¿Por dónde empezamos este proceso? ¿Y cómo conseguimos que la gente compre la idea y participe, cuando lo único que conocen y con lo único que están cómodos es con competir conforme a unas reglas de sector ya establecidas? La experiencia del pasado les había enseñado que por muy creativas que fueran sus ideas o sus esfuerzos por cambiar, no se produciría ningún cambio a menos que se abordara la cuestión del elemento humano. Para garantizar una transición con éxito, querían saber cómo ganarse la confianza y cooperación de su gente pese a enfrentarse a obstáculos organizativos.

Para encarar este nuevo reto de investigación, nos planteamos estudiar a los que habían aplicado nuestra teoría y metodología a sus organizaciones con el fin de crear y capturar esos océanos azules. Incluimos individuos y organizaciones como Paul MacAlindin y la Joven Orquesta Nacional de Irak, Christian Grob y su equipo de Groupe SEB y la cumbre NBOS del gobierno de Malasia, que ha creado y aplicado más de 100 proyectos nacionales de océano azul desde el inicio de su andadura en 2009[11]. Analizamos los patrones de sus éxitos y fracasos. Y extrajimos las correspondientes lecciones de sus experiencias para entender lo que funcionaba y lo que no. Y cómo evitar potenciales escollos.

Muchos de estos individuos y organizaciones se acercaron a nosotros o a algún miembro de nuestra red mundial de contactos de océano azul en busca de asesoramiento. Querían saber cómo y dónde iniciar el viaje, cómo aplicar las herramientas a nuevas oportunidades, cómo estimar el alcance de una iniciativa de océano azul con suficiente peso específico y cómo reunir al equipo adecuado para hacerla una realidad. También querían saber cómo fomentar la confianza de la gente, tanto en otros como en sí mismos, a la hora de poner en práctica el proceso, porque solo con esa confianza podían forjarse la voluntad y el compromiso que hacían falta para realizar la necesaria transición. Tal como verás después, una de estas empresas fue Kimberly-Clark Brasil, una compañía del sector del gran consumo que salió nadando del sangriento océano rojo del hipercompetitivo sector valorado en más de 1.500 millones de dólares del papel higiénico en Brasil. Y estableció el nuevo estándar del sector con su formato de océano azul llamado «Compacto».

Otros se aplicaron nuestra teoría y metodología de océano azul a sí mismos. Supimos de su existencia a través del boca en boca, correspondencia escrita o leyendo sobre sus experiencias en la prensa, y nos pusimos en contacto con ellos. CitizenM Hotels, la cadena de hoteles de lujo asequible, es uno de estos casos. En estos momentos están inmersos en una expansión a nivel mundial desde su sede de Amsterdam y pueden presumir de una de las tasas de satisfacción de cliente más altas del sector de la hostelería, al tiempo que sus costes son de los más bajos. HealthMedia es otro ejemplo: una empresa con pro-

11. Desgraciadamente, Christian Grob, que fue el responsable del lanzamiento de la ActiFry de Groupe SEB y su gran éxito, ha fallecido.

blemas en 2006 y unas ventas de tan solo 6 millones de dólares que, bajo la dirección de Ted Dacko, creó el nuevo espacio de mercado del *coaching* digital de salud y, en tan solo 2 años fue comprada por Johnson & Johnson por 185 millones de dólares. Y luego está Wawa, la cadena estadounidense de pequeños supermercados/restaurantes/gasolineras. Una empresa que ocupa el puesto número 36 en el ranking de empresas privadas del país y que logró un crecimiento explosivo bajo la batuta de su anterior consejero delegado y actual vicepresidente Howard Stoeckel, utilizando las herramientas e ideas de un enfoque de océano azul. Con su oferta de tipo océano azul, Wawa sigue creciendo, liderada ahora por su actual consejero delegado Chris Gheysens.

En conjunto, nuestro análisis abarcaba casos de B2C (*business to customer* o empresa a cliente individual) y B2B (*business to business* o empresa a empresa), así como el sector público y el sector sin ánimo de lucro. A través de estas aplicaciones prácticas en el terreno y nuestros estudios de seguimiento, no solo identificamos los factores comunes que permitían una transición con éxito hacia un océano azul, sino también los escollos y obstáculos que la dificultaban.

Para evaluar la validez y aplicabilidad general de nuestros descubrimientos a mayor escala, también analizamos y comparamos los patrones que se ocultan tras los movimientos estratégicos de organizaciones que hicieron el cambio de océano rojo a océano azul, en base a sus propios procesos. El objetivo aquí era continuar ensanchando y profundizando nuestra comprensión de cómo escapar de la competencia despiadada y crear nuevos mercados. Estudiar tanto las organizaciones que hicieron la transición de manera explícita usando nuestras herramientas e ideas, como las que no, es fundamental para obtener una visión más completa del patrón y proceso dinámico de la creación de mercado.

Así que, tras más de una década de nuevos estudios y análisis, hemos llegado a una comprensión más profunda de qué es lo que hace falta para tener éxito en el proceso de transición al océano azul. Al final, se puede resumir en tres componentes clave.

Los tres componentes clave de una transición al océano azul exitosa

El primer componente es adoptar una perspectiva de océano azul, de manera que expandas tus horizontes y cambies tu comprensión sobre dónde están las oportunidades.

Las organizaciones que abren nuevas fronteras de valor y coste opinan diferente. Es decir, piensan sobre aspectos distintos a los que ocupan la mente de quienes se centran únicamente en competir en sus actuales mercados. En definitiva, lo que ocurre es que plantean todo un conjunto de preguntas fundamentalmente diferentes que les permiten ver y comprender oportunidades y riesgos de un modo fresco e innovador. Esto les permite pensar en distintas *clases* y distintos *grados* de valor a ofrecer a los clientes y que otros no ven o descartan como imposibles o irrelevantes. Con un campo de visión ampliado, pueden, por ejemplo, imaginar crear una joven orquesta digna de ser internacionalmente aclamada pese a carecer de músicos de gran preparación o instrumentos de calidad, redefiniéndola para ello como una ilustración a escala de cómo se pueden salvar las brechas culturales y promover la paz. Son capaces de imaginar construir en bases militares unos centros de reinserción para condenados por delitos leves, pese a que es algo que desafía la tradicional separación del ejército, la policía y la administración penitenciaria. Pueden imaginar crear un nuevo tipo de freidora doméstica que produce patatas recién fritas, sabrosas y más sanas que las tradicionales, y sin freírlas en realidad.

Hay demasiadas organizaciones «casadas» con las mejores prácticas del sector incluso cuando se esfuerzan por apartarse de ellas. Adoptar la perspectiva de un estratega de océano azul te abre la mente a lo que podría ser en vez de limitarla a lo que es; amplía tus horizontes y se asegura de que estés mirando en la dirección correcta. Sin expandir y reorientar la perspectiva, esforzarse por abrir una nueva frontera de valor y coste es como correr hacia el oeste en busca de la puesta de sol: por muy rápido que corras, no la vas a encontrar.

Si bien adoptar la perspectiva correcta es algo de vital importancia, para la mayoría de nosotros no basta con concebir y abrir una nueva frontera de valor y coste. Este es uno de los grandes retos a que se enfrentan las organizaciones. Quieren salir del océano rojo. Quieren hacer la transición al océano azul. Hasta puede que incluso tengan una perspectiva de océano azul. Pero, sin embargo, carecen de las herramientas para crear mercado y del asesoramiento que les permitan convertir su perspectiva de océano azul en una realidad.

El segundo componente, por tanto, es contar con las herramientas prácticas para la creación de mercado. Y con el debido asesoramiento sobre cómo aplicarlas para traducir una perspectiva de océano azul en una nueva oferta, comercialmente atractiva, que cree un nuevo espacio de mercado.

Si la perspectiva correcta es cuestión de cambiar el pensamiento estratégico haciendo preguntas diferentes, las herramientas de creación de mercado y el asesoramiento sobre su uso son lo que te permite plantear las preguntas correctas en el momento correcto del proceso y ver el significado de las respuestas. Todo esto junto contribuye a adquirir competencia creativa y proporciona la estructura y parámetros dentro de los cuales organizar tus ideas de manera que puedas concebir y descubrir lo que otros no ven, y evitar los potenciales escollos con los que tropiezan la mayoría de las organizaciones. Paso a paso, se te guiará a través de las preguntas fundamentales para abrir una nueva frontera de valor y coste totalmente rompedora. ¿Cómo cuestionas las asunciones explícitas e implícitas que tienes en relación con tu negocio y tu mercado? ¿Cómo identificas el océano de no clientes para crear nueva demanda? ¿Cómo puedes redefinir sistemáticamente los límites del mercado para abrir una nueva frontera de valor y coste que hace que la competencia se vuelva irrelevante? ¿Cómo puedes crear ofertas que destaquen y al mismo tiempo lograr que los costes sean bajos? ¿Y cómo creas el modelo de negocio subyacente que tu organización seguirá para llevar tu visión estratégica al mercado de manera rentable?

Estas herramientas y marcos son tan potentes porque son visuales, lo que los hace fáciles de entender y aplicar, independientemente del nivel de educación o creatividad individual de cada uno. Al mostrar en un diagrama o gráfico de una página cómo se relacionan entre sí los factores críticos, cada herramienta permite que todo el mundo vea cómo aflora la respuesta a cada pregunta, con lo que se facilita que todo el mundo esté posicionado en el mismo punto.

Nuestro libro *La estrategia del océano azul* introdujo estas herramientas pero, como suele decirse, el diablo está en los detalles operativos. Aquí profundizamos en esos detalles: te mostramos cómo reunir el equipo adecuado, cómo establecer un proceso y aplicar sistemáticamente cada herramienta, y con qué secuencia, para producir resultados y evitar y superar potenciales obstáculos que surjan en el camino. No estamos hablando de dar lecciones, encaramados en una atalaya a 10 kilómetros de altura. En vez de eso, lo que hacemos aquí es empoderar a los gestores con asesoramiento práctico y tangible a cada paso del camino que nos llevará del océano rojo al océano azul.

Hacer una transición al océano azul es un viaje transformativo que requiere más que una idea clara y una estrategia para abrir una nueva frontera de valor y coste. Para moverte hacia la nueva frontera, tienes que conseguir que la gente vaya contigo. Sin la cooperación voluntaria de la gente sufrirás un frenazo en seco, como bien sabe todo profesional de cierta edad. La mayoría del trabajo estratégico no profundiza en el aspecto humano de las organizaciones, pero el tuyo debería hacerlo.

En consecuencia, el tercer componente es contar con un proceso humanista, algo que hemos dado en llamar la «humanidad en el proceso», que inspira y refuerza la confianza de la gente para hacerlo suyo e impulsarlo de modo que se ejecute eficazmente.

La mayoría de las organizaciones se enfrentan a obstáculos internos al cambio. Podría tratarse de obstáculos cognitivos porque la gente está totalmente vinculada al *statu quo*. O podrían ser obstáculos políticos creados por profundas divisiones o silos estructurales que generan tensiones y luchas internas. También podría haber obstáculos emocionales, porque la gente está centrada en hacer lo que sea para ir sobreviviendo pero les falta la energía, pasión y empuje necesarios para marcar la diferencia realmente. Paul MacAlindin y la Joven Orquesta Nacional de Irak, por ejemplo, se enfrentaron a la abrumadora tarea de reunir a gente que había estado dividida durante años por luchas fratricidas para formar con ellos un solo equipo. En Groupe SEB, las formas grabadas a fuego de hacer las cosas y el escepticismo eran potentes obstáculos organizativos que había que superar. El gobierno de Malasia se enfrentó a los típicos obstáculos que impiden avanzar a la mayoría de los gobiernos actuales: ministerios como silos que no se comunican y tensiones interministeriales, por no hablar del obstáculo motivacional de una mentalidad burocrática de funcionario.

Irónicamente, nuestra investigación muestra que las dos prácticas más comunes en que se apoya una organización para la ejecución son también el motivo por el que la mayoría de los esfuerzos transformadores fracasan. En primer lugar, la mayoría de las organizaciones tratan la creación y ejecución de una estrategia como actividades separadas y secuenciales. Un grupo de gente diseña la estrategia y luego se la entrega a otro grupo de gente para que la ejecute. En su inmensa mayoría, la investigación académica sobre estrategia e innovación refuerza esta separación y esta secuencia. En segundo lugar, cuando llega el momento de ejecutar, la mayoría del tiempo y atención se centran en realizar cambios estructurales y utilizar enfoques de tipo zanahoria y palo, como, por ejemplo, cambiar el alcance de los controles, alinear incentivos, establecer indicadores clave de rendimiento y ese tipo de cosas.

Si bien los palos, las zanahorias y los cambios estructurales tiene un papel a desempeñar, contribuyen bien poco a inspirar y reforzar la confianza de la gente, que es algo crítico para generar un cambio transformador. Para lograrlo, las organizaciones, básicamente, deberían hacer lo contrario a lo que suelen hacer normalmente.

En vez de tratar la ejecución como algo que ocurre una vez se ha establecido la estrategia, se tiene que integrar en la estrategia desde el principio o de lo contrario la gente no la sentirá como propia. Además, debes centrarte en las emociones y la psicología de tu gente y no poner casi toda tu energía en accionar las palancas mecanicistas de la estructura, los castigos y las recompensas. Si eres capaz de movilizar a la gente, inspirando y reforzando su confianza para que sientan tu nueva estrategia como propia y la impulsen, se comprometerán a que el cambio tenga lugar y a superar las restricciones organizativas que puedan surgir.

¿Cómo cautivar el corazón y la mente de las personas y alinearlos con tu nueva estrategia? El cambio es siempre amenaza a fin de cuentas y pedirle a la gente que haga una transición al océano azul es precisamente eso, pues les pides que abandonen lo que conocen para instalarse en una nueva frontera. Y, sin embargo, sorprendentemente, cuando nos pusimos a estudiar organizaciones que habían hecho la transición al océano azul, observamos que la gente se volvía más creativa y tenía más energía y que la ejecución no se cuestionaba, que es precisamente lo que se quiere conseguir pero que por lo general resulta tan esquivo. ¿Cuál podría ser el motivo? Cuanto más lo pensamos, más empezamos a sospechar que debía de haber algo en el proceso que reconocía a la gente, sus miedos, sus inseguridades, su necesidad de ser tratados con dignidad, su deseo de ser importantes. Nos esforzamos por encontrar la palabra que pudiera captar ese algo y describirlo de la mejor manera posible, y lo más cercano que se nos ocurrió fue el término *humanidad*.

Lo que acabamos por comprender fue que, en esencia, una transición exitosa al océano azul es eminentemente un proceso humanista. Hablamos de un proceso que no niega, sino que acoge nuestra humanidad con los brazos abiertos, de un modo que nos hace más competentes y seguros de lo que nunca imaginamos. La «humanidad en el proceso» nos inspira para ir avanzando milímetro a milímetro, reconoce nuestro escepticismo y nuestras vulnerabilidades, nuestro miedo a no ser capaces de hacerlo, nuestras dudas sobre si los océanos azules tan siquiera existen, nuestra necesidad de reconocimiento intelectual y emocional para hacernos sentir valorados. Al introducir la humanidad en el proceso, una organización puede modificar la psicología de su equipo y crear un mapa emocional para el cambio, tanto si tiene 5 personas como si son 10.000.

El proceso de transición al océano azul logra esto, y lo hace no exigiendo a nadie que cambie, sino apaciguando los miedos de la gente y reforzando su confianza a cada paso. Y esto lo consigue entretejiendo atomización, descubrimiento de primera mano y un proceso justo a lo largo de todo el viaje. Estos elementos son fundamentales para la humanidad, según descubrió nuestro estudio, porque tocan a la gente a un nivel fundamental. La buena noticia, como verás más adelante, es que son reproducibles en cualquier organización.

El gráfico 1-2 capta en una única imagen la esencia de lo que supone hacer una transición al océano azul exitosa. Los tres componentes que se muestran en el gráfico son complementarios y funcionan juntos para provocar una transición. Ahora bien, no nos engañemos: si somos capaces de identificar los tres componentes clave de una transición exitosa al océano azul —una perspectiva de océano azul, herramientas prácticas para la creación de mercado con el debido asesoramiento sobre cómo utilizarlas y la humanidad en el proceso—, no es porque lo hagamos siempre bien en lo que respecta a estos componentes. De hecho, las organizaciones que analizamos se solían enfrentar a frustraciones y problemas cada vez que no lo hacían bien. Aprendimos a base de muchos errores, muchos de los cuales nos llevaron a hacer todavía más hincapié en la necesidad de reforzar los tres componentes a lo largo del proceso.

Gráfico 1-2. Los tres componentes clave del cambio exitoso al océano azul

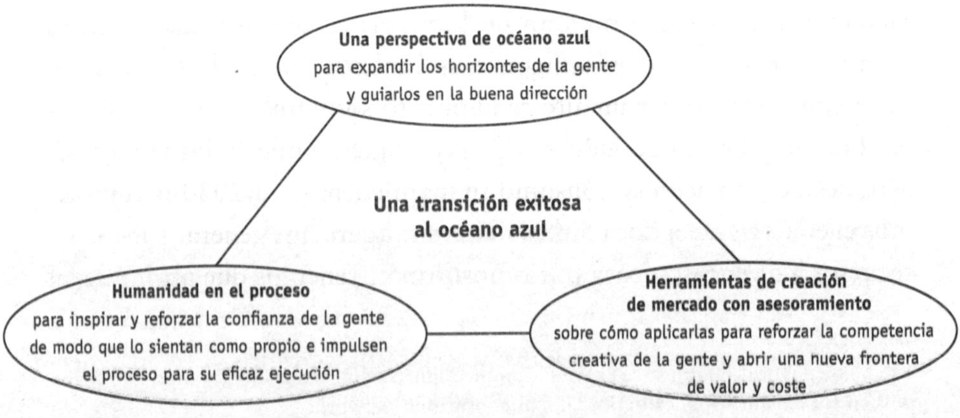

Hacer que una organización realice una transición de un océano rojo a un océano azul no es algo que se consiga de la noche a la mañana ni después de un par de reuniones específicas lejos de la oficina. Pero tampoco lleva años. Si bien el lanzamiento final al mercado de la Acti-Fry de Groupe SEB llevó más de dos años, por el tiempo necesario para registrar patentes muy complejas, en cambio la transición al océano azul de la Joven Orquesta Nacional de Irak e incluso el Programa de Reinserción Comunitaria a gran escala del gobierno de Malasia se llevaron a cabo en aproximadamente un año. A medida que las organizaciones empiezan a identificar pruebas tangibles de oportunidades para abrir nuevas y rompedoras fronteras de valor y coste, la energía aumenta y se libera de un modo muy potente el empuje necesario para ir del océano rojo al azul.

Por qué la transición al océano azul debiera importarte

No hay duda de que muchos sectores necesitan nuevas fronteras de valor y coste. El sector de la atención sanitaria sin ir más lejos. O el de la energía. La educación pública en Estados Unidos, aunque tradicionalmente no se ha considerado como un sector empresarial en sentido estricto, también necesita redefinirse. Su rendimiento es inadmisiblemente bajo mientras que los costes se han disparado. El sector del automóvil, si bien no se encuentra en estos momentos en caída libre, claramente necesita nuevas maneras de abordar preocupaciones medioambientales que no sean prohibitivas en términos de coste. La banca y otras instituciones financieras suplican que se diseñen nuevas estrategias para lograr un alto rendimiento sostenible.

Los escenarios que maneja la ONU sugieren que, si las tendencias actuales de población y consumo se mantienen, para 2030 necesitaremos el equivalente a dos planetas Tierra si queremos generar suficientes recursos y aire fresco para todos nosotros[12]. Tenemos que abrir nuevas

12. *Véase* «World Footprint: Do We Fit on the Planet?» [Huella ecológica mundial: ¿cabemos en el planeta?] publicado por Global Footprinnt Network.

fronteras de valor y coste en áreas tan básicas y diversas como la producción y el suministro municipal de agua, el acceso a la electricidad y su uso, y la manera en que nuestras ciudades se diseñan y gestionan para evitar lo que muchos ven como crisis que de otro modo serán inevitables.

Escoge cualquier sector empresarial que se te ocurra y pregúntate si no necesita una transición al océano azul. ¿Qué nivel de demanda registra en relación al de oferta? Hoy en día, los márgenes menguantes, los costes crecientes, las ventas estancadas o en retroceso y las batallas por la cuota de mercado están afectando a todos los sectores de manera transversal, de grandes inmobiliarias a peluquerías, agencias de publicidad o despachos de abogados, molinos de papel o editoriales. Incluso en el sector público o el sector sin ánimo de lucro, entidades como Correos, museos, bibliotecas, organizaciones de caridad y orquestas de música clásica están asistiendo a una reducción de la demanda mientras que los costes y la competencia aumentan, y las organizaciones luchan con los problemas financieros.

Es decir, todos estamos pagando por los océanos rojos que nos rodean. Para revertir esta situación necesitamos estrategias más creativas que pueden desbloquear la posibilidad de nuevas fronteras de valor y coste y, con ellas, nuevos horizontes de crecimiento rentable. Necesitamos transiciones al océano azul.

¿Y tú?

Tal vez seas como Paul MacAlindin y la Joven Orquesta Nacional de Irak: lideras o eres parte de una organización joven, eminentemente una *startup* o un pequeño negocio típico de casco urbano comercial. Sabes que tienes que salir del océano rojo de la competencia cuerpo a cuerpo para crecer de manera rentable, pero no sabes cómo. O tal vez seas parte de una organización grande y bien establecida con rutinas y usos profundamente arraigados, su propia cultura y su dosis de burocracia típica, algo a lo que Christian Grob y su equipo tuvieron que enfrentarse en Groupe SEB. Tu organización está atrapada en un océano rojo de sangrienta competencia, pero dudas sobre cómo —incluso si— puede alejarse de la indiferenciación y las guerras de precios que la aquejan. La mentalidad de las personas parece haber quedado atrapada en cómo se veían las cosas antes, pero en cambio tú sabes que, para aprovechar al máximo el futuro, se hace necesario un cambio estratégico. O puede que seas un funcionario público y trabajes en algún ministerio u organización gubernamental cuyas políticas y prácticas ya no funcionan. Sabes que hacen falta cambios fundamentales para dar un salto en valor, pero con costes más bajos, pero no puedes ni empezar a imaginarte consiguiéndolo.

Si te ves reflejado en cualquiera de estas situaciones, *La transición al océano azul* es para ti.

Qué esperar

Antes de entrar de lleno en qué hacer para que se produzca una transición al océano azul, el capítulo 2 explica los conceptos clave y los mecanismos que necesitas conocer sobre la creación de mercado. En él se clarifica la confusión existente sobre qué es *realmente* la estrategia de creación de mercado y cómo funciona. Abordamos cuestiones clave como por qué centrarse en la destrucción creativa y la innovación disruptiva limita y capta únicamente una visión parcial de cómo se crean nuevos mercados. Se habla de que existe todo un universo adicional de oportunidades de creación de mercado —que a menudo se pasan por alto, aunque no deberían— basadas en la creación *no* disruptiva. Y también se aborda la cuestión de por qué las innovaciones que los economistas promueven y aplauden no son siempre sinónimo de lo que se supone que hace falta para crear nuevos mercados atractivos desde un punto de vista comercial que abran nuevas fronteras de valor y coste, y por qué necesitas comprender en qué se diferencian.

Los capítulos 3 y 4 sientan las bases de la transición al océano azul. El capítulo 3 traza las líneas fundamentales que caracterizan la mentalidad del estratega de océano azul y su especial forma de pensar, de modo que puedas adoptar el marco mental necesario para realizar una transición al océano azul. El capítulo 4 esboza cómo funciona el proceso de transición al océano azul y desarrolla con más detenimiento el importante concepto de la humanidad y cómo inspira y refuerza la confianza de la gente en el proceso, de modo que sientan e impulsen el proceso y sus resultados como propios. También muestra cómo el proceso fomenta la competencia creativa de la gente a lo largo del viaje.

Los capítulos siguientes explican los cinco pasos en que consiste la transición al océano azul. En cada paso, introducimos una herramienta o herramientas nuevas que proporcionarán estructura y asesoramiento analítico a medida que tu organización avance paso a paso hacia el océano azul. Te contamos en detalle cómo aplicar la herramienta a tu situación, te explicamos cómo interpretar los resultados, hacemos hincapié en los posibles escollos a la hora de trabajar con la herramienta y abordamos la cuestión de cómo superarlos para garantizarte el éxito. Al mismo tiempo, aprenderás cómo desarrollar la humanidad de manera natural a cada paso, de modo que tus equipos tengan la confianza necesaria para explorar nuevas posibilidades y apropiarse el proceso y sus resultados a medida que este vaya evolucionando. De este modo, la ejecución se integra en el proceso de modo que la gente esté dispuesta a impulsar la transición al océano azul cuando se ponga en marcha.

Más en concreto, el primer paso te muestra cómo empezar estableciendo correctamente el alcance de tu iniciativa de océano azul y montando el equipo adecuado. El segundo paso aborda el tema de cómo obtener una imagen clara de la situación actual en tu sector y cómo alinear a todo el mundo en torno a la necesidad de realizar una transición. En este punto la gente aprende cómo salir de sus silos funcionales y jerárquicos para ver la imagen más amplia de conjunto. En el tercer paso, se pivota de lo que es a lo que podría ser, de modo que se pueda construir un futuro atractivo. Aquí aprendes a desvelar los puntos de dolor ocultos que sufren los compradores y los puntos de intimidación que limitan el tamaño del sector, siendo posible darles la vuelta tanto a los unos como a los otros. También aprendes a identificar el paisaje de no clientes con potencial de ser explotado. Con este paso, el océano azul pasa a ser algo más que una metáfora o un concepto abstracto para convertirse en algo que puedes ver y sentir, algo cuyo potencial puedes definir.

Y así llegamos al cuarto paso, con el que puedes aprender cómo salir al terreno a aplicar seis caminos sistemáticos para crear un nuevo espacio de mercado. Este paso te muestra cómo reconstruir los límites del mercado y crear nueva demanda. En este paso, el proceso también profundiza sobre cómo convertir los descubrimientos que realices en oportunidades concretas de océano azul que destaquen, pero supongan costes bajos al mismo tiempo. Y de aquí pasamos al quinto y último paso del proceso en el que mostramos cómo seleccionar tu jugada de océano azul, realizar estudios de mercado rápidos y finalizar, lanzar y desplegar tu jugada para asegurarte de que tu propuesta de valor y tu modelo de negocio estén ofreciendo simultáneamente diferenciación y costes bajos. En esta sección aprenderás cómo escoger y ejecutar tu jugada de modo que ganen tanto los compradores como tú.

En el epílogo lo unimos todo y te sumergiremos de lleno en las profundidades del caso de un viaje de transición al océano azul de una organización burocrática, convencional y resistente al cambio: un gobierno nacional. Te mostraremos cómo, incluso en ese tipo de organización caracterizada por imponentes silos, es posible realizar una transición al océano azul, transformando la manera en que se trabaja y obteniendo un ahorro de miles de millones de dólares. De hecho, en la actualidad «*pasarlo a océano azul*» es un término que se oye con frecuencia cuando se habla de desafíos emergentes. A través del proceso de transición, el gobierno ha aumentado su capacidad no solo de lograr un alto impacto a un coste bajo, sino también de hacer que afloren la creatividad y la energía de la gente que ejecuta ese proceso. A través del proceso, han descubierto la emoción de crear y captar océanos azules de oportunidad económica y social, a medida que van abriendo nuevas fronteras de valor y coste. Y, si ellos pueden, te garantizamos que tú también.

Así que ahora, únete a nosotros y aprende paso a paso cómo abandonar los agotados océanos rojos y marchar en pos de tu propio océano azul de nuevas oportunidades de crecimiento.

2

Principios básicos de la estrategia que crea mercado

Antes de mostrarte cómo realizar un cambio de océano azul —como hacer que tu organización pase de competir en el mercado a crear mercado—, primero hemos de clarificar qué es realmente una estrategia de creación de mercado y cómo funciona.

A lo largo de los años, hemos visto que hay mucha confusión en torno a este tema, pues hay gente a la que le cuesta comprender cómo encajan diferentes perspectivas sobre la creación de mercado. Hay quien interpreta la creación de mercado como destrucción creativa o disrupción. Creen que necesitas destruir o provocar una disrupción en un mercado existente para crear uno nuevo. Otros consideran que la creación de mercados es cuestión de innovación y, a menudo, ven la tecnología como un elemento clave para abrir nuevos mercados. Y, por otra parte, están quienes ven la creación de mercados como sinónimo de emprendimiento y consideran que es territorio de emprendedores.

Todas estas opiniones son correctas en parte, pero también contienen elementos incorrectos porque todas ellas ofrecen una visión incompleta de cómo se crean los mercados. Sin una visión completa, los esfuerzos para realizar una transición al océano azul desaprovecharán muchas oportunidades e incluso podrían tomar un rumbo equivocado. Así pues, queremos construir aquí un modelo holístico de estrategia de creación de mercado que muestre no solo las opciones estratégicas disponibles y cómo generan transiciones al océano azul, sino también las correspondientes consecuencias a nivel de crecimiento. Usando este modelo, podemos comprender cómo todas estas visiones parciales ya existentes encajan en una visión de conjunto.

La destrucción creativa y la innovación disruptiva son solo una parte del panorama completo

Hablando con ejecutivos, emprendedores y líderes gubernamentales, hemos identificado un patrón consistente en la frecuencia con que todos ellos relacionan la creación de mercados con los conceptos de destrucción creativa o disrupción. La *destrucción creativa* es el icónico término acuñado por el economista austríaco Joseph Schumpeter, que observó que, aunque la competencia en los mercados existentes sea buena cosa, al final, las rentabilidades acaban yendo a menos a medida que las necesidades de los compradores se satisfacen y los beneficios se reducen debido a esa competencia[13]. El verdadero motor del crecimiento económico —según argumenta él— es, por tanto, la creación de nuevos mercados. Ahora bien, en su opinión, esta creación depende de una destrucción[14].

La destrucción se produce cuando una innovación desplaza a una tecnología anterior o un producto o servicio existente. La palabra *desplazamiento* es importante porque sin ese desplazamiento no puede darse la destrucción creativa. Por ejemplo, la innovación de la fotografía digital destruyó creativamente el sector de la película fotográfica al desplazarlo, verdaderamente. Así pues, hoy en día el estándar es la fotografía digital y la película fotográfica rara vez se usa.

El concepto de disrupción[15] se hace eco de las perspicaces observaciones de Schumpeter. El estudio más conocido sobre disrupción directa-

---

13. *Véase* Schumpeter (1942) para consultar su influyente debate sobre la destrucción creativa.

14. *Ibid.*

15. Si bien el origen intelectual del concepto de disrupción no está claro, Richard Foster (1986) hablaba de lo que él denominó «discontinuidades tecnológicas» en su libro *Innovación: «la estrategia del triunfo»* y predijo que el fenómeno no haría sino acelerarse con futuras oleadas de innovación. En su libro no se utilizaba exactamente el término disrupción, pero el fenómeno de las «discontinuidades tecnológicas» que describe habla de la disrupción que se produce cuando nuevos competidores toman la delantera abruptamente a los líderes establecidos del mercado con tecnologías nuevas y discontinuas. Los descubrimientos resultantes de la investigación de Foster evocan las observaciones de Schumpeter sobre la destrucción creativa.

mente relevante a la creación de mercados es el influyente concepto de la innovación disruptiva[16]. Mientras que la destrucción creativa se produce cuando aparece una tecnología, producto o servicio superior y destruye lo anterior para sustituirlo por algo nuevo, la innovación disruptiva comienza con la aparición de una tecnología *inferior* que luego cruza la línea de inferior a superior y, al hacerlo, desplaza a los líderes del mercado. El ejemplo clásico es la disrupción y eventual desplazamiento de los lectores de disco compacto a los que pilló desprevenidos el advenimiento de «disruptores de abajo arriba» que, en un primer momento, entraron en escena con tecnología más sencilla y un rendimiento inferior[17].

La observación de trascendencia definitiva en este caso es que la tecnología que entra tranquilamente en un sector no tiene que ser superior, como sugiere Schumpeter, sino que puede entrar en el más puro estilo de caballo de Troya, con una inferioridad inicial que no parezca suponer una amenaza para el mercado mayoritario. Como resultado, los participantes establecidos en el mercado ignoran al recién llegado hasta que ya es demasiado tarde. No obstante, lo que todas estas ideas tienen en común es que todas se enfocan en el desplazamiento de mercados existentes y sus participantes.

Como la historia empresarial muestra que hay muchísimos ejemplos de ambas formas de desplazamiento, centrar el debate sobre creación de mercados exclusivamente en la destrucción creativa o en la innovación disruptiva sería adoptar una visión parcial y engañosa. Así pues, para describir el acto de creación de mercado que abarque ambas formas de desplazamiento, hemos acuñado el término *creación disruptiva*[18]. Este tér-

16. Clayton M. Christensen (1997) ha espoleado la reciente popularidad del término disrupción a través de su influyente trabajo sobre tecnología disruptiva e innovación. Véase su influyente obra *El dilema de los innovadores: cuando las nuevas tecnologías pueden hacer fracasar a las grandes empresas*.

17. *Ibid*.

18. En el contexto de la creación de nuevos mercados, el término de *creación disruptiva* capta muy bien la idea de desplazamiento, tanto si es abrupto y destructivo a través de una nueva tecnología, como si se produce de forma lenta y gradual a lo largo del tiempo, con una tecnología inferior. En consecuencia, utilizamos el término *creación disruptiva* para abarcar ambas formas de desplazamiento, de modo que el proceso de creación de nuevos mercados por medio de un desplazamiento pueda explicarse por completo y no solo parcialmente.

mino más amplio capta por completo —no parcialmente— el espacio de oportunidad de creación de mercado impulsado por el desplazamiento.

Ahora bien, por muy importante que sea la creación disruptiva impulsada por la destrucción creativa o la innovación disruptiva, aun así pasa por alto otro universo más de oportunidades de creación de mercado que existe. Tal y como muestran nuestras investigaciones, también se han creado muchos mercados nuevos sin necesidad de provocar ninguna disrupción en los existentes[19].

La creación no disruptiva también genera nuevos mercados y crecimiento

Si tienes hijos y vives en cualquiera de los 147 países que hay en el mundo, de Estados Unidos a Afganistán, Alemania, Japón o Yemen, habrás oído hablar de *Barrio Sésamo*. La Rana Gustavo, Elmo, Epi y Blas son tan solo unos cuantas de las entrañables marionetas que enseñan a niños de preescolar a contar, los colores y las formas, y a reconocer las letras del alfabeto. Y lo mejor es que los niños se lo pasan tan bien que ni se dan cuenta de todo lo que están aprendiendo. Pero los padres sí se dan cuenta, que es por lo que les gusta tanto el programa también. Es la antítesis de lo que mucha gente asocia con la educación. Seduce y entretiene mientras educa a los más pequeños.

Barrio Sésamo no provocó ninguna disrupción en un mercado anterior de educación de la primera infancia. No destruyó ni sustituyó a las guarderías ni a las bibliotecas ni a los padres leyendo cuentos a los niños a la hora de dormir. En cambio, *Barrio Sésamo* abrió una nueva frontera de valor y coste que liberó un nuevo mercado de «edutretenimiento» infantil que, en gran parte, no existía hasta ese momento. En

19. Nuestro libro *La estrategia del océano azul* (1.ª ed. de 2005, act. y amp. en 2015) mostraba que los océanos azules de nuevos espacios de mercado se creaban tanto dentro como más allá de las fronteras de sectores existentes. Descubrimos que, en comparación con los océanos azules de los nuevos espacios de mercado creados dentro de las fronteras de un sector, los espacios creados más allá de esas fronteras solían generar demandas y crecimiento completamente novedosos sin infligir ninguna disrupción a los mercados existentes y sus participantes.

contraste con la «creación disruptiva», *Barrio Sésamo* es el resultado de lo que llamamos «creación no disruptiva», pues creó un nuevo espacio de mercado sin provocar ninguna disrupción en los mercados existentes.

Ahora dejemos a los niños a un lado y centrémonos en los hombres adultos. La vida de muchos hombres experimentó una verdadera revolución con el movimiento creador de mercado que supuso el lanzamiento del Viagra de Pfizer. Pero ¿provocó el Viagra una disrupción en algún otro mercado? Una vez más, la respuesta es que no. Fue una creación no disruptiva. Al aliviar los síntomas de la disfunción eréctil, Viagra solucionó un problema prevalente y que no se había abordado con anterioridad, y arrasó. La demanda creció rápidamente hasta convertirse en un negocio multimillonario, creando un nuevo espacio de mercado en el segmento de los medicamentos de bienestar.

Ahora pensemos en los más de 3.000 millones de personas en el mundo que viven con tan solo unos pocos dólares al día. En este caso también ha hecho su aparición una creación no disruptiva para abordar un problema sin resolver: la falta de acceso al capital que estaba retroalimentando el ciclo de la pobreza. En 1983, Grameen Bank comenzó a ofrecer microcréditos sin exigir garantías, haciendo posible que mucha gente montara un negocio o pudiera cultivar la tierra, y así subir posiciones en la escala de los ingresos al tiempo que devolvían la deuda contraída poco a poco en cantidades pequeñas. Este movimiento estratégico creó un nuevo mercado de microfinanzas sin sustituir ningún otro mercado. Hasta ese momento, la banca convencional sencillamente había ignorado a los pobres, a los que no consideraban aptos para recibir un préstamo. A partir de entonces, el sector de los microcréditos ha crecido sustancialmente hasta alcanzar un valor de miles de millones y continúa mostrando mucho potencial de crecimiento. Pese a seguir expandiéndose, de momento tan solo se llega a un 20% del potencial de este mercado nuevo, al que sirven a día de hoy organizaciones con y sin ánimo de lucro por todo el mundo.

Las citas en línea, los gimnasios (ahora llamados *health clubs*), el *crowdfunding* o microfinanciación colectiva, los tonos de llamada, los enrutadores, los conmutadores y los dispositivos de red, son tan solo unos cuantos ejemplos de la infinidad de sectores multimillonarios que se han creado en las últimas décadas a través de la creación no disruptiva. De hecho, hoy por hoy, la profesión que crece más rápido en Estados Unidos —por detrás únicamente de la de informático— se basa en la creación no disruptiva: es la del *coach* de vida. Se trata de un sector que ni tan siquiera existía hace 25 años y ahora genera unos ingresos anuales por encima de los 2.000 millones de dólares. La aparición y el crecimiento del *coaching* de vida no se han producido a expensas de ningún otro sector ya existente. Se han creado decenas de miles de trabajos de *coach* sin destruir ningún otro puesto de trabajo. Más bien, lo que ha ocurrido es que el sector ha ido generando demanda nueva a medida que la gente acudía cada vez en mayor número a un *coach* de vida para ganar en eficacia en sus vidas tanto personal como profesional.

Tal y como ilustran estos ejemplos, nuestras investigaciones ciertamente demuestran que el crecimiento siempre se ha generado a partir de movimientos creadores de mercado basados en la creación tanto disruptiva como no disruptiva[20]. Consideremos como ilustrativa de este punto, por ejemplo, la evolución de las normas de clasificación industrial en Estados Unidos. En 1997, el Sistema de Clasificación Industrial de América del Norte (SCIAN) sustituyó a su centenario predecesor, el sistema de Clasificación Nacional de Actividades Económicas (CNAE), publicado por la Oficina del Censo de Estados Unidos. En el nuevo sistema, no solo se fusionaban o sustituían sectores, sino que también se creaban otros nuevos. De hecho, el número de sectores se duplicó, pasando de 10 a 20. Por ejemplo: el sector servicios del sistema antiguo

20. De manera similar, Bhidé (2004, 2008) y Hubbard (2007) también apuntaban que el concepto de Schumpeter de destrucción creativa en el contexto del crecimiento económico no tenía en cuenta una forma fundamental de innovación y defendían la importancia de lo que dieron en llamar «creación no destructiva», explicando que esta creación no destructiva junto con el emprendimiento son importantes para el crecimiento económico. Por más que su concepto de creación no destructiva se contraponía directamente al de creación destructiva sin entrar a considerar explícitamente la innovación disruptiva y se enfocaban más en el papel de los emprendedores y la tecnología en el proceso de innovación y crecimiento, su concepción de la creación no destructiva como forma clave de innovación es altamente perspicaz y consistente con los hallazgos resultantes de nuestras investigaciones sobre estrategias de creación de mercado.

se amplió a 7 sectores de actividad económica abarcando desde la información hasta la atención sanitaria y la asistencia social.

Desde 1997, se ha revisado varias veces el sistema SCIAN para mantenerlo actualizado en consonancia con el ritmo de creación, recreación y crecimiento de los sectores de actividad económica. Por ejemplo, pese a que el sector de la información se amplió significativamente en la versión de 2002, la versión de 2017 ha incluido cambios en 6 de los 20 sectores del SCIAN para reflejar la creación de nuevos mercados. En estas dos nuevas versiones se han sustituido algunas clasificaciones sectoriales existentes al tiempo que también se han creado categorías completamente nuevas para reconocer la aparición de flamantes sectores nuevos. Teniendo en cuenta que estos sistemas están diseñados para estandarizar y dar continuidad, estos cambios ponen de manifiesto el impacto de las creaciones tanto disruptivas como no disruptivas a la hora de dar forma a las fronteras actuales de los sectores y abrir otras nuevas.

Adquirir una visión de conjunto

Prueba este ejercicio rápido: pide a un grupo de personas reunidas en una sala que miren a su alrededor durante treinta segundos y tomen nota mentalmente de todos los objetos rojos que vean. En cuanto se agote el tiempo, pídeles que cierren los ojos y hagan memoria de todos los objetos azules que hayan visto. Sí, eso es, *azules*. A la gente le costará recordar siquiera unos pocos. Lo que buscamos determina lo que vemos. Cuando asumimos que la única manera de crear un mercado es provocando una disrupción en otro antiguo, es fácil que pasemos por alto las oportunidades de creación no disruptiva. La gente tiende a centrar la atención en el corazón de los mercados existentes y en qué haría falta para provocar una disrupción en el orden establecido. Esto provoca que su visión se estreche y les impide ver la infinidad de movimientos no disruptivos de creación de mercado que podrían realizar.

Considera las ventajas potenciales de incluir de forma expresa la creación no disruptiva en tu pensamiento estratégico. En primer lugar, consideremos el caso de las *startups*. Cuando los emprendedores se marcan el objetivo de provocar una disrupción en un mercado existente, se suelen enfrentar a participantes ya establecidos que cuentan con muchísimos más recursos financieros y de marketing que las *startups*. Por más que sea cierto que a veces David vence a Goliat y el atractivo emocional de esa historia tenga muchísimo tirón, lo contrario es lo que suele ocurrir con más frecuencia. Como *startup* que acaba de empezar, ¿de verdad te quieres enfrentar a unos líderes del sector bien atrincherados? Tal vez sí. Y desde luego es una opción. Pero la cuestión es que no tienes que hacerlo. Las oportunidades para la creación no disruptiva son igualmente abundantes y jugosas y no sería sensato que los emprendedores no las tuvieran en cuenta también.

En segundo lugar, consideremos a los participantes ya establecidos. En organizaciones bien establecidas, el miedo a perder el puesto o el estatus actual a manos de la destrucción creativa o de la innovación disruptiva puede hacer que los directivos socaven los intentos de crear mercado de sus propias organizaciones. Puede darse el caso de que priven a ese tipo de proyectos de recursos. O puede que les asignen unos costes fijos excesivos. O incluso cabe la posibilidad de que releguen a los empleados que trabajen en estos proyectos de creación de mercado al equivalente corporativo a Siberia, lo que inevitablemente hará que esos trabajadores quieran cambiar de puesto. Microsoft y otras muchas organizaciones bien establecidas batallan con estos temas constantemente. El crecimiento a través de la creación no disruptiva es una opción menos amenazadora porque no desafía directamente el orden establecido y a la gente que se gana la vida gracias a él. Así pues, enmarcar su estrategia de creación de mercado en un contexto más amplio que abarque la creación tanto disruptiva como no disruptiva —tal y como hace la transición al océano azul— permite a las organizaciones establecidas gestionar mejor sus políticas organizativas y la ansiedad de su gente clave.

Finalmente, consideremos los nuevos trabajos que surgen. Cuando hay creación disruptiva se crean nuevos puestos de trabajo, a menudo muchos. Pero desaparecen puestos antiguos. Así que, cuando la cinta de casete sustituyó al cartucho de ocho pistas, y luego aquella a su vez fue sustituida por el disco compacto, que después ha sido desplazado por el MP3, con cada mercado nuevo, se han ido creando sucesivamente empleo y crecimiento. Ahora bien, ha sido en parte a expensas de puestos de trabajo en los mercados anteriores y en ocasiones incluso la existencia misma de estos. En cambio, la creación no disruptiva produce tanto crecimiento como empleo y no desplaza necesariamente los negocios y sectores existentes.

No hacemos estos comentarios para enfatizar las ventajas de la creación no disruptiva frente a la disruptiva, sino que lo que pretendemos es más bien mostrarte que la creación no disruptiva debe incluirse también en el pensamiento estratégico. Necesitamos un modelo holístico de estrategia de creación de mercado que incluya tanto la creación disruptiva como la no disruptiva, ya que son complementarias[21]. Juntas y por separado, ambas abren nuevas fronteras de valor y coste que son clave para el crecimiento. Centrarse solo en una de las dos conducirá a una valoración incompleta y sesgada de las oportunidades potenciales de creación de mercado y limitará tus esfuerzos tendentes a realizar una transición al océano azul.

Un modelo holístico de estrategia de creación de mercado

A estas alturas, tal vez te estés preguntando: «¿Qué estrategias de creación de mercado resultan en creación disruptiva y cuáles abocan a la creación no disruptiva?» Gracias a nuestra investigación de los últimos diez años hemos descubierto que la respuesta a esta pregunta se reduce al tipo de cuestión que una organización se propone abordar realizando un movimiento estratégico de creación de mercado.

---

21. A diferencia de la escuela de pensamiento en torno a la innovación y el crecimiento centrada en el emprendimiento, el acto de la creación no disruptiva, tal y como se describe aquí, no depende de los emprendedores, ya que puede llevarlo a cabo cualquier persona, independientemente de su talento emprendedor, por medio de un proceso sistemático. Dejando al margen esta diferencia, Bhidé (2008) ofrece unas perspicaces observaciones sobre la importancia de la creación no disruptiva a la hora de explicar el crecimiento y la innovación en la economía estadounidense.

Nuestra investigación reveló tres formas principales en las que se lleva a cabo una estrategia de creación de mercado, y por tanto de transición al océano azul. Puedes:

- Ofrecer una solución rompedora para un problema existente del sector.
- Redefinir el problema actual de un sector y resolverlo.
- Identificar y resolver un problema completamente nuevo o aprovechar una oportunidad completamente nueva.

Cada uno de estos enfoques implica un equilibrio diferente entre creación disruptiva y no disruptiva. La manera más eficaz de mostrar esta relación es a través de un gráfico. En este sentido, el gráfico 2-1 ofrece un modelo holístico de estrategia de creación de mercado. Llamamos a este gráfico un «modelo de crecimiento de estrategias de creación de mercado» porque muestra qué enfoque estratégico produce qué tipo de crecimiento.

Consideremos cada uno de estos enfoques.

Gráfico 2-1. Modelo de crecimiento de estrategias de creación de mercado

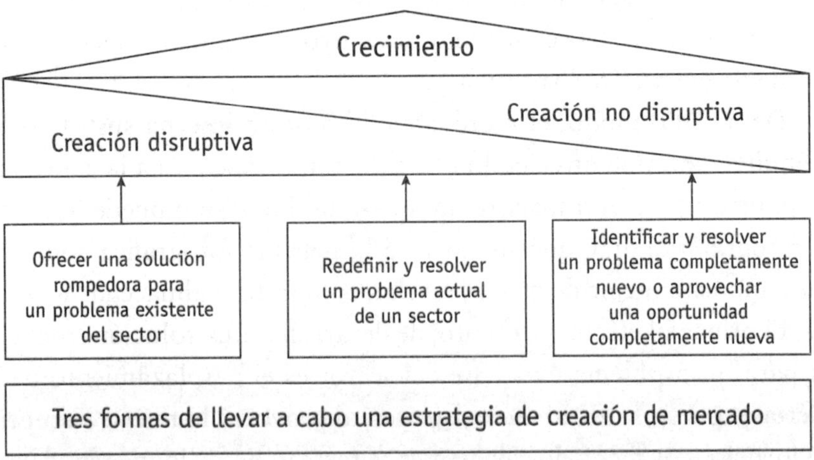

Ofrecer una solución rompedora para un problema existente del sector

Cuando una organización crea una solución rompedora para un problema existente, está incidiendo en el corazón de las empresas y los mercados ya existentes, ya sea desde el principio o con el tiempo. Volvamos a nuestro ejemplo musical. Los discos compactos fueron una solución rompedora al problema de cómo almacenar y reproducir grabaciones de sonido del mejor modo posible, que es un desafío fundamental para la gente, cuyo objetivo es disfrutar de la música. En contraste con su predecesora, la cinta de casete, el disco compacto ofrecía «un sonido perfecto para siempre», la posibilidad de pasar sin el menor esfuerzo de una canción a otra sin el deterioro de sonido ni los ruidos típicos de las cintas enredadas. No es por tanto ninguna sorpresa que, en un corto periodo de tiempo, el cedé sustituyera a la casete como el medio musical estándar. Durante años, la gente estuvo encantada con los cedés. Bueno claro, hasta la llegada del reproductor de archivos MP3 de Apple, el iPod, que ofrecía otra solución rompedora al problema del almacenamiento y la reproducción de música. Una vez más, la gente se apresuró en manada a sustituir sus antiguos —ahora pasados y descartados— discos compactos por un iPod u otro reproductor de MP3, que les proporcionaba fácil acceso a toda su librería musical. En todos estos casos, básicamente se sustituyó el producto existente a través de una creación disruptiva.

Del mismo modo, el motor de combustión interna sustituyó a la máquina de vapor, ofreciendo una solución rompedora a la generación de potencia para el transporte motorizado. Lo mismo puede decirse de la fotografía digital, que sustituyó a la película fotográfica como una forma mucho mejor de tomar, revelar, compartir y almacenar fotos.

El principal efecto, por tanto, de desarrollar una solución rompedora para un problema existente del sector es el desplazamiento de las ofertas y puestos de trabajo existentes, al provocar lo nuevo disrupción en lo viejo. Los mercados existentes se recrean desde lo más fundamental y se expanden más allá de sus fronteras anteriores, convirtiendo los océanos rojos en azules. Esta recreación y expansión de las fronteras del mercado generan crecimiento, ya que la solución rompedora tira de la demanda, convirtiendo a los no clientes en clientes. Piensa, por ejemplo, en cómo hay mucha más gente que hace fotos hoy en día con dispositivos digitales en comparación con los que tomaban fotografías en tiempos del rollo de película fotográfica.

Identificar y resolver un problema completamente nuevo o aprovechar una oportunidad completamente nueva

En el otro extremo, las organizaciones que identifican y resuelven problemas completamente nuevos o crean y aprovechan oportunidades completamente nuevas abren nuevos mercados *más allá* de las fronteras existentes del sector. En este caso poco hay de creación disruptiva. Volvamos a los ejemplos de Viagra o Grameen Bank, que identificaron y resolvieron problemas que no se habían encarado anteriormente. O pensemos en *Barrio Sésamo* y el *coaching* de vida, que identificaron y crearon oportunidades completamente nuevas. Todos estos movimientos establecieron mercados nuevos más allá de las fronteras de cualquier sector existente.

De modo similar, el sector multimillonario de los tonos de llamada para móviles ha ofrecido una oportunidad completamente nueva a la gente para expresar su individualidad, y experimentar un pequeño placer al hacerlo a lo largo del día, cada vez que suena su teléfono y se oye su canción o su sonido favoritos. Si se ha producido alguna disrupción en este caso, es solo la de eliminar la monotonía y el aburrimiento. Este espacio de mercado se creó más allá de las fronteras existentes del mercado existente.

Tal y como indica nuestro modelo de crecimiento, resolver un problema completamente nuevo o captar una oportunidad completamente nueva resulta en una creación no disruptiva porque el nuevo mercado apenas canibaliza ni el corazón ni tan siquiera la periferia de los mercados existentes. Este tipo de crecimiento también es no disruptivo para la sociedad, porque hace que aumenten los beneficios, los ingresos y los puestos de trabajo —por no mencionar la imaginación de la sociedad— sin destruir nada. Ámbitos como la ciberseguridad, la obesidad, el aprendizaje a lo largo de toda la vida, la realidad virtual, el medio ambiente y los servicios de salud ofrecen un sinfín de nuevas oportunidades para la creación no disruptiva. Lo mismo puede decirse de la base de la pirámide, es decir, oportunidades a descubrir y nuevos problemas a resolver entre los miles de millones de personas pobres que se encuentran en la base de la pirámide financiera[22].

Redefinir y resolver un problema actual de un sector

Entre resolver un problema existente y encontrar y resolver un problema completamente nuevo o crear una oportunidad completamente nueva, hay estrategias de creación de mercado que redefinen y resuelven el problema en el que se centra un sector. La redefinición de problemas permite a una organización sustituir asunciones y reconstruir las fronteras del sector de maneras nuevas y creativas. En este caso, tanto la creación disruptiva como la no disruptiva entran en juego plenamente. Consideremos el sobradamente conocido ejemplo del Cirque du Soleil, que dio un gran salto en cuanto al tipo y grado de valor que ofrecía el sector al redefinir el problema en el que se centraba: de cómo maximizar la diversión y la emoción que ofrecía el circo, pasó a cómo combinar lo mejor del mundo circense —payasos, carpas y acróbatas increíbles— con lo mejor del teatro y el ballet (maestría artística, música, danza e hilos argumentales). Así creó un nuevo espacio de mercado entre estos sectores, atrayendo un pedazo de demanda de todos ellos y, al mismo tiempo, expandió el pastel a repartir entre todos al atraer a gente nueva a este océano azul que era el nuevo espacio de mercado recién creado. Los adultos sin hijos y los clientes corporativos, que nun-

22. C.K. Prahalad (2006) formuló el concepto de «la base de la pirámide». Consultando su trabajo puedes obtener más información sobre por qué la «base de la pirámide» ofrece a las organizaciones muchas oportunidades completamente nuevas, así como nuevos, problemas a resolver.

ca antes habían ni soñado con ir al circo, se convirtieron en clientes del Cirque du Soleil.

André Rieu y la Johann Strauss Orchestra también crearon un mercado nuevo al redefinir el problema en el que se centraba el sector de la música clásica, abriendo paso a la creación disruptiva y no disruptiva. Apodado el «maestro de las masas», Rieu ha aparecido de manera sistemática en los primeros puestos del ranking de giras internacionales de conciertos durante los últimos 20 años junto con Coldplay, Beyoncé y los Rolling Stones. A diferencia de las orquestas tradicionales de música clásica, la de Rieu combina música clásica y valses muy populares y fáciles de escuchar —piensa en «El Danubio azul», «O mio bambino caro» o «Barcarola»— con música contemporánea como «Ben» de Michael Jackson o el gran éxito de Celine Dion «My Heart Will Go On», que a mucha gente les resultan más accesibles. Además Rieu también se alejó de teatros pretenciosos, optando por ofrecer los conciertos de su orquesta en grandes estadios con espectaculares efectos de luz y sonido y un ambiente divertido e interactivo. Mientras que la mayoría de las salas de conciertos tiene un aforo que no supera las 2.000 localidades en el mejor de los casos, los estadios donde actúa Rieu ofrecen la posibilidad de vender más de 10.000 entradas. Si bien Rieu recluta aparte de sus espectadores de entre el público de los conciertos de música clásica, también crea una inmensa demanda nueva al atraer a toda una masa de clientes nuevos, incluida gente a la que lo que les ocurría antes es que no les gustaba la formalidad y las pretensiones de la música clásica. Esto se debe a que la orquesta de André Rieu, como el Cirque du Soleil, impacta en la periferia —que no en el corazón— de estos otros sectores, al resolver un problema redefinido que no se enfrenta directamente con el problema que puedan estar resolviendo los demás participantes en el sector.

La transición al océano azul de Groupe SEB del que hablamos en el capítulo 1 pertenece a este grupo. Groupe SEB redefinió el problema de su sector al centrarse en cómo fabricar la mejor freidora de patatas que de hecho no friera. ActiFry ha ganado parte de su clientela del mercado tradicional de las freidoras eléctricas, pero el salto en el tipo y nivel de valor que ofrece inspiró a gente que nunca había comprado una freidora a convertirse en clientes también, haciendo que creciese el valor de la demanda total del sector en casi un 40%. De modo similar, al redefinir los límites convencionales, la Joven Orquesta Nacional de Irak abrió una nueva frontera de valor y coste y atrajo a nuevos clientes. Ahora bien, no sustituyó a otros tipos de orquestas jóvenes pese a atraer en parte al mismo público.

Sencillamente, ofrecer una solución rompedora para un problema existente de un sector suele desembocar en una creación disruptiva. Identificar y resolver un problema completamente nuevo o aprovechar una oportunidad completamente nueva por lo general provoca una creación no disruptiva. Y redefinir un problema existente implica elementos de creación tanto disruptiva como no disruptiva.

Centrarse en la innovación en valor y no en la innovación tecnológica

Cuando hablamos con público de todo el mundo sobre estrategias de creación de mercado, solemos empezar por pedirles que consideren las Google Glass, el teléfono por satélite Iridium de Motorola y el asistente personal digital de Apple, Newton. «En su día, ¿fueron innovaciones estos movimientos de creación de mercado? —les preguntamos—. ¿Y han sido un éxito o un fracaso comercial?» La respuesta a la primera pregunta suele ser «sí» y la respuesta a la segunda suele ser «un fracaso».

Y luego planteamos otra batería de preguntas: «¿Quién inventó el ordenador personal?» «¿Y el reproductor doméstico de vídeo?» En lo que a los ordenadores se refiere, la mayoría de la gente responde Apple o IBM. En cuanto al reproductor de vídeo, la gente menciona un sinfín de empresas de electrodomésticos, siendo los nombres más frecuentes Sony y JVC. Entonces les contamos que las respuestas correctas son MITS y Ampex respectivamente. Casi todo el mundo no solo se sorprende cuando se enteran, sino que además no parecen estar demasiado familiarizados con ninguna de las dos empresas.

Al combinar estas conversaciones se desvela una cuestión importante sobre la creación de mercados. Por más que los innovadores tecnológicos son capaces de poner unos huevos extraordinarios, al final, rara vez son ellos los que los incuban. El centro de atención de una estrategia de creación de mercado de éxito no debería estar en cómo «poner un huevo tecnológico» *per se*, sino más bien en cómo incubarlo para que pueda tener éxito comercial. Así pues, a pesar de que fue MITS la empresa que inventó el primer ordenador personal, en cambio, son Apple e IBM, entre otros, los que luego han dominado el nuevo mercado de masas de los ordenadores personales, adaptando la tecnología para ofrecer un salto de valor al comprador. De la misma manera, pese a que Ampex inventó la tecnología de grabación en vídeo en la década de 1950, empresas como Sony y JVC fueron las que, finalmente, dominaron el durante mucho tiempo altamente rentable sector de los reproductores de vídeo domésticos al adoptar la tecnología y hacer que los reproductores/grabadores de vídeo fueran suficientemente fáciles de usar y asequibles para la inmensa mayoría de los bolsillos, o sea, fundamentalmente, al convertir una innovación tecnológica en lo que llamamos *innovación en valor*[23].

No hay motivo inherente alguno por el que una organización no pueda capitalizar sus propias invenciones y desde luego hay empresas que han logrado hacer ambas cosas con éxito, pero la historia muestra que poner huevos e incubarlos suelen ser actividades que realizan distintos agentes[24]. Esta —sugerimos nosotros— podría ser una de las razones por las que tanta gente ni tan siquiera conoce los nombres de los innovadores tecnológicos ahora desaparecidos de sus mercados, y en cambio creen —erróneamente— que los innovadores en valor —los que incuban los nuevos mercados— son también los pioneros tecnológicos.

Cuando un mismo participante en el mercado pone el huevo, lo incuba y abre un nuevo espacio de mercado rentable y en crecimiento

23. Para obtener más información sobre las diferencias entre la innovación tecnológica y la innovación en valor —que es parte fundamental de la capacidad de una organización para abrir nuevos mercados con atractivo comercial—, y para profundizar más sobre por qué la innovación en valor es un concepto diferente al de creación de valor, véase Kim y Mauborgne (1999b, 2005, 2015a).

24. *Véase*, por ejemplo, Tellis y Golder (2002).

en el que otros podrán entrar finalmente, eso va en beneficio de todos. Ahora bien, la lección clave que hay que aprender de todo esto es que, para tener éxito en la creación de un nuevo mercado, te debes centrar en ofrecer un salto cuantitativo de valor para los compradores, y no en la tecnología en sí[25]. Las Google Glass, el Iridium de Motorola y el Newton de Apple han sufrido por no haber hecho esto bien. Las Google Glass se consideraban poco atractivas, de empollón y caras, y además despertaron mucha controversia en torno a incómodas cuestiones de privacidad. El Iridium, un teléfono por satélite, fue todo un logro tecnológico que funcionaba en el desierto de Gobi, pero resultó que no tanto en edificios y coches, que es donde más lo necesitaba la gente. Y en lo que respecta al asistente personal de Apple, Newton, sencillamente no hacía lo que dijo que haría, con lo cual no es ninguna sorpresa que los compradores no le atribuyesen ningún valor.

El hecho es que las estrategias de creación de mercado de éxito no suelen depender en absoluto de la innovación tecnológica. Pensemos en la microfinanciación que ofrece Grameen Bank, en Starbucks o en la Joven Orquesta Nacional de Irak: todos ejemplos de creación de nuevos mercados con muy poca —si acaso— tecnología puntera. Incluso cuando la participación de la tecnología es significativa, en casos como Salesforce.com o la ActiFry de Groupe SEB, la razón por la que a los compradores les encanta lo que les ofrecen no es la tecnología, sino la sencillez, la facilidad de uso, la diversión y la eficacia de su oferta, eso es lo que les encanta a los compradores. Es decir, les encantan estas empresas porque la tecnología está ligada de manera fundamental a un salto de valor para el comprador.

Ya hace tiempo que la economía nos viene enseñando que el I+D y la innovación tecnológica, medidos en términos de gasto en I+D y número de patentes, son los motores fundamentales de la innovación y el crecimiento. Esto puede ser cierto a nivel macroeconómico, que podría ser un motivo por el que la gente tiende a pensar en innovación tecnológica lo primero cuando consideran la creación de nuevos mercados, pero ese razonamiento no es necesariamente cierto cuando lo aplica-

25. *Véase* Kim y Mauborgne (1999b, 2005, 2015a).

mos al nivel microeconómico de las organizaciones a título individual. Por ejemplo, la razón entre gastos de I+D y ventas de Apple ha sido de las más bajas del sector de TI en la última década. Microsoft, en cambio, tiene una de las tasas más altas de gasto en I+D y unos centros de investigación impresionantes por todo el mundo. Y, sin embargo, mientras que Apple ha sido una de las empresas más innovadoras —si no *la* más— del mundo comercial, cuesta pensar en un solo mercado que Microsoft haya podido crear en los últimos diez años.

Tal y como apuntaba un profético artículo publicado en la revista *Time* sobre Dean Kamen, el inventor del vehículo de transporte personal Segway o Segway PT, cuando se lanzó el Segway: «Una de las verdades más difíciles de asimilar para cualquier experto en tecnología es que el éxito o fracaso en los negocios rara vez depende de la calidad de la tecnología»[26]. El Segway era una maravilla de la tecnología, una de las innovaciones tecnológicas más comentadas de su tiempo cuando se lanzó en 2001, pero eso no convenció a suficiente gente para pagar 4.000 o 5.000 dólares por un producto que les planteaba el dilema de dónde aparcarlo, cómo llevarlo en el coche o si se podía meter en un autobús o un vagón de metro o tren y dónde se podía usar (¿en la acera o en la carretera?). Se esperaba que el Segway recuperara la inversión al cabo de seis meses de su lanzamiento pero, en cambio, la empresa siguió perdiendo dinero hasta que se vendió en 2009.

Cuando las empresas asumen equivocadamente que la creación de nuevos mercados gira en torno a tecnologías rompedoras, sus organizaciones tienden a hacer mucha fuerza para lanzar productos o servicios bastante «locos», en el sentido de adelantados a su tiempo, demasiado esotéricos, demasiado complicados, o, como en el caso de Segway, productos a los que les falta el ecosistema complementario que se necesita para abrir un nuevo mercado. De hecho, muchas innovaciones tecnológicas fracasan a la hora de crear y captar nuevos mercados, incluso a pesar de que su organización reciba un sinfín de elogios. Pensemos en TiVo y su DVR (grabador de vídeo digital) original, que atrajo mucha atención y desde luego tiene un sitio en el salón de la fama de los inven-

26. *Véase* Heilemann (2001).

tos de la Oficina de Patentes y Marcas Registradas de Estados Unidos, pero que también dejó a la mayoría de la gente preguntándose qué hacía y por qué les podía interesar tenerlo.

La transición al océano azul se forja en esta perspicaz observación: del mismo modo que la innovación en valor es piedra angular de una estrategia de creación de mercado, una transición con éxito al océano azul solo se produce si se crea un valor sin precedentes para el comprador, al abrir una frontera de valor y coste que no existía antes. La innovación en valor ancla la innovación en el valor que ofrece a los compradores y no en lo ingeniosa que pueda ser la tecnología. Se puede conseguir con o sin tecnología nueva. Esto es cierto tanto si, con tus esfuerzos de océano azul para crear mercado, te propones ofrecer una solución rompedora a un problema existente en el sector, como si lo que buscas es redefinir el problema en el que se centra tu sector, o pretendes identificar y resolver un problema completamente nuevo o crear una oportunidad completamente nueva.

No hace falta ser emprendedor para crear un nuevo mercado

¿Eres azul auténtico o rojo sangre? Es el título de un test sencillo, pero muy revelador que creamos hará diez años. Se lo damos a los ejecutivos cuando nos reunimos con ellos por primera vez para hacernos una idea de la situación a que nos enfrentamos. En el test hacemos preguntas, entre otras cosas, sobre la ferocidad de la competencia, la presión que sufren sus márgenes y la intensidad de la indiferenciación a que se enfrentan. La respuesta que suele dar la gente es que están operando en océanos rojos y necesitan salir de ellos[27].

Pero, si profundizamos nos encontramos con que, incluso cuando las empresas se proponen de manera deliberada crear nuevos mercados, esos esfuerzos suelen ir dirigidos no tanto hacia salir de los océa-

27. Puedes obtener un ejemplar gratuito descargable de nuestro test «*Are you true blue or bloody red?*» (¿Eres azul auténtico o rojo sangre?) en www.blueoceanshift.com/truebluequiz.

nos rojos, sino más bien hacia seguir invirtiendo en mercados existentes sobresaturados. Hay un desajuste entre lo que las organizaciones aspiran a hacer y necesitan hacer y lo que hacen en realidad. ¿Por qué? Aparte de la familiaridad de los actuales mercados y la presión diaria que supone la competencia, creemos que la respuesta está en cómo concibe y gestiona la gente la creación de mercado.

Desde Schumpeter, se ha considerado a los emprendedores como los principales impulsores de la innovación, y por tanto de la creación de mercado. Los emprendedores corren riesgos y aprenden por prueba y error, al hilo de sus intentos de aprovechar oportunidades aplicando su intuición e ingenio. Pero, para que la creación de mercado sea parte integral de la estrategia en vigor de una organización, no puede ser un empeño aleatorio altamente arriesgado a base de prueba y error, tiene que ser un proceso fiable que se pueda reproducir. Sin eso, por más que las organizaciones puedan necesitar realizar movimientos creadores de mercado, seguirán evitando invertir como haría falta.

A lo largo de los años se ha avanzado algo en este sentido[28], pero seguimos necesitando un proceso de creación de mercado construido sobre herramientas de creación de mercado concretas que vinculen de manera sistemática la innovación con el valor para el comprador, y proporcionen pautas sobre cómo aplicarlas. Más aún: el proceso debe reconocer y responder al miedo de la gente a probar ideas nuevas, y animarlos a expandir las fronteras y sobreponerse a las fuerzas y los hábitos que los mantienen donde están. Es decir, debe estar enraizado en el concepto de humanidad para inspirar la confianza de la gente.

Como verás, un proceso humanista, enseñable y sistemático hace que la creación de mercado sea accesible a todo el mundo, no solo a gente altamente creativa o emprendedores natos. Este proceso permite a la gente normal y corriente como nosotros crear mercados y hacer cosas extraordinarias. Con este proceso, Paul MacAlindin, un director de orquesta con formación clásica pudo crear un nuevo tipo de orquesta que inspiraría la paz y mostraría al mundo una visión de la belleza

28. *Véase,* por ejemplo, Kim y Mauborgne (2005) y el trabajo de Ries (2011).

de un Irak unido. Con este proceso, los líderes gubernamentales y los funcionarios de Malasia crearon colectivamente una nueva manera de tratar a los delincuentes culpables de delitos leves, logrando una dramática reducción en la reincidencia y ofreciendo a estos delincuentes el regalo de una segunda oportunidad, al tiempo que disminuían los costes para el gobierno.

Da igual en qué sector estés o si te consideras o no un emprendedor. El proceso que describiremos da rienda suelta al potencial que todos tenemos para ver lo que puede llegar a ser, más allá de lo que es ahora. El éxito de esos esfuerzos, en última instancia, es un juego de probabilidades de éxito, claro está, como lo son todas las iniciativas estratégicas, ya sean de océano rojo o de océano azul. Ahora bien, la razón de ser de cualquier estrategia es aumentar las probabilidades de éxito, y eso es precisamente lo que hace el proceso de transición al océano azul.

Entendiendo esto, ahora ya estamos listos para zambullirnos en la manera de pensar de un estratega de océanos azules. Adoptar esta mentalidad es fundamental para establecer el rumbo adecuado de tu transición al océano azul. En el siguiente capítulo vamos a esbozar sus principales características y explicaremos por qué esas características importan, de manera que puedas captar el marco mental que tendrás que aplicar cuando te embarques en tu propio viaje de transición al océano azul.

3
La mente de un estratega de océano azul

¿Cómo es que los estrategas de océano azul ven nuevas oportunidades donde otros solo ven océanos rojos de beneficios y crecimientos menguantes? No se dejan llevar por lo que todos los demás dan por sentado. Lo que hacen es aceptar con los brazos abiertos una perspectiva que les permite plantear grupos de preguntas eminentemente distintas que, a su vez, permiten percibir y apreciar las falacias que se esconden tras asunciones aceptadas durante largo tiempo, y las barreras artificiales que nos imponemos sin saberlo. Su perspectiva es muy diferente a la lógica de competir en el mercado existente que domina los modelos mentales de la mayoría de los ejecutivos.

Para esbozar en su totalidad cómo piensan los estrategas de océano azul, exploremos dos movimientos estratégicos —uno de una organización B2C sin ánimo de lucro y otro de la típica empresa B2B con ánimo de lucro— para que puedas ver cómo se aplica esta mentalidad en diferentes sectores y ámbitos de actividad económica.

De las súplicas quejumbrosas a hacer algo divertido por dinero

¿Te imaginas a alguien haciendo autostop por la ciudad con un frigorífico a cuestas? ¿O una ciudad en la que una especie de simpáticos salteadores de caminos de ambos sexos vestidos solo con ropa interior abordaran a conductores y viandantes para pedirles una pequeña donación? ¿O que el consejero delegado de tu empresa se presentara a trabajar y se pasara el día entero asistiendo a reuniones luciendo una pelotita flexible de color rojo del tamaño de una pelota de golf en la nariz? Bienvenido a Comic Relief, una organización benéfica del Reino Unido que fue creada en 1985, y al Día de la Nariz Roja, un evento que tiene lugar cada dos años. En los 16 Días de la Nariz Roja que se ha celebrado desde su fundación, esta ONG británica ha recaudado más de 1.000 millones de libras solo en el Reino Unido, llegando a recaudar 73 millones en el Día de la Nariz Roja de 2017.

Ahora imaginemos cómo era el sector de las organizaciones benéficas en el momento en que se creó Comic Relief: más rojo que rojo. No solo había miles de organizaciones benéficas sino que además, para muchos temas, había gran cantidad de solapamientos, como, por ejemplo, que existieran más de 600 organizaciones de lucha contra el cáncer y 200 que trabajaban con los sin techo solo en Londres. Y, lo que es más: en poco más de una década, el número de organizaciones benéficas había aumentado un 60%, así que la competencia era intensa.

Al mismo tiempo, la fatiga de los donantes estaba empezando a hacer mella y el número de británicos que donaba a organizaciones benéficas había bajado un 25%. La gente estaba cansada de que les hicieran sentir culpables, de las constantes peticiones y de la dificultad de escoger la organización adecuada entre la multitud de opciones. Y, además, no las tenían todas consigo sobre la manera en que se gastaban los fondos: ¿para pagar los gastos fijos o para financiar verdaderamente la causa?

Por aquel entonces, las organizaciones benéficas que se financiaban con donaciones seguían una senda típica para la captación de fondos, un patrón que de hecho vemos en un sector tras otro. Prácticamente todas las organizaciones se concentraban, y además todas prácticamente a una, en competir más eficientemente dentro de las fronteras del espacio de mercado existente en el sector. Se enfocaban en los clientes más grandes, en este caso donantes adinerados y con mucha formación, muchos de ellos mayores (entre 55 y 64 años de edad). Invertían fuertemente en marketing y peticiones directas de donaciones durante todo el año. Agradecían públicamente sus contribuciones específicas a los donantes más grandes para alentar a esos individuos a donar todavía más. Organizaban galas altamente sofisticadas para captar fondos, al tiempo que empleaban campañas serias y deprimentes para despertar el sentimiento de culpa. En una palabra: luchaban por conseguir una porción mayor de un sector que ya estaba encogiendo, centrándose en los mismos clientes y factores en base a los que el sector llevaba mucho tiempo compitiendo. Todo esto se tradujo en un claro efecto negativo consistente en que sus costes aumentaran en el preciso momento en que su demanda retrocedía, algo que disgustó a los donantes existentes todavía más.

Comic Relief adoptó un enfoque netamente diferente: creó el Día de la Nariz Roja, un día nacional de captación de fondos disparatadamente divertida, junto con un maratón televisivo de comedia cuajado de estrellas (todas ellas colaborando sin cobrar un penique) que bautizaron como La Noche de la Nariz Roja, y que revolucionó el mundo de la captación de fondos para causas benéficas. En la actualidad, el Día de la Nariz Roja es casi como una fiesta nacional en el Reino Unido y Comic Relief ha logrado una increíble tasa de notoriedad de marca del 96%.

Para lograr esto, Comic Relief redefinió el problema del sector benéfico, haciendo que pasara de cómo conseguir que los ricos donen por sentimiento de culpa a cómo conseguir que todo el mundo haga algo gracioso por dinero. Se trata, en esencia, de la microfinanciación colectiva o *crowdfunding* de las obras benéficas. Mientras que la mayoría de las organizaciones benéficas organizaban eventos llenos de glamur para atraer a los ricos, Comic Relief eliminó o redujo sustancialmente las costosas galas benéficas, las campañas de petición directa de donaciones que solían realizarse a lo largo de todo el año y la solicitud de subvenciones y servicios de asesoría o asistencia. Además, Comic Relief no se orienta a los donantes ricos —se niega a limitarse a un segmento tan reducido— sino a todo el mundo: jóvenes, viejos, ricos, pobres, ¡hasta niños de guardería! Con una buena dosis de imaginación y tal vez un poco de coraje, hasta la persona más pobre puede realizar una gran contribución. Pongamos, por ejemplo, a la revisora del transporte público de Londres con fama de hablar por los codos que consiguió que todas sus amigas la patrocinaran para que se pasase 24 horas sin decir palabra, y así recaudó más de 500 libras. Otro ejemplo es el del peludo «macho machote» de Manchester que se depiló el cuerpo entero con cera para recaudar 500 libras. Participar es tan barato y sencillo como comprar una de las irresistibles naricillas rojas de plástico que se venden por todas partes por tan solo una libra. Todos los relacionados con el maratón televisivo —incluida la cadena de televisión— donan sus servicios porque les encanta la causa y generan una tremenda predisposición positiva con su participación.

Al ofrecer entretenimiento de calidad con la participación de un montón de estrellas, con una recaudación de fondos en torno a las risas y la diversión, hecha a nivel comunitario, en la que todo el mundo tiene oportunidad de volverse un poco loco, y vendiendo narices rojas por todo el país, Comic Relief crea un acontecimiento único lleno de inspiración que atrae a muchísima gente. Y, como el Día de la Nariz Roja solo se celebra una vez cada dos años, no hay peligro de fatiga en los donantes. Comic Relief tiene fans, no partidarios. Más aún, a diferencia de otras grandes organizaciones benéficas del Reino Unido que pueden dedicar aproximadamente el 87% de su recaudación a su causa benéfica, Comic Relief garantiza que el 100% de los donativos van directamente a los proyectos. Comic Relief puede garantizar que se cumple esa «promesa de la libra de oro» como la llaman en inglés, o sea, que todo lo recaudado se destine a la causa, gracias a que sus costes son bajos (debido a todo lo que ha eliminado y reducido) y porque con los fondos de sus patrocinadores y los ingresos de las inversiones que realiza cubren sus costes administrativos, que además son mucho menores. En cuanto a los costes de marketing, son cero en el Reino Unido gracias a la publicidad de boca en boca gratuita que se genera con las actividades del Día de la Nariz Roja que se celebran por todo el país. En 2015, Comic Relief trajo formalmente el Día de la Nariz Roja a Estados Unidos.

La energía fluye allá donde se centra la atención

Una historia sin duda alguna inspiradora pero ¿qué hemos aprendido? ¿Se podría haber concebido Comic Relief con una perspectiva de océano rojo? Para descubrirlo, consideremos cuatro grupos de preguntas y, a medida que los vayamos comentando, aplícalos a tu propio pensamiento.

Uno. Si Comic Relief hubiera aceptado las prácticas existentes en el sector como algo inamovible y hubiera dejado que la estructura vigente en el sector benéfico británico diera forma a su estrategia, ¿se habría concebido jamás la idea del Día de la Nariz Roja? ¿O es más que probable que, con una competencia tan intensa, una demanda menguante y costes al alza, tal vez no habría ni siquiera entrado en el sector? ¿Y tú? ¿Qué habrías hecho tú ante ese panorama?

Dos. Si Comic Relief se hubiera centrado en compararse con otras organizaciones benéficas y hubiera tratado de imitar —y mejorar— sus mejores prácticas, ¿cuál habría sido el más que probable resultado? ¿Habría optado por una estrategia diferente? ¿O es más bien probable que, cuanto más se centrara en compararse con la competencia y hacerlo mejor, más se habría parecido precisamente su estrategia a la de sus competidores? ¿Es esto algo que tu organización hace también con demasiada frecuencia?

Tres. La satisfacción del cliente y comprender las necesidades del cliente son teclas clave. La mayoría de las organizaciones hacen un seguimiento regular de la satisfacción de sus clientes. Ahora bien, si Comic Relief se hubiera enfocado en satisfacer mejor las necesidades de los donantes adinerados, ¿le habrían dado esos clientes la idea de pedir a todo el mundo —pobres y ricos por igual— que hicieran algo gracioso por dinero? ¿O más bien le habrían sugerido que hiciera lo que ya se hacía en el sector, solo que mejor? ¿Te mantienen tus actuales clientes centrado en lo que es en vez de en lo que podría ser?

Cuatro. Si Comic Relief hubiera elegido entre perseguir la diferenciación *o* el bajo coste, ¿en qué habría variado su estrategia? Con una estrategia de diferenciación, ¿no habría sencillamente añadido lazos y perifollos al actual enfoque del sector, pero prestando escasa atención a lo que se podría cambiar o eliminar para conseguir simultáneamente un bajo coste? Si, en vez de eso, hubiera optado por una estrategia en pos del coste bajo, ¿no es probable que hubiera hecho recortes en los factores competitivos existentes en el sector sin crear nada nuevo que destacara? ¿Y tú? ¿Actúas asumiendo que, para lograr la diferenciación necesitas gastar más mientras que, para lograr costes bajos, necesitas una solución de compromiso en cuanto al valor distintivo al que puedes aspirar?

De las narices rojas a los océanos azules en el espacio B2B

Consideremos ahora el sector corporativo B2B y más concretamente el software CRM (software para la administración de la relación con clientes) utilizado para gestionar las interacciones de la organización con los clientes y potenciales ventas en todas las áreas de negocio. El software CRM es un negocio multimillonario que además crece. No es por tanto ninguna sorpresa que también sea muy competitivo. Los principales proveedores de recursos de planificación empresarial como SAP, Oracle y Microsoft dominaban el sector desde hacía tiempo. Tienen lo que la mayoría de las startups no tienen: la cantidad de recursos necesaria para cubrir los significativos costes de I+D asociados con el desarrollo de producto.

Y, sin embargo, pese a lo impresionantes que son estos proveedores, desde el punto de vista de los clientes, todas las ofertas parecían más o menos iguales. Todas estas empresas ofrecían un software altamente personalizado para dar respuesta a las necesidades de los clientes. Todos aplicaban el modelo tradicional de negocio del sector del software, o sea, vender licencias perpetuas de software que permiten a los clientes usarlo indefinidamente. El software se instalaba, configuraba y personalizaba «en casa del cliente» para cada cliente, lo que requería significativos servicios profesionales por parte del proveedor y un considerable grado de conocimiento experto a nivel interno por parte del cliente. El software también se tenía que integrar con los sistemas legados del cliente, algo que podía implicar cambios sustanciales a sus procesos de trabajo e infraestructuras. En general, el software CRM era caro y llevaba mucho tiempo instalarlo, con lo cual el resultado era que tenía un alto coste de propiedad. Para destacar en el sector y cerrar una venta, los proveedores solían optar por una de las dos estrategias predominantes: o trataban de diferenciar su producto añadiéndole todavía más funciones y características u optaban por ofrecer grandes descuentos en las fases finales de la negociación. En cualquier caso, todo el mundo en el sector se centraba en vender software CRM a los negocios que se lo podían permitir: empresas grandes y complejas.

La ironía de todo esto es que, debido a que el software era complejo, caro de adquirir y mantener, difícil de instalar, y requería una cantidad considerable de middleware y hardware para funcionar, los proveedores de software CRM, de hecho, limitaban la demanda de su propio sector.

Y entonces hizo su aparición Salesforce.com, creada en 1999 por cuatro socios: el antiguo ejecutivo de Oracle Marc Benioff, Parker Harris, Dave Moellenhoff y Frank Dominguez. Salesforce.com no asumió la estructura empresarial existente como algo dado y no se marcó como objetivo ganar a los competidores ya presentes en el sector, sino que se esforzó por hacer que la competencia se convirtiera en algo irrelevante. Para ello eliminó todos los puntos de dolor que el sector había impuesto tradicionalmente a sus clientes, puntos de dolor que, irónicamente, las empresas habían acabado por aceptar. Merece la pena detenerse un instante a considerar esta última cuestión porque es algo que ocurre en demasiados sectores. Si nos tenemos que poner una vacuna, asumimos que habrá un inyección de por medio, aunque a la mayoría de la gente le dé un poco de aprensión pensarlo. Si vamos al aeropuerto, asumimos que va a haber colas y sentiremos un cierto estrés. Y, si volamos en primera clase en un vuelo nacional en Estados Unidos, damos por sentado que los asientos de primera clase no tendrán mucho más espacio ni el asiento se reclinará mucho más que en los de la clase turista, a pesar de la significante diferencia de precio.

Decididos a romper con el océano rojo de las ofertas muy similares, Salesforce.com lanzó una estrategia de creación de mercado que abrió un océano azul en forma de nuevo espacio de mercado. Creó una solución CRM altamente fiable y fácil de usar a la que se podía acceder vía web y que funcionaba desde el momento en que el usuario realizaba la correspondiente suscripción mensual. Como no había que comprar licencias de software ni gastar en recursos en infraestructura, con el despliegue y mantenimiento necesarios se reducía el coste total de propiedad en aproximadamente un 90%. Además, Salesforce.com también redujo significativamente el riesgo de despliegue de su software al permitir que se cancelaran las suscripciones en cualquier momento. Más aún: al ofrecer inicialmente una única versión de su software CRM, Salesforce.com redujo de modo ostensible sus costes de desarrollo unitario. Y también pudo identificar las funciones que interesaban y las que no en base a las tasas de uso, lo que le permitió enfocarse estratégicamente en lo que más interesaba a los usuarios.

El resultado: en tan solo 10 años desde su creación, Salesforce.com obtuvo más de 1.300 millones de dólares en ingresos anuales. Además, atrajo a empresas de tamaño medio e incluso pequeñas empresas al sector, convirtiendo antiguos no clientes en clientes, haciendo así que la demanda en general creciera. Hoy por hoy, Salesforce.com tiene más de 20.000 empleados y unos ingresos anuales que rozan los 8.000 millones de dólares.

Claramente, el software CRM y el sector de las organizaciones benéficas del Reino Unido no podrían ser más distintos, pero una vez más podemos identificar increíbles paralelismos entre ambos. En primer lugar vemos una vez más que los participantes en un sector, con demasiada frecuencia, se mueven al unísono: compiten de la misma manera, invierten en las mismas cosas y se centran en los clientes existentes del sector, provocando así ellos mismos la indiferenciación en gran medida y limitando el tamaño de su propio sector. En segundo lugar, vemos que mientras que los participantes en el sector pelean entre sí por llevarse una porción mayor de la demanda existente, el universo de mercado de la demanda potencial total suele ser mucho más grande. Y, sin embargo, las organizaciones se comportan como si las fronteras existentes en el mercado fueran su universo *de facto* cuando en realidad esas fronteras no están definidas, sino que son un mero producto de nuestras mentes: se pueden trascender si aplicamos una perspectiva nueva a nuestro pensamiento. Por último, una vez más vemos que las organizaciones pueden redefinir la base de la estrategia en un sector, y abrir así un nuevo espacio de mercado y lograr la diferenciación a bajo coste.

Pero la pregunta es, ¿cómo lo hacen?

Reformular tu pensamiento del rojo al azul

Ahora estás listo para deducir cómo es la mente de un estratega de océano azul y las maneras bien distintivas en que su forma de pensar se aleja de la lógica del océano rojo. El objetivo es que entiendas cómo piensan los estrategas de océano azul de modo que puedas adoptar esa lógica cuando te embarques en tu propio viaje de transición al océano azul. Esta mentalidad actúa como una especie de brújula que marca tu rumbo estratégico. Si eso no está bien, por muy buenas que sean las herramientas de creación de mercado, su aplicación a efectos prácticos puede no ser correcta y no producir por tanto la transición que se persigue. A medida que vayamos cubriendo todos los principios rectores de este pensamiento, reflexiona sobre cómo te pueden permitir ver oportunidades donde antes solo eran visibles las restricciones.

Los estrategas de océanos azules no aceptan las condiciones del sector como inamovibles. Más bien se proponen darles nueva forma en su beneficio.

Cuando los ejecutivos desarrollan una estrategia casi siempre empiezan por analizar el entorno: ¿El sector está creciendo, estancado o encogiendo? ¿Los precios de las materias primas están subiendo o bajando? ¿Los competidores están construyendo nuevas plantas, lanzando grandes nuevas líneas de producto, despidiendo a cientos de empleados o contratando nuevos talentos? ¿La demanda de cliente está subiendo o bajando? La mayoría de los ejecutivos define su estrategia en base a este tipo de análisis. Es decir, la estructura da forma a la estrategia[29]. Esta visión de la estrategia es determinista en el sentido de que: (1) considera que las opciones estratégicas de una organización están limitadas por el entorno; y (2) limita la imaginación de los ejecutivos conforme a las condiciones actuales del sector.

Esto funciona bien cuando los sectores son atractivos, pero ¿qué pasa cuando la estructura de tu sector no es atractiva y tu principal competidor apenas logra mantenerse a flote o está perdiendo dinero? ¿Cuál va a ser tu estrategia entonces? ¿Perder menos dinero que todos los demás? ¿Salir? Ninguna de las dos opciones inspira mucho que digamos y tampoco son precisamente buenas rutas hacia un crecimiento fuerte y rentable.

Lo que reconoce un estratega de océanos azules, y lo que la mayoría de nosotros olvidamos con demasiada facilidad, es que, por más que unas determinadas condiciones de mercado efectivamente existan, son las empresas las que las han creado. Y, del mismo modo que son empresas concretas las que las han creado, también las empresas pueden por tanto darles forma, del mismo modo que Comic Relief o Salesforce.com lo hicieron. Piensa por un momento en muchos de los mejores sectores. A principios del siglo XX, ¿acaso no creó Ford un mercado masivo para la industria del automóvil, igual que hizo Xerox más tarde con el sector de la copia, y seguidamente Canon en el de la copia personal? ¿Y qué me dices de McDonald's en el sector de la comida rápi-

29. La teoría económica de las organizaciones industriales sugiere un paradigma estructura-comportamiento-rendimiento que indica un flujo causal de la estructura de mercado al comportamiento (estrategia) y al rendimiento. Véase, por ejemplo, Bain (1959) y Scherer (1970). Según esta visión estructuralista de la estrategia, los ejecutivos suelen empezar por un análisis del sector y la competencia y luego se centran en definir un posicionamiento estratégico bien diferenciado en el espacio existente en el sector, conforme al cual su organización puede obtener mejores resultados que los competidores, construyéndose así una ventaja competitiva. La lógica que subyace aquí es que las opciones estratégicas de una empresa se circunscriben al entorno de mercado existente. Es decir, la estructura da forma a la estrategia. El trabajo de referencia en este ámbito es el de Porter (1980).

da? ¿Y Apple con las apps? ¿FedEx con las entregas urgentes? ¿O qué hay de DryBar, que lanzó el espacio de mercado «solo secar y listo» en el sector de las peluquerías en Estados Unidos, en vez de ofrecer cortes de pelo, tintes o permanentes?

Del mismo modo que ciertas organizaciones a título individual pueden impulsar sectores enteros con sus poderosas ideas, las organizaciones también pueden a título individual dar forma a sectores existentes o crear otros nuevos[30]. Las fronteras de los sectores no son fijas, sino tan fluidas como tu imaginación. Y una de las grandes ironías es que suelen ser las organizaciones mismas las que contribuyen a las condiciones de declive de sus propios sectores. Pensemos en el sector de los servicios postales de Estados Unidos, que a día de hoy se encuentra al borde del precipicio mientras la clientela se cambia a otras alternativas como el correo electrónico y la mensajería de entrega urgente (que son bastante más caros). ¿Por qué retrocede la demanda de los servicios postales del gobierno? ¿Se debe sencillamente a que estos nuevos sectores alternativos tienen tanta fuerza? En parte sí. Pero también es porque la experiencia postal es muy pobre. ¿Cuándo fue la última vez que entraste en una oficina de Correos y te encontraste con un servicio rápido y eficaz, todas las ventanillas atendiendo, sin colas, y con unos funcionarios de Correos que de hecho parecen contentos de atenderte? ¿Fue una experiencia agradable que te gustaría repetir? Seguramente no. Lo más probable es que fueras uno más del montón de gente que hacía cola con cara de descontento. O tal vez fueses de los que, al cabo de cinco minutos de hacer cola, te hartabas y te ibas, presa de la frustración, habiendo perdido el tiempo para nada y jurándote que era la última vez.

Las organizaciones contribuyen a su propia caída en desgracia con más frecuencia de lo que creen o saben ver, y luego le echan la culpa a fuerzas exógenas del mercado que no controlan. Los estrategas de océanos azules no hacen eso. Se niegan a aceptar las condiciones de mercado existentes como inamovibles. Y tampoco culpan a esas condiciones de

30. Que las fronteras de sector no son fijas y que empresas concretas pueden crear y recrear sectores en base a un esfuerzo consciente es nuestro argumento fundamental y permanente. Véase, por ejemplo, Kim y Mauborgne (1997a, 1999a, 2005, 2009, 2015a).

sus dificultades. Se hacen responsables a sí mismos de encontrar respuestas y no permiten que las condiciones del sector determinen su visión de lo que es posible y rentable. Si bien una lógica compartida del sector podría ayudarte a darle sentido al mundo, el hecho es que restringe de un modo dramático tu pensamiento creativo, puesto que te impulsa a no cuestionar ciertas asunciones ni explorar ciertas ideas, y a defender el *statu quo*. Y además también te quita poder. Como decía Steve Jobs: «Por lo general te suelen decir que el mundo es como es... pero esa es una visión muy limitada. La vida puede expandirse mucho más cuando descubres un hecho sencillo, que es que todo lo que te rodea, todo eso a lo que llamas vida, lo ha hecho gente que no era más lista que tú. Y lo puedes cambiar. Puedes influir en ello. Puedes construir tú también cosas que luego otros usarán. En el momento que entiendes eso, le puedes clavar el dedo en las costillas a la vida... puedes cambiarla. Puedes moldearla. Tal vez eso sea lo más importante, deshacerse de esta concepción errónea de que la vida sencillamente está ahí fuera y tú vas a vivir en ella... En cuanto aprendes eso, ya nunca vuelves a ser el mismo»[31]. Los estrategas de océano azul actúan en base a esta observación profunda que amplía su paleta creativa y los impulsa a sopesar seriamente toda una serie de ideas en vez de descartarlas inmediatamente, ideas que se proponen cambiar —y no únicamente aceptar— las condiciones del sector.

Los estrategas de océano azul no se proponen ganar a la competencia. Su objetivo, en cambio, es hacer que la competencia se vuelva irrelevante.

La mayoría de las organizaciones están presas en la trampa de la competición[32]. Habiendo aceptado como inamovible la estructura del

31. Steve Jobs en NeXT Computer, Redwood City, California, 1995, https://www.youtube.com/watch?v=kYfNvmF0Bqw

32. Nuestro artículo de 1997a en la *Harvard Business Review* titulado «Value Innovation: The Strategic Logic of High Growth» [Innovación en valor: la lógica estratégica del alto crecimiento] alude por primera vez al concepto de la trampa del crecimiento. Desde entonces, nuestra línea permanente de investigación nos ha llevado a argumentar de forma continuada que centrarse en ganar a la competencia y en dotarse de ventajas competitivas suele llevar a encarar el mercado imitando más que innovando. Para consultar un resumen rápido de esta línea argumental véase Kim y Mauborgne (1997b, 2003b).

sector, los ejecutivos proceden a realizar un estudio comparativo de sus rivales y se centran en hacerlo mejor que ellos para lograr una ventaja competitiva. Ciertamente, no es posible hablar de estrategia sin sacar a colación el concepto de adquirir alguna ventaja competitiva. Pero, centrarse en desarrollar esa ventaja competitiva produce un efecto no intencionado profundamente irónico, porque conduce a abordar el mercado con un enfoque de imitación y no de innovación. ¿Cómo es posible? Es fundamental entenderlo porque, seguramente, es algo que está afectando a tu organización y lo que haces más de lo que te imaginas.

Empecemos por lo obvio. Toda organización ganadora tiene, por definición, alguna ventaja competitiva. Desde luego, es el caso de Comic Relief y Salesforce.com. Así pues, tener una ventaja competitiva es bueno. Eso nadie lo discute. Ahora bien, esa ventaja competitiva explica lo que la organización ha conseguido, el resultado de su estrategia. En estadística se conoce como la *variable dependiente*. El problema es que, con el tiempo, la gente ha acabado por confundir el resultado de una estrategia ganadora, es decir, una ventaja competitiva, con el proceso de conseguirla o la *variable independiente*. Así pues, a los ejecutivos cada vez se les ha animado más a forjar ventajas competitivas con las que ganar a la competencia.

A simple vista, esto parece razonable. Si las organizaciones ganadoras tienen alguna ventaja competitiva, perseguir una ventaja competitiva parecería el camino más directo a conseguir una. El problema es de formulación, de encuadre. Si se insta a los ejecutivos a que se aseguren de que la empresa tenga una ventaja competitiva, ¿qué es lo más probable que hagan estos? Automáticamente mirarán a la competencia, evaluarán lo que están haciendo sus competidores y se esforzarán por hacerlo mejor. Pero, al hacer eso, su pensamiento estratégico revierte sin querer de vuelta al terreno de la competición. La competencia —y no el valor para el comprador— se convierte en la variable definitoria de la estrategia. Esto hace que la visión de la organización se estreche para centrarse en los factores competitivos y las asunciones compartidas por los competidores existentes, lo que conduce a intentar mejorar según una trayectoria ya establecida.

Pero ¿debería marcarse tu estrategia de este modo? Nuestros estudios sugieren que no, sobre todo si estás en un sector cada vez menos atractivo. Centrarte en construir ventajas competitivas te distrae de remodelar viejos sectores de actividad económica y crear otros nuevos; te bloquea la creatividad y te mantiene atrapado en el mismo estilo de competir que están usando todos los demás.

En oposición frontal a todo esto, los estrategas de océanos azules no centran toda su atención en construir ventajas competitivas, sino en hacer que la competencia se vuelva irrelevante[33]. Experimentan un silencioso desinterés por lo que pueda estar haciendo la competencia. No asumen que, por el mero hecho de que la competencia esté haciendo algo, esa acción sea lo correcto. La cuestión que les obsesiona es la siguiente: ¿qué haría falta para ganarse a la inmensa mayoría de los compradores, incluso sin hacer marketing? ¿Por qué esa premisa? No se debe a que estas organizaciones no crean en el uso del marketing igual que todo el mundo, que sí que creen. Es sencillamente porque su objetivo es empujar a sus organizaciones a crear ofertas tan atractivas que cualquiera que las vea o las pruebe no podrá evitar ponerlas por las nubes. En palabras de Michael Levie, cofundador de citizenM, el nuevo espacio de mercado de los hoteles de lujo asequible, «nuestro objetivo no es depender del marketing para vender estancias de hotel sino crear una experiencia de estancia en un hotel que se convierta en sí misma en marketing, porque la gente no pueda parar de compartir fotos y comentarios sobre ella en Facebook y en Instagram». Eso era precisamente lo que inspiraba a Steve Jobs a plantear a Apple incesantemente el reto de crear productos y servicios «disparatadamente chulos», no productos y servicios mejores que los de la competencia aunque, a fin de cuentas, también lo eran.

Cuando las organizaciones formulan su reto estratégico dentro de este marco, se ve claramente lo inútil que resulta andar haciendo comparativas con la competencia. Esto hace que los ejecutivos cuestionen y reconsideren de modo fundamental todos los factores en base a los que se compite e invierte en el sector, y a esforzarse en búsqueda de un gran salto cuantitativo en valor. De hecho, si bien una mejora incremental

33. *Véase*, por ejemplo, Kim y Mauborgne (1997a, 1997b, 2005, 2015a).

respecto de lo que hace la competencia puede darte cierta ventaja competitiva, solo un gran salto cuantitativo en valor hará que la competencia se vuelva irrelevante.

Este deseo de hacer que la competencia se vuelva irrelevante es lo que abre los ojos de las organizaciones a la diferencia que hay entre aquello en lo que los sectores compiten y lo que valora la gran mayoría de los compradores. Irónicamente, pese a que los estrategas de océanos azules no se centran en forjar una ventaja competitiva, al final la suelen lograr en grado máximo.

Los estrategas de océanos azules se centran en crear y captar demanda nueva, no en pelear por los clientes existentes.

Casi todas las organizaciones de cierta envergadura suelen hacer con regularidad algún tipo de estudio de satisfacción de clientes. Hasta si tienes un negocio pequeño o una organización benéfica, satisfacer a los clientes actuales es una prioridad por lo general. Así que las organizaciones buscan el *feedback* y los comentarios de los clientes sobre lo que les gusta y no, sobre qué tal lo están haciendo como organización y en qué tienen que mejorar. Recabar este tipo de información suele llevar a una apreciación más matizada y rica de qué es lo que valoran los clientes actuales. Esto a su vez desencadena una segmentación más afinada y mayor personalización a fin de dar respuesta a las necesidades especiales del cliente. El resultado suele ser casi siempre una mejor satisfacción de cliente. «¡Exactamente! —podrías pensar—. Eso es lo que hacemos nosotros. Eso se nos da fenomenal.» O «Tenemos una manera realmente creativa de adaptar nuestra oferta para responder mejor a las necesidades individuales de nuestros clientes».

Ahora bien, pese a todas sus fortalezas, este deseo de mejorar la puntuación en satisfacción de cliente también tiende a mantener a las organizaciones ancladas en el océano rojo de los espacios de mercado actuales. En la mayoría de los sectores, las organizaciones convergen hacia una definición común de quién es el cliente: donantes mayores, adinerados y con mucha formación, en el caso de las organizaciones benéficas británicas, por ejemplo; o grandes empresas complejas para el sector del software de planificación de recursos empresariales. Esta definición que tan frecuentemente nos encontramos determina a su vez en quién centran sus recursos y esfuerzos las organizaciones. Centrar así la atención en los clientes existentes está bien mientras el sector crezca pero, cuando la demanda se estanca o empieza a bajar, entonces empieza a plantear verdaderas limitaciones. Este enfoque impide que las organizaciones vean el panorama más amplio de nueva demanda potencial fuera del sector que también podrían captar. Y, tal y como ilustran Comic Relief y Salesforce.com, en muchos sectores, los clientes actuales no son más que una gota en un inmenso mar si se comparan con todos los no clientes a los que se puede llegar a través de estrategias de creación de mercado[34].

Además, cuando le preguntas a un cliente actual «¿Cómo te podemos hacer más feliz?» sus respuestas tienden hacia el familiar «dame más por menos». No obstante, este enfoque casi siempre te lleva a limitarte a ofrecer mejores soluciones al problema existente en tu sector, manteniéndote atrapado en el océano rojo[35]. El sector de la venta minorista de Estados Unidos paga dolorosamente por este enfoque todos los fines de año cuando sus clientes, entrenados para esperar rebajas justo antes de las vacaciones de Navidad, piden que esas rebajas empiecen incluso antes y que las tiendas ofrezcan descuentos cada vez más grandes. Ahora ya se pueden ver adornos navideños en las tiendas en el mes de octubre. En cuanto a un crecimiento fuerte y rentable, los clientes puede que estén más contentos con unos descuentos que empiezan antes y son mayores, pero las ventas minoristas apenas han avanzado mientras que los márgenes siguen encogiendo.

En vez de luchar para conseguir un porcentaje mayor de la clientela actual, los estrategas de océano azul buscan crear nueva demanda centrando la atención en los no clientes. Reconocen que hay una demanda adicional ahí fuera, aguardando para ser liberada. Al dirigir la atención a los no clientes y lo que hace que no tengan interés en el sector, empie-

---

34. La importancia fundamental de los no clientes, no solo como forma de obtener una interesante comprensión profunda sobre cómo crear y recrear mercados, sino también sobre cómo generar nuevo crecimiento, ha sido un hallazgo constante de nuestras investigaciones. Véase, por ejemplo, Kim y Mauborgne (1997a, 2005, 2015a, 2015b).

35. *Véase* Kim y Mauborgne (2015b).

zan a identificar los principales puntos de dolor —como las peticiones quejumbrosas— impuestos por el sector que hacen que la gente decida no entrar en él. De este modo, obtienen una comprensión perspicaz y fundamental sobre cómo abrir un nuevo espacio de mercado.

Tal y como descubrirás en tu viaje de transición al océano azul, los no clientes —no los clientes— son los que te proporcionan la información más perspicaz y reveladora sobre qué está haciendo tu sector que de hecho limita la demanda, y cómo abordar esa situación. Aquí la oportunidad es crear nueva demanda donde no hay competencia, no sencillamente conseguir un poco más de un menguante océano rojo.

Los estrategas de océano azul persiguen simultáneamente la diferenciación y el coste bajo. El objetivo es romper —no generar— la disyuntiva entre valor y coste.

Tal y como comentábamos en el capítulo 1, para un estratega de océano rojo, la estrategia requiere elegir entre la diferenciación y el coste bajo. En cambio, los estrategas de océano azul siguen un camino diferente y no ven la estrategia de creación de mercado en términos de «esto o aquello», sino con un enfoque de «esto y aquello». Es decir, persiguen la diferenciación y el coste bajo simultáneamente[36].

Volvamos a pensar en Comic Relief un instante. Con sus naricillas rojas, su enfoque en la recaudación de fondos comunitaria y divertida y caótica, y el haber sustituido las peticiones de donaciones a lo largo de todo el año por una única experiencia cada dos años, Comic Relief es claramente la organización benéfica que más destaca de todo el sector por ser diferente. Al mismo tiempo, su estructura de costes es pequeña. A diferencia de las organizaciones benéficas tradicionales, Comic Relief no dedica cantidades ingentes de dinero y tiempo a la organización de galas fastuosas ni a rellenar solicitudes de subvenciones de gobiernos y fundaciones, ni a servicios de asesoría o asistencia. En lugar de eso, utiliza tiendas de las zonas más comerciales de las ciudades, desde supermercados hasta grandes almacenes, para vender

36. *Véase* Kim y Mauborgne (1997a, 2004, 2005, 2015a, 2015b). Véase también Hill (1988).

sus narices rojas. Hay quien estima que Comic Relief ha abandonado un 75% de las actividades típicas de recaudación de fondos de una organización benéfica tradicional. Los costes de personal de Comic Relief también son muy bajos, ya que muchos ciudadanos se ofrecen voluntarios para realizar el grueso de las operaciones de captación de fondos al prestarse a hacer algún tipo de tontería graciosa que otros les puedan patrocinar en beneficio de Comic Relief. Más aún: gracias a la amplia cobertura mediática y la publicidad del boca en boca gratuito que genera el Día de la Nariz Roja, Comic Relief también evita grandes costes de publicidad. El resultado es que en Comic Relief han conseguido romper con la necesidad de elegir entre valor y coste, siendo por tanto pioneros a la hora de liderar el camino hacia una nueva frontera de valor y coste.

Las organizaciones que buscan la diferenciación para destacar frente a sus competidores tienden a centrarse en qué es lo que pueden ofrecer en mayor cantidad. Los que persiguen el liderazgo en costes, en cambio, se centran en qué es lo que pueden ofrecer en menor cantidad. Tanto la una como la otra son opciones estratégicas viables que persiguen muchísimas organizaciones a día de hoy, pero ambas te mantendrán atrapado en un océano rojo, operando conforme a la frontera de productividad existente en tu sector. Para ofrecer a los compradores un gran salto cuantitativo en valor, los estrategas de océano azul se centran tanto en qué eliminar y reducir como en qué crear y levantar. Es la búsqueda simultánea de la diferenciación y el coste bajo lo que permite a los estrategas de océanos azules dar un gran salto gracias al cual adelantan a los competidores, creando el ambiente positivo que impulsa las calificaciones de pulgares levantados de los Me Gusta de Facebook y las cinco estrellas en las páginas web, y atrayendo no solo a nuevos clientes, sino a fans que no paran de cantar sus alabanzas.

Expandir tu campo de visión

Adoptar la estrategia del estratega de océano azul es como alzar la vista al cielo nocturno lleno de estrellas para contemplar la constelación en la que se ha estado centrando tu sector durante mucho tiempo, y luego mover la cabeza para pasear la mirada por todo el vasto firmamento que no formaba parte de tu campo de visión hasta ese momento. Cambia tu manera de pensar, pasa de enfocarte en restricciones a centrarte en nuevas oportunidades. Esto te guiará en la dirección correcta para cuestionar la estructura del sector, romper con la lógica de este, volverte hacia los no clientes y diseñar estrategias que logren tanto la diferenciación como el coste bajo. No puedes aspirar a crear un océano azul pensando como un estratega de océano rojo.

Ahora vamos a zambullirnos en el capítulo siguiente en el que explicaremos cómo se integra la humanidad de manera consistente en el proceso de transición al océano azul, y cómo eso inspira y alimenta la confianza de la gente de manera que se apropien y dirijan el proceso. En el capítulo también se muestra cómo se libera la competencia creativa de la gente a lo largo del proceso y qué cabe esperar a cada paso.

4
Humanidad, confianza y competencia creativa

La gente es paradójica. Aspiramos a marcar la diferencia. Queremos cambiar el mundo a mejor. Eso es lo que hace que nuestra energía se eleve a las alturas, nuestros corazones se aceleren y nos suban los niveles de adrenalina. Pero, al mismo tiempo, la mayoría tenemos miedo a no ser capaces. Necesitamos que nos animen confirmándonos que es posible.

Por muy duros o brillantes que parezcamos, o por muy seguros de nosotros mismos que demos la impresión de estar, todos tenemos nuestro tierno corazoncito. Cuando pensamos en la gente como gente, no como ejecutivos corporativos, emprendedores o funcionarios, y desde luego no como recursos humanos, nos damos cuenta de que detrás de todos esos títulos, todos somos increíblemente vulnerables. Todos nos esforzamos por evitar el reproche. Queremos evitar hacer el ridículo. Tratamos de evitar desvelar lo que ignoramos. En nuestras organizaciones, abrirnos y mostrarnos tal cual somos, con demasiada frecuencia, despierta inmediatamente el miedo a perder estatus, respeto, seguridad y poder. Así que tendemos a aferrarnos a lo que es en vez de explorar lo que podría ser. Y esto incluye la gente que ocupa la cima del escalafón, donde la fragilidad de los egos es mayor que en ningún otro sitio.

Esa es tu verdad, nuestra verdad, la verdad de casi todos. Y no nos hace débiles. Nos hace humanos. El no reconocer estas verdades humanas básicas o darlas por sentadas y no prestarles la menor atención, es el motivo por el que tantos esfuerzos de cambio e intentos de impulsar a las organizaciones para que se hagan más creativas e innovadoras acaban fracasando. No han reconocido ni integrado la humanidad, en el sentido de condición humana, en el proceso. El proceso de concebir y ejecutar una transición al océano azul sí lo hace.

La humanidad integra la comprensión psicológica en el proceso estratégico de modo que la gente esté dispuesta a participar plenamente a cada paso, incluso cuando dudan, cuando tal vez no se fían los unos de los otros o se muestran escépticos sobre su capacidad para culminar con éxito el viaje de transformación. Cuando nos sentimos genuinamente comprendidos y apreciados por quién somos en tanto que personas plenas, cuando nos sentimos respetados, no porque seamos geniales, atrevidos o perfectos, sino porque tenemos algo con lo que queremos contribuir y deseamos marcar la diferencia pese a nuestras inseguridades y vulnerabilidades, entonces, dejamos de sentirnos como impostores que tienen algo que esconder. Y empezamos a confiar en otras personas. Y ardemos en deseos de honrar la fe que sentimos que se tiene en nosotros, haciendo un esfuerzo adicional para alcanzar el éxito.

La humanidad, en resumen, fomenta nuestra confianza para actuar despertando nuestra implicación emocional. Nos relaja y nos hace sentir lo suficientemente seguros como para ir más allá de lo que conocemos y explorar lo todavía desconocido. Nos inspira para recurrir a nuestra curiosidad y nuestra creatividad, cualidades abundantes, poderosas y ampliamente infrautilizadas tanto en nuestras organizaciones como en nosotros mismos a título personal. Esto es fundamental para dar nueva forma y nueva imagen a las fronteras de los sectores.

De la humanidad a la competencia creativa

Mientras que la humanidad fomenta nuestra confianza para actuar, las herramientas de creación de mercado y unas pautas claras sobre cómo utilizarlas fomentan nuestra competencia creativa. Las herramientas de creación de mercado y las pautas para su uso proporcionan a la gente la comprensión intelectual de todo el trabajo preliminar «de pico y pala» necesario para que se produzca una transición al océano azul.

Piensa en ello como si te hubieras propuesto crearte tu cuerpo ideal. Tener la mentalidad adecuada alejará tus pensamientos de la cocina y los dirigirá hacia el gimnasio. La confianza para actuar te inspirará para, de hecho, meterte en el coche, ir al gimnasio y hacer ejercicio. Pero, como cualquier atleta te dirá, para transformar tu cuerpo tienes que saber lo que tienes que hacer exactamente: con qué frecuencia ir al gimnasio, cómo estirar, qué máquinas usar, en qué orden y con cuánto peso, cuántas repeticiones hacer, el equilibrio adecuado entre cardio y fortalecimiento, y cómo comer bien. Sin esos conocimientos, no vas a ser capaz de adquirir la fortaleza, la resiliencia y la flexibilidad necesarias para transformar tu cuerpo. Ese es el poder que un proceso sistemático, construido sobre marcos creativos y herramientas accionables, aporta a una estrategia de creación de mercado. Las herramientas y los marcos proporcionan los elementos específicos de qué es lo que hace falta para crear y recrear mercados, pues transforman la ambición en lo que llamamos *competencia creativa*, que te da las palancas de control que necesitas para remodelar las fronteras del mercado en tu beneficio.

Cuando se unen la confianza para actuar y la competencia creativa, es posible conseguir resultados reales. Que nadie trate de convencerte de que lo uno es suficiente sin lo otro cuando tu objetivo es la transformación. Una organización que tiene la confianza de hacer una transición al océano azul, pero carece de los conocimientos sobre cómo hacerlo es como un jugador de apuestas, y puede esperarse muchos esfuerzos dirigidos al lugar equivocado y muchos intentos fallidos. En sentido contrario, una organización que es consciente de todo lo que es posible y necesario hacer para crear una transición al océano azul, pero carece de la confianza para actuar, nunca hará nada al final. Consideremos cómo un proceso de transición al océano azul consigue lo uno y lo otro.

Cómo se fomenta la humanidad

Para ayudar a la gente a desarrollar la confianza para actuar, hay tres elementos que inciden sobre distintos aspectos de nuestra humanidad que se integran en el proceso del océano azul: la atomización, el descubrimiento de primera mano y el ejercicio de un proceso justo. Consideremos cada uno por separado.

Atomización

Si bien realizar una transición al océano azul representa un enfoque de mercado que implica un cambio de paso, se diseña intencionadamente para que no dé esa sensación dentro de la organización. El proceso reconoce que la grandeza y novedad del objetivo pueden resultar abrumadoras. «¿Quieres que *nosotros* marquemos un rumbo al futuro más allá del mercado existente? ¿Cuentas con *nosotros* para pensar de manera diferente y dar forma a las fronteras del mercado? *¿Somos... Soy* capaz tan siquiera de hacer eso?» Esa suele ser la reacción instintiva de la mayoría de la gente, y es natural.

¿Entonces cómo consigues que la gente realice una transición al océano azul? No lo consigues. Es decir, no lo consigues con un gran salto. En lugar de eso, desmenuzas el reto en pequeños pasos concretos que hacen que la gente avance poco a poco, inspirando y alimentando su confianza en el proceso. Así, por ejemplo, se le pide a la gente que identifique los factores en base a los que se compite en un sector de actividad económica. O se les pide que identifiquen los mayores obstáculos a la simplicidad en un sector. O que miren con más detenimiento los grupos de consumidores que se beneficiarían de la oferta de su sector que no son compradores de este en la actualidad. Cuando la cuestión se enmarca de este modo, cada paso empuja más allá de las fronteras de nuestro pensamiento, pero ningún paso concreto nos abruma. Y, en cualquier etapa, nadie puede decir que lo que se nos pide suponga un salto demasiado grande. Ahora bien, la culminación de estos pequeños pasos conduce a una transición al océano azul.

Llamamos a esto atomización en honor a la reflexión de Einstein de que, si deconstruyes cualquier reto en sus componentes básicos o átomos, y te centras en resolverlos de uno en uno, incluso el mayor de los desafíos pasa de resultar abrumador a presentarse como intelectual y psicológicamente resoluble[37]. A medida que la gente registra la factibilidad de cada paso, se va acumulando la evidencia tangible de que es posible crear un nuevo espacio de mercado. La gente acaba por apreciar cómo lo que antes parecía un objetivo sobrecogedor, de hecho está a su alcance. El miedo empieza a desvanecerse, dando paso a la confianza y el orgullo a medida que la gente siente cómo se expande su competencia creativa.

Descubrimiento de primera mano

Nuestras ideas sobre lo que es posible y de qué somos capaces no son solo una función de la envergadura del reto a que nos enfrentamos. También se encuentran arraigadas en nuestra percepción y experiencias pasadas. Y, en las organizaciones, lo que vemos la mayoría y sabemos que es cierto es el océano rojo de la intensa competencia y, precisamente por eso, constituya nuestro puerto seguro, nuestro refugio emocional e intelectualmente hablando. Así que nos aferramos a lo que conocemos, incluso a sabiendas de que no deberíamos. Cada vez que le enseñamos a una persona nueva «cómo va todo» en la organización, eso refuerza la perspectiva estratégica actual de esta.

Desafiar la visión que tiene la gente del mundo al preguntar de qué manera podría tener que cambiar la estrategia existente va en contra de nuestra tendencia natural. Pero *natural* no significa *inevitable*. La pregunta es: si defender el *statu quo* y tratar de forzar la realidad para que se ajuste a este incluye el comportamiento por defecto de la organización, ¿qué puede hacer el líder?

Crear las condiciones que permitirán a la gente descubrir por sí mismos, de primera mano, la necesidad de cambio, en vez de que te lo digan, es la respuesta que surge de nuestra investigación. El proceso de

---

37. El concepto que se conoce como atomización lo planteamos por primera vez en un artículo titulado «Tipping Point Leadership» [Liderazgo de punto de inflexión] (2003a). Nuestra subsiguiente investigación sobre el tema reveló que la atomización tiene un significativo efecto positivo en la motivación de la gente para pasar a la acción, porque hace que la gente perciba los grandes retos —como realizar una transición al océano azul, por ejemplo— como asequibles. Véase, por ejemplo, Kim y Mauborgne (2005, 2015a).

transición al océano azul consigue esto de dos modos fundamentales. En primer lugar, la gente no recibe ninguna conclusión predeterminada. Más bien, a cada paso, se les dan las herramientas que les permiten llegar a las respuestas ellos mismos. Las herramientas les muestran cómo pensar de modos nuevos y les permiten descubrir por sí mismos la necesidad —o ausencia de necesidad— de realizar una transición al océano azul. Sin conclusiones predeterminadas, la gente no se siente manipulada. Y, como el proceso les permite llegar ellos solos a las conclusiones, su creatividad y su comprensión de lo que importa se expanden, y lo mismo ocurre con su sensación de ser «propietarios» de los resultados.

En segundo lugar, el proceso cambia lo que la gente ve y siente, llevándonos a abrir la mente y cambiar nuestra comprensión de lo que sabemos que es cierto porque lo hemos presenciado en primera persona[38]. El proceso logra esto enfrentándote a ti y a tu equipo cara a cara con el mercado de manera creativa, en vez de rezar a ver si llegan las observaciones perspicaces o hacer algo y asumir que la gente vendrá o depender de los estudios de mercado realizados por terceros. El proceso te saca de la oficina para enviarte al terreno a hablar con clientes y no clientes, a actuar como un comprador y experimentar los productos y servicios como los vive un comprador, a experimentar por ti mismo los puntos de dolor que padece el comprador y siempre han estado ahí pero nunca has visto, a observar sectores alternativos y comportamientos humanos, en definitiva, a recoger observaciones perspicaces viscerales. En este proceso, la gente empieza a ver y sentir la necesidad de cambio y cómo podrían modificar el terreno de juego estratégico para hacerlo posible.

Verdaderamente, hay que ver *para* creer. Al ver nos aparta de la inquietante mentalidad altamente vulnerable de «no sé» para acercarnos al discretamente confiado «sé», no porque nos hayan enviado un informe ni por lo que nos haya contado un grupo de muestra elegido y

---

38. Nuestra investigación ha argumentado de manera consistente en favor de la importancia del descubrimiento de primera mano —no «externalizar tu mirada»— y de realizar estudios de mercado en directo vía «exploración visual». Véase, por ejemplo, Kim y Mauborgne (2002a, 2002b, 2005, 2015a).

analizado por terceros, sino porque lo hemos visto y experimentado nosotros mismos. La gente empieza a despertarse pensando: «¿Pero cómo no lo vimos antes? ¡Si es evidente!» Por muy testarudas que sean las personas, empiezan a ver patrones que antes se les escapaban o que habían descartado como anomalías. Aumenta el optimismo. Se expande la creatividad de la gente.

Proceso justo

El tercer elemento de la humanidad es un proceso justo. El concepto de proceso justo toca la fibra fundamental de quién somos como seres humanos. Nos hace el regalo de la confianza, permitiendo que nos relajemos e inspirando nuestro compromiso y cooperación voluntaria.

¿Qué es un proceso justo? En esencia, se reduce a tres principios que hemos estudiado y sobre los que hemos escrito durante casi treinta años: implicación, explicación y expectativas claras[39]. El poder de estos principios es digno de tener muy en cuenta. Son los pilares sobre los que se construye el proceso de transición al océano azul. *Implicación* significa involucrar activamente a la gente en las decisiones estratégicas que les afectan, pidiéndoles su opinión y permitiendo que refuten y cuestionen los méritos de las ideas y asunciones de los demás. Cuando los directivos hacen eso, están comunicando su respeto por la gente que trabaja para ellos y sus ideas. Esto contribuye a generar sabiduría colectiva. Fomentar la implicación de este modo resulta en mejores decisiones y mayor compromiso de los que las tienen que ejecutar.

Explicación quiere decir ofrecer a la gente un relato claro del pensamiento que subyace al proceso y las decisiones estratégicas que se han tomado a cada paso. La explicación da tranquilidad a la gente, asegurándoles que sus opiniones se han considerado y que se han tomado decisiones teniendo en cuenta ante todo el bien de la empresa en

---

39. Nuestra investigación sobre procesos justos ha demostrado el papel fundamental que desempeña el llevar a cabo un proceso justo en lo que respecta a la estrategia y la gestión. Hemos desarrollado un modelo de proceso justo que muestra cómo este fomenta la confianza, el compromiso y la cooperación voluntaria de la gente. Véase, por ejemplo, Kim y Mauborgne (1991, 1993, 1995, 1996, 1997c, 1998).

su conjunto. Esto fomenta la confianza de la gente en las intenciones de los directivos, incluso si sus propias ideas acaban siendo rechazadas.

Por último, las *expectativas claras* significan justo eso: establecer claramente lo que la gente puede esperar y cuáles son sus papeles y responsabilidades a cada paso, y a la hora de avanzar una vez se haya completado el proceso. Las expectativas pueden ser exigentes pero, cuando la gente sabe cuáles son los objetivos y los diferentes hitos que se han de ir cumpliendo y quién es responsable de qué, se sienten seguros y respetados.

Cuando hablamos de expectativas, nos referimos a expectativas para toda la organización, no solo para el equipo de océano azul, de modo que todo el mundo que se vaya a ver afectado por la transición participe en vez de verse sorprendido al final por unos alarmantes hechos consumados. Del mismo modo que el líder del equipo aplica un proceso justo en su trato con los miembros del equipo, ellos a su vez tienen que aplicarlo también con sus seguidores funcionales: implicándolos en los hallazgos del equipo, explicando el proceso que hay detrás, estableciendo expectativas claras sobre qué vendrá después y por qué. Si quieres apoyo, las sorpresas tienden a no tener demasiada buena acogida en la mayoría de las organizaciones. Incluso las sorpresas positivas podrían rechazarse si el proceso hace sentir a la gente que no se les tiene en cuenta o que se les atropella[40].

Lo que hace que un proceso justo sea tan potente es que, a través de las acciones en que se materializa, se comunica lo mucho que se valora a la gente a nivel individual y se les reconoce su valía intelectual y emocional[41]. Cuando nos sentimos valorados, también nos sentimos emocionalmente seguros e intrínsecamente motivados para darlo

40. Para consultar un resumen de nuestra investigación en torno al concepto de proceso justo, véase Kim y Mauborgne (1997c).

41. En Kim y Mauborgne (1998) desarrollamos la teoría del reconocimiento intelectual y emocional. Nuestras investigaciones han desvelado que el respeto por el valor intelectual y emocional de las personas que genera un proceso justo a través de la implicación, la explicación y las expectativas claras, despierta algo en lo más profundo del espíritu humano que fomenta nuestra confianza, compromiso y cooperación voluntaria. Hace que queramos «esforzarnos a tope». La teoría plantea que, a través de un proceso justo, la gente se siente reconocida intelectual y emocionalmente, se siente valorada y, en respuesta, proyectan ese reconocimiento de vuelta hacia la organización y sus colegas.

todo. Confiamos, nos comprometemos y pasamos de una actitud autoprotectora a otra abierta a compartir, explorar lo nuevo y contribuir con nuestras mejores ideas, incluso cuando no estemos del todo seguros de qué acogida vayan a tener. Cualquiera que haya trabajado en una organización comprende lo importante que es esto.

La cortesía del respeto que un proceso justo comunica despierta algo en lo más profundo del espíritu humano. Un proceso justo nos civiliza internamente. Nos ayuda a suspender el juicio y ganar confianza de modo que podamos escuchar, aprender, sopesar otros puntos de vista y contribuir. Por otro lado, es bien fácil para la gente fingir aceptación de puertas para fuera mientras que en su fuero interno se proponen hacer exactamente lo contrario porque, en su interior, se sienten atropellados. Un proceso justo da un gran paso para cerrar esa brecha, algo que es especialmente importante cuando se trata de un cambio.

Al entretejer el proceso justo con la atomización y el descubrimiento de primera mano, se infunde y refuerza la humanidad, y por tanto la confianza para actuar. Al hacerlo, la ejecución ya no es algo que se te ocurre en el último momento, sino que se integra en el proceso generando apoyo en la gente para el resultado del proceso mismo. Lo particular de este apoyo es que persiste, incluso cuando al final el resultado no es lo que la gente esperaba. Pese a desear que fuera otro, podemos aceptar que las cosas no siempre salen como nosotros queremos y que a veces es necesario nuestro sacrificio a corto plazo para avanzar hacia el éxito de la organización y promover su supervivencia. Ahora bien, esta aceptación está condicionada a la presencia de un proceso humanístico.

El gráfico 4-1 muestra la esencia de cómo se integra la humanidad en el proceso de transición al océano azul. El gráfico muestra cómo los tres elementos abordan distintos aspectos de nuestra humanidad y producen de manera colectiva la confianza para actuar y llevar a cabo una transición al océano azul. Tal y como hemos mostrado, la atomización divide el desafío de modo que sea fácil pasar a la acción; el descubrimiento de primera mano hace posible que la gente vea cosas que no había visto nunca antes y pase al convencimiento firme de la necesidad de cambio; y el ejercicio de un proceso justo consigue que la gente se sienta valorada y respetada, induciendo así su colaboración voluntaria.

Gráfico 4-1. Cómo se integra la humanidad en el proceso

Cuando la implementación de la estrategia se impulsa internamente de este modo en vez de imponerse desde fuera o ser resultado de una manipulación de tipo palo y zanahoria, la gente apoya voluntariamente y pone en práctica estrategias para realizar una transición al océano azul. La actitud al final del proceso de transición al océano azul es palpable y, en dos palabras, se puede resumir como «lanzamos».

Las herramientas correctas con las pautas correctas

Entre 8 y 9 de cada 10 emprendedores fracasan. En prácticamente cualquier otro contexto, esa sería una estadística sorprendente pero, por algún motivo, es algo que la comunidad de emprendedores lleva mucho tiempo considerando aceptable. A nosotros nunca nos lo ha parecido. El proceso de transición al océano azul incluye cinco pasos sistemáticos, que minimizan la aleatoriedad y la prueba y error a la hora de crear nuevos mercados, para así maximizar las oportunidades de dar en el blanco. Este proceso utiliza herramientas de creación de mercado de eficacia probada junto con marcos para desarrollar la competencia creativa que permitan a una organización ser pionera en el establecimiento de una nueva frontera de valor y coste, con el respaldo de un modelo de negocio que logra simultáneamente diferenciación y coste bajo. Además proporciona pautas claras sobre cómo se aplican estas herramientas cuando se pasa a la acción, incluyendo qué cabe esperar y cómo evitar errores y pasos en falso por el camino. Las herramientas son visuales, lo que las hace fáciles de comprender y aplicar. Las hemos utilizado con idéntica eficacia entre altos directivos, gente de base que está en primera línea de operaciones y propietarios de pequeños negocios a pie de calle. También se han usado para abrir océanos azules en entornos artísticos, gubernamentales y en la educación. Asimismo, lo han puesto en práctica alumnos de instituto y organizaciones religiosas. Nos atrevemos a decir que cualquiera que siga el proceso de principio a fin nunca volverá a ver o comprender su mercado —u otro mercado— del mismo modo. A continuación vamos a presentar la secuencia que sigue el proceso y las herramientas y pautas que aprenderás en cada paso.

Paso uno: Ponerse manos a la obra

El paso uno aborda la cuestión de cómo elegir el lugar adecuado para comenzar con tu estrategia de océano azul de modo que tu zona de transformación no sea demasiado ambiciosa y te centres en las áreas que son más factibles en el contexto de las limitaciones organizativas a que te puedas enfrentar. Para lograrlo, introducimos el mapa pionero-migrante-colono, que te guía hacia el área donde tienes más que ganar con el viaje hacia el océano azul. Aquí abordamos la cuestión de cómo aplicar el mapa y qué revelan los resultados derivados de hacerlo. También identificamos las principales trampas y escollos con que se encuentran los equipos a la hora de aplicar esta herramienta y cómo evitarlos.

Una vez se haya establecido el alcance de la transformación, llega el momento de reunir al mejor equipo posible para tu viaje. ¿Cuánta gente debería haber en el equipo? ¿Qué combinación de habilidades debieran reunirse y qué niveles de autoridad funcional y jerárquica debieran estar representados? ¿Cuánto tiempo podéis esperar los miembros del equipo y tú mismo a tener que dedicar al proceso y cómo afectará eso al trabajo habitual de la gente? ¿Y cómo será todo esto si eres propietario de un pequeño negocio o emprendedor, o si eres consejero delegado o gestor de producto o líder gubernamental?

Paso dos: Comprender dónde estás ahora

El paso dos hace referencia a cómo inspirar un despertar natural en el equipo y en la organización en general sobre la situación actual en tu sector. Muestra cómo construir colectivamente una imagen clara del actual panorama competitivo. Cuando la gente ve la realidad estratégica con sus propios ojos y reconoce la necesidad de cambio, entonces se puede crear un verdadero alineamiento y una voluntad colectiva de realizar el cambio.

Para lograrlo, este paso introduce la herramienta del **escenario estratégico.** El escenario estratégico permite a tu organización ver en una única imagen sencilla todos los factores en base a los que un sector compite e invierte, lo que reciben los compradores y los perfiles estratégicos de los principales participantes. Pone de manifiesto lo similares que parecen las estrategias de los competidores a ojos de los compradores y desvela cómo conducen al sector hacia el océano rojo. Y, algo importante: crea una línea de base para el cambio común. En este paso aprenderás a dibujar el escenario estratégico, lo que puedes esperar a medida que la gente colabora en este paso, cómo interpretar el escenario completo y crear un entendimiento común de sus implicaciones estratégicas, y cuáles son las potenciales trampas a la hora de aplicar la herramienta y cómo evitarlas. Lo interesante de este paso es que, una vez lo hayas completado, no tendrás que decirle a nadie que es necesaria una transición al océano azul. Más bien, la organización lo descubrirá por sí sola y te lo dirá. La gente lo sentirá de manera visceral.

Paso tres: Imaginar dónde podrías estar

Para realizar la transición de lo que es a lo que podría ser, el paso tres introduce el **mapa de utilidad del comprador.** Esta herramienta analítica te ayuda a descubrir los puntos concretos de dolor y puntos de intimidación que tu sector actual o tu sector objetivo imponen a los compradores a lo largo de su experiencia. Y, lo más importante: te ayuda a identificar los espacios sin explorar donde se encuentra atrapado el valor, esperando a ser liberado. En el proceso de transición al océano azul, los puntos de dolor y las fronteras no son restricciones, sino que se trata de oportunidades flagrantes para cambiar el terreno de juego de la estrategia (oportunidades ante las que la mayoría de los sectores han desarrollado una ceguera). Te explicaremos cómo aplicar el mapa de utilidad del comprador a tu situación y qué elementos vigilar a medida que trazas y analizas la experiencia total del comprador. Hablaremos de cómo analizar los resultados y resaltaremos los potenciales escollos que se pueden presentar trabajando con la herramienta y cómo superarlos. Al comprenderse las maneras en que un sector, incluso uno altamente competitivo, bloquea el valor del comprador y estrecha la base sobre la que se sustenta su atractivo, comienzan a brotar las semillas de nuevos caminos que liberen valor innovador. La gente gana confianza en que hay oportunidades de océano azul ahí fuera y en que muy probablemente tienen lo que hace falta para crearlas. Así, la organización se está beneficiando ya de la identificación de oportunidades inmediatas al alcance de la mano.

Luego el paso tres te muestra cómo apartarte de una excesiva estrechez de miras a la hora de definir quiénes son los clientes de un sector. Para lograr esto, introducimos **los tres niveles de no clientes**. Este marco analítico permite a una organización identificar el panorama de demanda *total* que se sitúa más allá de la concepción actual del sector. Aquí te explicamos cómo aplicar cada uno de los tres niveles a tu situación, comentamos cómo analizar los resultados y resaltamos las preguntas más probables que planteará la gente cuando utilicen el marco, y la mejor manera de tratarlas. En este paso, los no clientes que en otro tiempo fueron invisibles para la organización se hacen visibles, de manera que se pueda liberar la demanda latente. Con sorpresa, estupor y a veces humor, la gente se despierta para descubrir que los clientes por los que todo el mundo ha estado compitiendo son tan solo una parte de la demanda potencial total. El concepto de un océano azul ya no es una metáfora. La gente empieza a ver, sentir y definir su potencial.

Paso cuatro: Averiguar cómo llegar

El paso cuatro es aquel en el que una organización aprende cómo crear nuevos espacios de mercado atractivos a nivel comercial, redefiniendo el terreno de juego en que se desarrolla la estrategia. Aquí es cuando aprendes a dejar a un lado el ejercicio de lluvia de ideas aleatoria y aplicas caminos sistemáticos para reconstruir las fronteras del mercado y crear y recrear mercados. El **marco conceptual de los seis caminos**, la herramienta analítica que se introduce en este paso, desmitifica y proporciona estructura para la creación de océanos azules. Los caminos te muestran cómo considerar el universo de mercado con ojos nuevos y ver lo que otros no ven. Aprenderás cómo explorar cada camino para extraer las observaciones perspicaces necesarias con objeto de redefinir, imaginar de nuevo y cambiar las fronteras de mercado: es decir, a quién deberías entrevistar y observar en el terreno para recabar observaciones perspicaces; cómo registrar y sintetizar tus hallazgos; y cómo identificar y evitar las trampas comunes que jalonan el camino para reconstruir las fronteras del mercado. El resultado es un conocimiento profundo y perspicaz de primera mano sobre formas prácticas de enmarcar de nuevo y redefinir el problema en el que se centra un sector, identificar y resolver problemas completamente nuevos o aprovechar oportunidades completamente nuevas, y crear soluciones rompedoras para el problema existente en el sector.

Luego el paso cuatro muestra cómo dotar de sentido a estos conocimientos profundos y perspicaces, y cómo formularlos en forma de estrategias bien construidas. Para conseguirlo, introducimos el **marco de las cuatro acciones**, que conduce al equipo a centrarse en lo que podrían eliminar, reducir, aumentar y crear para construir seis jugadas estratégicas de océano azul potencialmente viables. Lo que hace que esta herramienta sea tan potente es que obliga a todo el mundo a empujar un poco más allá su pensamiento en pos tanto de la diferenciación como del coste bajo, que es lo que acabará con la necesidad de sacrificar valor o coste y creará océanos azules.

Paso cinco: Ejecutar tu jugada

El paso cinco introduce la **feria de océano azul**, donde se toma la decisión de qué océano azul perseguir. La feria está diseñada para sacar la componente política del proceso de la toma de decisiones, obtener validación y comentarios y *feedback* de las distintas opciones estratégicas, y consolidar el compromiso de la gente con respecto a la jugada elegida y su apoyo a esta. En este paso se considera todo lo que tiene que ver con la dinámica de la feria, incluido quién asistirá, qué debe presentarse, las dinámicas de presentación de las jugadas estratégicas y cómo votan los participantes sobre las fortalezas y debilidades de cada jugada. Este paso también ilustra las calibraciones que se producen cuando la gente expresa su opinión y sus razonamientos y cómo, en última instancia, los altos directivos elijen la opción seleccionada.

El resultado es una decisión clara, validada por las principales partes implicadas, que cuenta con un amplio y rico *feedback*, y con un conocimiento profundo y perspicaz de cómo puede la jugada estratégica seleccionada refinarse aún más y cómo se pueden cerrar de manera eficaz y eficiente las potenciales brechas que surjan en el momento de la ejecución. Tras la feria, se realizan unos estudios de mercado rápidos para analizar un prototipo general de la oferta seleccionada para verificar las reacciones del mercado y redefinir la idea en la medida y forma que sea necesario.

Después, el paso cinco detalla cómo finalizar y lanzar tu jugada de océano azul. Llegados a este punto te mostramos cómo formalizar un modelo de negocio de visión general panorámica para la jugada, un modelo que pueda ofrecer un salto de valor para los compradores y un crecimiento fuerte para ti o, en el caso de una organización sin ánimo de lucro, un salto en las donaciones netas disponibles para la causa. Aprenderás cómo lanzar y desplegar eficazmente tu nueva jugada de océano azul y cómo usar el escenario estratégico como guía para las decisiones sobre qué hacer y no hacer, de manera que la organización goce de integridad en la ejecución. El proceso de despliegue también esboza cómo validar, calibrar y refinar aún más tu enfoque de océano azul para maximizar el tamaño de tu nuevo mercado y por tanto de su éxito.

Cómo hacer que el proceso te funcione

El gráfico 4-2 proporciona una visión panorámica del proceso. Este proceso es un equilibrio de corazones y mentes, de humanidad, confianza y competencias creativas. Y cuando equilibras corazones y mentes ganas manos: la gente actúa. *Lo bueno del proceso es que cada uno de sus cinco pasos con sus correspondientes herramientas analíticas y pautas de aplicación tiene valor en sí mismo.* Esto es importante porque, pese a que los cinco pasos abarcan el proceso completo para realizar una transición al océano azul, no todas las organizaciones partirán del mismo punto. Por ejemplo, podrías ser parte de una empresa que fue en su día líder de mercado y que sigue obteniendo buenos beneficios, pero cuyos competidores le vienen pisando los talones. Las opiniones de los compradores indican que la oferta de la empresa ya no es tan distintiva, pero la mayoría del equipo directivo sigue negándose a admitirlo. Tal vez no estéis preparados para pasar por todo el proceso, pero sabes que hay que despertar a la organización para que reconozca el hecho de la amenaza inminente, y no quieres que ese toque de diana caiga en oídos sordos y acabe en el valle de la muerte. ¿Qué hacer? Aplica el paso dos y la herramienta analítica del escenario estratégico. Es una forma altamente eficaz de trasladar la conversación de lo ilusorio e imaginario a lo firmemente anclado en la realidad.

O supongamos que la oferta de tu organización todavía destaca entre las demás, pero el tamaño de tu sector es pequeño y estás deseando crecer. Luchar por los clientes actuales se comerá tu margen. Y, sin embargo, no tienes claro quiénes son los no clientes del sector. Salta al punto tres y aplica el marco analítico, los tres niveles de no clientes, para obtener un conocimiento profundo y perspicaz de cuál es la demanda latente a la que puedas dirigirte.

¿Estás cansado de hacer pruebas A/B de nuevas ideas de negocio al azar con la esperanza de, algún día, dar con una que cree un nuevo mercado? ¿Tienes la sensación de que tu camino creativo está bloqueado? En cualquiera de estos dos casos, salta al paso cuatro para aprender cómo aplicar los seis caminos sistemáticos para crear un nuevo espacio de mercado comercialmente atractivo.

Gráfico 4-2. Visión panorámica del proceso de transición al océano azul

Paso uno: **Ponerse manos a la obra**
- Escoger el lugar adecuado donde empezar tu iniciativa de océano azul: *el Mapa Pionero-Migrante-Colono*
- Reunir el equipo adecuado para la iniciativa

↓

Paso dos: **Comprender dónde estás ahora**
- Construir colectivamente una única imagen que capte tu estado actual: *el Escenario Estratégico*
- Ver y acordar fácilmente que el cambio es necesario

↓

Paso tres: **Imaginar dónde podrías estar**
- Descubrir los puntos de dolor que el sector impone a los compradores: *el Mapa de Utilidad del Comprador*
- Identificar el panorama completo de demanda que puede potencialmente liberarse: *los Tres Niveles de No clientes*

↓

Paso cuatro: **Averiguar cómo llegar**
- Aplicar caminos sistemáticos para la reconstrucción de las fronteras de mercado: *el Marco Conceptual de los Seis Caminos*
- Desarrollar opciones estratégicas alternativas que logren la diferenciación y el coste bajo: *el Marco de las Cuatro Acciones*

↓

Paso cinco: **Ejecutar tu jugada**
- Selecciona tu jugada en la feria de océano azul, realiza estudios de mercado rápidos y refina la jugada
- Finaliza la jugada formalizando tu modelo de negocio de visión general panorámica que permitirá que tanto tú como los compradores salgáis ganando
- Lanzar y desplegar tu jugada

Nota: La cursiva indica las correspondientes herramientas analíticas a utilizar.

El principio de atomización que funciona para los individuos también es válido para las organizaciones. Si bien la mayoría de las organizaciones hoy en día necesitan salir de océanos rojos, hemos observado que, pese a su deseo de crear un océano azul, muchas todavía no están preparadas para embarcarse en ese viaje de principio a fin. No obstante, eso no quiere decir que puedan permitirse el lujo de no hacer nada. *Por eso hemos diseñado un proceso atomizado de manera que todas las organizaciones puedan sacarle algún valor a la aplicación de uno o varios pasos, según necesiten, para empezar a moverse. Es decir: el proceso no es un trato del tipo todo o nada.*

Tal y como se ilustraba anteriormente, las organizaciones pueden enfocarse en el paso que mejor aborde su necesidad actual y aplicarlo de forma independiente. Los conocimientos profundos y perspicaces sobre el paso de un océano rojo a un océano azul se van produciendo en todos los pasos, tanto si se dan aisladamente como si se toman como parte de un proceso global. A medida que vayamos considerando cada uno de los pasos en los capítulos siguientes, se verá claramente el valor independiente que se puede derivar de cada uno de ellos. De este modo, todas las organizaciones pueden empezar a navegar en base a quién son y para qué están preparadas. Es importante resaltar también que en todos los pasos se han integrado los tres elementos que conforman la humanidad, de modo que la confianza de tu organización se refuerce a medida que aumente su competencia creativa, y se incluya así la movilización en cada paso del proceso.

Con esta comprensión del proceso de transición al océano azul y de cómo cada paso genera simultáneamente confianza y competencia creativa, zambullámonos ahora en el proceso en sí. El próximo capítulo trata la primera parte del primer paso mostrándote cómo elegir el lugar adecuado para empezar con tu iniciativa de océano azul.

PARTE DOS

Los cinco pasos para realizar una transición al océano azul

Paso uno:

Manos a la obra

5
Escoger el lugar adecuado para empezar

En el umbral de cualquier iniciativa de océano azul nos encontramos con la pregunta: ¿por dónde empezar? La respuesta: empezamos por establecer el alcance de la iniciativa, que quiere decir identificar qué negocio u oferta de producto/servicio vas a abordar.

Para una *startup* o una organización con una única oferta predominante, establecer el alcance adecuado es sencillo: para asegurarse de que se lanza al océano azul y no al rojo, una *startup* tiene que centrarse en la oferta que está proponiéndose crear. Organizaciones muy focalizadas y pequeñas empresas —un propietario de restaurante, un fontanero o un dentista— deberían concentrarse en su actual oferta.

Para las organizaciones existentes con una oferta múltiple no es tan sencillo. Pensemos en GE, IBM o Procter & Gamble, cuyos paraguas corporativos abarcan muchos negocios de tamaño significativo, todos ellos con una gran variedad de productos y servicios. Una sola división de una organización grande puede incluso presentar una infinidad de posibilidades. La División de Estilo de Vida del Consumidor del gigante holandés de la electrónica Philips ofrece productos que van de las maquinillas de afeitar eléctricas hasta los cepillos de dientes eléctricos, pasando por los irrigadores bucales, los secadores de pelo, los rizadores y las depiladoras eléctricas.

Para ayudar a organizaciones complejas como esta a determinar el alcance de sus iniciativas de océanos azules, hemos creado una herramienta sencilla pero potente que hemos bautizado como el mapa pionero-migrante-colono, que te permite evaluar tu actual cartera de negocio u ofertas con un sencillo gráfico, y así ver más allá del rendimiento actual. Con esta herramienta, obtendrás una visión clara de las innovaciones de valor que están en proceso dentro de tu organización —o la falta de ellas— y las perspectivas de crecimiento inherentes a tu cartera de productos o servicios.

En este capítulo aprenderás cómo crear un mapa pionero-migrante-colono para tu organización. Te enseñaremos cómo usar el mapa para seleccionar el alcance adecuado para tu iniciativa de océano azul. También te mostraremos cómo el proceso de creación y uso del mapa contribuyen a generar más confianza en la gente y más apoyo de la iniciativa, y cómo evitar las trampas a la hora de dibujar el mapa que pueden ser particularmente problemáticas para organizaciones con historias de éxito a sus espaldas.

Hacer un mapa del hoy para ver el mañana

Tradicionalmente, los líderes han utilizado dos medidas para evaluar la potencia de la cartera de productos y/o servicios de una organización: cuota de mercado y atractivo del sector. Cuanto más atractivo el mercado —esta es la teoría— y cuanto más grande la parte de ese pastel que tengas tú, más salud empresarial se te atribuye y —y esto es lo verdaderamente importante a efectos de estrategia—, menor la necesidad de cambiar de rumbo.

Pero ¿es así realmente?

La cuota de mercado es importante y la mayoría de las organizaciones quieren tener más, pero es un indicador que va por detrás de la realidad. Es un reflejo del rendimiento pasado, no del futuro. Kodak, por ejemplo, era el líder del mercado de la película fotográfica en el preciso momento en que la fotografía digital estaba despegando. Su cuota de mercado era impresionantemente alta, pero también lo era su vulnerabilidad estratégica. Por otro lado, la cuota del mercado de móviles que tenía Apple era mínima cuando lanzó el iPhone, mientras que BlackBerry tenía el liderazgo. Pero ya sabemos todos lo que pasó. La pequeña cuota de mercado de Apple era resultado de su reciente entrada en el sector, pero no un indicador de su éxito futuro, de igual modo que la considerable cuota de mercado que poseía BlackBerry era producto de su historia y tras ella se ocultaba su vulnerabilidad estratégica.

Se puede argumentar de modo similar en lo que se refiere al atractivo del sector, habida cuenta de que los sectores que más seducen hoy pueden convertirse en particularmente poco atractivos mañana, por ejemplo, si un buen número de competidores decidieran entrar en el mercado a la vez invirtiendo gran cantidad de recursos en ese desembarco.

El mapa pionero-migrante-colono soluciona esta cuestión sustituyendo la cuota de mercado y el atractivo del sector por «valor» e «innovación». El valor es crucial porque te obliga a no dormirte en los laureles, sino a evaluar cada una de tus líneas de negocio en base al valor que ofrecen a los compradores en realidad. El valor que ofreces a día de hoy es lo que determina el comportamiento del comprador, lo que a su vez determina tus perspectivas de crecimiento futuro, mientras que el valor que ofreciste ayer es lo que determina tu cuota de mercado actual.

La innovación, por su parte, es clave porque te permite superar las actuales condiciones del sector. Sin ella, las empresas permanecen en la trampa de las mejoras competitivas. En cambio, con ella, incluso un sector que antes iba en declive puede convertirse en un mercado de crecimiento de alta rentabilidad. Pensemos en la jugada estratégica de ActiFry que transformó un sector maduro indiferenciado —el de las freidoras de patatas domésticas, que había estado cayendo a un tasa del 10% anual— en un nuevo espacio de mercado de alto crecimiento y alto margen. O citizenM Hoteles, que está transformando el sector hotelero de calidad media, caracterizado por su estancamiento y sus márgenes bajos, en el nuevo espacio de mercado —de alto crecimiento y además altamente rentable— del alojamiento de lujo asequible. A fin de cuentas, los sectores son lo que nosotros hacemos de ellos. Haz cosas emocionantes, innova, y tu sector prosperará de un modo emocionante. Haz más de lo mismo y verás cómo el atractivo del sector mengua.

Evaluar tus ofertas de productos/servicios en función de cuánto valor innovador ofrecen al comprador te permite ver la verdadera vulnerabilidad o salud de tu cartera en términos estratégicos. Lo que hay que comprender es lo siguiente: de entre los productos/servicios que ofreces, ¿cuáles son «yo también» y solo aportan valor de imitación?, ¿cuáles son mejores que la alternativa de la competencia, pero solo mínimamente, al proporcionar un valor mejorado? Y ¿cuáles —de haberlos— son innovaciones valiosas que suponen un verdadero salto cuantitativo a nivel de valor? Para captar todo esto, el mapa pionero-migrante-colono se divide en tres segmentos:

- **Los pioneros** son negocios u ofertas que suponen innovaciones de valor. No tienen clientes sino fans. Ofrecen un valor sin precedentes que abre una nueva frontera de valor y coste. Estos son los negocios u ofertas que encierran la clave para la renovación de tu cartera de productos y servicios. Su estrategia se aleja de la de la competencia. Los pioneros están posicionados para obtener un crecimiento potente y rentable.
- **Los colonos** se encuentran en el otro extremo. Se trata de negocios u ofertas que ofrecen valor de imitación. Compiten realizando cambios incrementales a una oferta o el precio de esta. Su estrategia converge con la del resto del sector. A no ser que el sector entero esté creciendo y sea rentable, los colonos tienen pocas o nulas perspectivas de crecimiento.
- **Los migrantes** se sitúan en algún lugar a medio camino entre unos y otros. Representan una mejora de valor frente a la competencia e incluso podrían ser los mejores en su categoría, pero no ofrecen valor *innovador.*

El gráfico 5-1 muestra un mapa pionero-migrante-colono convenientemente cumplimentado de una empresa de electrodomésticos. Cada círculo representa un negocio, producto o servicio diferente pero, para simplificar, nos referiremos a cualquiera de todos ellos como una «oferta». Si consideramos los ingresos actuales de todas esas ofertas ilustrados en el tamaño del círculo que los representa, no solo veremos cuáles tienen potencial para crecer o están en posición vulnerable con riesgo de retroceso en base a su posicionamiento en el mapa, sino que también veremos cuánto está en juego, con los círculos mayores indicando que habría más en juego.

Gráfico 5-1. El mapa pionero-migrante-colono de una empresa de electrodomésticos

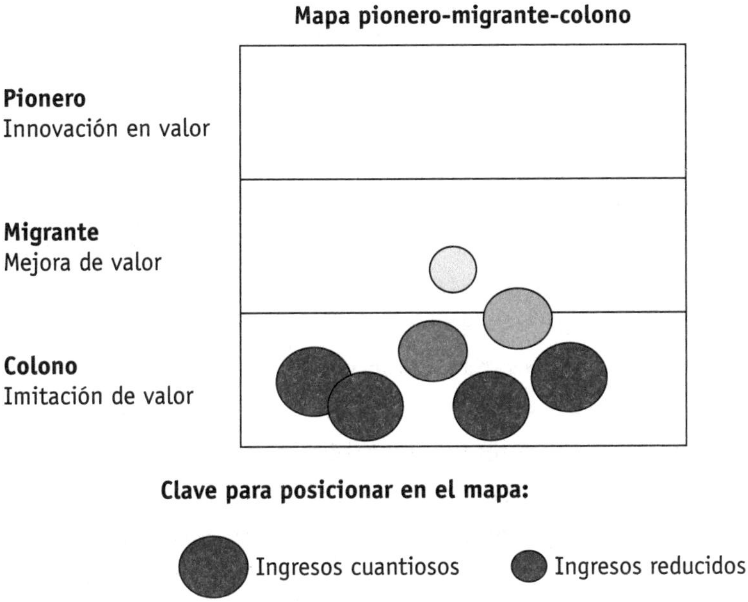

En el caso de la empresa de electrodomésticos que se muestra en el gráfico, hay algo que llama la atención inmediatamente: esta organización presenta una vulnerabilidad estratégica porque, básicamente, está viviendo de sus éxitos pasados. Puede que sea rentable a día de hoy gracias a la gran cuota de mercado que posee en varias de sus unidades, pero está dominada por negocios de colonos, lo que significa que está viviendo de jugadas pasadas en vez de crear otras nuevas, que será de donde saque su sustento en el futuro. En organizaciones con ofertas de océano azul, lo que verás son pioneros plantando las semillas del beneficio y el crecimiento de mañana.

Si ubicaras los negocios de Microsoft en un mapa pionero-migrante-colono, verías que se encuentra en una situación similar. Aproximadamente durante los últimos diez años, Microsoft ha ganado más de 100.000 millones de dólares de beneficio; y, sin embargo, su cotización ha permanecido relativamente plana y la empresa ya no es el imán de talento que fuera en otro tiempo. ¿Por qué? Si plasmaras sus ofertas en el mapa, verías inmediatamente que casi todo su beneficio lo obtiene de dos productos —Microsoft Office y Windows—, ambos productos de hace décadas y ahora pertenecientes a la categoría de colono. Lo que la bolsa y el talento no parecen atisbar es su próxima *killer app* totalmente rompedora ni ninguna otra oferta pionera. Sin lugar a dudas, sus laboratorios de I+D son de los mejores del mundo y de los que cuentan con más recursos. El problema es que la empresa no está traduciendo sus avances tecnológicos en ofertas de innovación en valor.

Microsoft no está sola. Cuando le pedimos a las organizaciones que plasmen en el mapa su actual cartera, la mayoría de esos mapas se parecen al de la empresa de electrodomésticos que hemos mostrado en estas páginas. ¿Y tú? Si tuvieras que plasmar la cartera de productos y servicios de tu organización en el mapa, ¿cómo crees que quedaría en términos de innovación en valor? ¿Estás construyendo tu negocio de océano azul de cara al mañana o no?

Comprender la cartera de tu empresa en términos de su grado de innovación en valor es fundamental por dos motivos principales: en primer lugar, te permite ver más allá de los números de resultados de modo que puedas identificar si eres estratégicamente vulnerable y por tanto necesitas actuar. En segundo lugar, obtener una panorámica aérea de tu cartera en base a las variables de valor e innovación —los indicadores que eminentemente impulsan el comportamiento de los compradores—, te prepara para empezar a definir el alcance de tu iniciativa. Decimos que *te prepara* porque, incluso si tu cartera está dominada por los colonos, como es el caso de la empresa de electrodomésticos, lo último que quieres es embarcarte en una iniciativa corporativa para moverlos a todos. Sencillamente ese nivel de alcance es excesivo. Introducir demasiados cambios al mismo tiempo reducirá la confianza de la gente —en ti y en el proceso— y seguramente agotará la energía de todo el mundo.

Un proceso exitoso de océano azul se basa en lo que llamamos un enfoque de «ganarse el derecho a crecer». Esto significa seleccionar una oferta de colono, aplicarle el proceso de transición al océano azul, verificar los resultados y luego, en base a esta experiencia, desplegar el proceso en las ofertas de otros negocios o productos/servicios de tu cartera. Además de contribuir a darle a una iniciativa el tamaño adecuado, este enfoque puede fomentar la confianza entre tu gente y generar la sensación de que estás siendo justo y además razonable, con lo cual la gente se relaja y se refuerza su predisposición a abrir la mente a nuevas ideas.

Cómo completar el mapa pionero-migrante-colono

Centrémonos ahora en ti y en el mapa de tu organización. Definir el alcance de tu iniciativa te permitirá construir una comprensión compartida de tu cartera en términos de innovación en valor, y ver lo extendida que pueda estar por tu organización la necesidad de cambio y de iniciativas de océano azul. Estos son los pasos que tienes que seguir:

Identifica los negocios o productos/servicios clave de tu cartera

Empieza definiendo tus ofertas clave de negocio o producto/servicio y eligiendo a la gente que participará en el proceso. Como mínimo, el grupo debería incluir a los responsables de todas las unidades de la organización. A menudo, lo que ocurre es que la gente seleccionada se quiere traer a una o dos de sus personas clave al grupo. Esto puede ayudar mucho y además da seguridad a la gente, porque implica que van a poder calibrar sus ideas con otras personas de su unidad cuando llegue el momento de situar su oferta en el mapa.

Identifica qué ofertas son pioneras

Luego facilita a todos los directivos las definiciones de pionero, migrante y colono tal y como hemos hecho aquí. Deja claro que el objetivo es conseguir una buena lectura de dónde está cada negocio o producto/servicio que se ofrece, en términos de valor e innovación y *no* en términos de cuota de mercado o nivel de atractivo del sector. También es importante recordar a la gente que todas las ofertas deberían valorarse desde el punto de vista del comprador y no en función del resto de las ofertas de tu organización, o sea: en comparación con otras ofertas disponibles en el mercado, ¿cómo verían los compradores tu oferta, en clave de pionero, migrante o colono? Hemos visto a directivos que clasificaban erróneamente una oferta como pionera porque era la más innovadora que tenía la empresa, pero cuando les pedimos que explicaran cómo esa oferta suponía un salto cuantitativo en términos de valor para el comprador y en comparación con otras alternativas disponibles, quedó claro que, desde el punto de vista de los compradores, de hecho la oferta se parecía bastante al resto y se debía situar en el mapa como colono alto. Este tipo de miopía es síntoma de que la organización está demasiado orientada hacia su interior.

Al ubicar en el mapa los negocios o las ofertas, explícale a todo el mundo que el tamaño de los círculos debiera ser en función de sus ingresos en relación con los otros negocios de la organización (o sea, cuanto mayores los ingresos en términos relativos, mayor el círculo). Si tienes un negocio pionero que no cuenta con muchos seguidores y, en consecuencia, es un círculo pequeño, pon un signo de interrogación en su interior. Cuando una oferta supone una propuesta de valor sin precedentes, sus ingresos deberían reflejarlo, así que, si no es el caso, cabe preguntarse por qué. Podría ser porque la oferta se acaba de lanzar, lo cual tendría sentido. Pero también podría darse el caso de que en realidad no sea una oferta pionera en términos de valor, sino en términos tecnológicos, y que pocos compradores le otorguen valor. Asegúrate de explorar este asunto. Muchas organizaciones con presupuestos considerables de I+D o que operan en sectores que hacen un uso muy intensivo de la tecnología, pueden ser víctimas de esta concepción errónea. Cuando ubican sus ofertas en el mapa pionero-migrante-colono, presentan un montón de ofertas pioneras dispersas, pero los círculos suelen ser pequeños, y no es porque representen ofertas nuevas. Cuando profundizamos, lo que aflora es que, si bien los responsables de estos negocios pueden explicar por qué estas ofertas suponen un avance rompedor en términos tecnológicos, les cuesta articular con un lenguaje sencillo cómo y por qué estos avances rompedores suponen un salto cuantitativo de valor para los compradores. Esto es importante: casi siempre indica un significativo nivel de desconexión entre los desarrolladores y los compradores que es necesario abordar si se quiere que el dinero invertido en I+D y el desarrollo de la tecnología se traduzcan en océanos azules comercialmente atractivos.

Posiciona tu cartera en el mapa

Ahora, con un mapa pionero-migrante-colono en blanco, posiciona las distintas ofertas y los diferentes negocios según la valoración que haga *tu grupo* de cada uno de ellos. Para ayudarte a realizar esta tarea eficazmente, te proporcionamos materiales relevantes y plantillas que te puedes descargar y utilizar sin coste alguno. Los encontrarás en www.blueoceanshift.com/ExerciseTemplates. Por lo general, una vez un equipo de alta dirección aprende el concepto fundamental del mapa pionero-migrante-colono y su dinámica de funcionamiento, pueden completar el mapa con relativa facilidad.

El objetivo es captar la posición actual de todas las ofertas en el mapa. Fíjate que hemos hablado de «la valoración que haga tu grupo» y no «tu valoración». ¿Por qué? Como explicábamos en el capítulo anterior, el descubrimiento de primera mano y un proceso justo con elementos fundamentales del proceso de transición al océano azul. Puede que tengas una intuición clara de cómo deberían posicionarse en el mapa las ofertas de cartera de tu empresa, pero eso no significa que otros participantes clave estén de acuerdo contigo. Supongamos que el directivo responsable de un negocio o de una oferta de producto/servicio de envergadura considerable tiene una visión exagerada de la relevancia de su unidad, incluso a pesar de que haga ya tiempo que su importancia venga siendo muy parecida a las de las demás unidades. Si posicionaras ese negocio u oferta de bien/servicio en el mapa como colono, seguramente ese directivo o directiva retrocedería, se resistiría y se resentiría contigo por rebajar de categoría a su unidad.

La mejor manera de evitar este problema es que los directivos de las diferentes unidades hagan juntos el ejercicio de ubicar sus respectivas unidades en el mapa de forma colectiva. Para empezar, pídeles a todos los directivos responsables que sitúen las ofertas de sus unidades en el mapa; luego abre un debate para que se pidan explicaciones unos a otros sobre por qué se han ubicado las ofertas del modo que las han ubicado. Trabajar juntos de esta manera hace que todo el mundo se mantenga honesto. Cuando los directivos oyen las opiniones de los demás, eso al final redunda en que mejore el conocimiento por parte de todos de la cartera de productos/servicios de la organización, forjándose así una comprensión compartida de esa cartera. Al final, son los propios responsables de las unidades los que acaban posicionando determinadas ofertas como colonos o migrantes bajos. Es su decisión y no la tuya, que es el resultado que te interesa conseguir.

Mientras completan el mapa pionero-migrante-colono, tal vez tus directivos identifiquen la necesidad de realizar estudios adicionales para evaluar fielmente la posición de su oferta. Suena razonable. Pero, en nuestra experiencia, lo que hemos observado es que cuando la gente hace el ejercicio colectivo de ubicación de las diferentes ofertas en grupo, sus percepciones tienden a ser correctas en un 80% de los casos. El objetivo es captar la posición relativa de las ofertas dentro de su sector a grandes rasgos, no perfectamente y al milímetro. En la mayoría de los casos, hemos visto que los estudios cuantitativos de mercado resultan en ligeras —que no dramáticas— modificaciones de la posición de las ofertas, pero que no cambia fundamentalmente la posición relativa de estas. Por ejemplo, con estudios adicionales, lo que llamamos un «migrante bajo» puede acabar posicionado como «colono alto», lo que significa que queda justo por debajo de la divisoria entre una y otra categoría en vez de justo por encima. Ahora bien, esa diferencia marginal no cambia la conclusión definitiva. Así que, si se plantea esta cuestión de los estudios adicionales, intenta hacer preguntas como: «Si se hicieran más estudios, ¿qué cabría esperar?» «¿Crees que la ubicación de los elementos en tu mapa cambiaría de manera sustancial o que lo que se produciría sería más bien un ligero movimiento en uno u otro sentido?» «¿Qué probabilidad hay de que, lo que parecía ser un colono sea en realidad un pionero o viceversa?» En el mundo real, nos hemos encontrado con que un ligero movimiento en uno u otro sentido es la respuesta casi siempre. Con esto suele quedar zanjado el tema, lo que permite al grupo centrarse de vuelta en la visión de conjunto.

Si surgen desacuerdos en el grupo sobre lo arriba o abajo que debería colocarse una determinada oferta, haz que se desafíen mutuamente cuestionando las asunciones de los demás, preguntando qué es lo que distingue el valor y la innovación de esa oferta en concreto. ¿De verdad es el negocio o la oferta de producto/servicio un migrante o un pionero? ¿Cuál es el valor sin precedentes que aporta? ¿Capta la atención del grueso del mercado al que va dirigido? En caso contrario, si a la gente le parece que una oferta se ha colocado demasiado baja, cabe plantear la pregunta: ¿De verdad que es un colono? Asegúrate de que la gente no tenga una percepción exagerada de la oferta de su unidad y de que tampoco estén subestimando sus logros. Sigue desafiándolos y mantén el debate vivo hasta que se alcance un consenso de que las ofertas de la empresa están posicionadas correctamente en el mapa. Eso debería permitirte realizar una evaluación bastante robusta de tu actual cartera.

Desarrollar el mapa pionero-migrante-colono supone un proceso interactivo. Pese a que al principio suele haber bastantes desacuerdos en torno a cuál es la evaluación adecuada, hemos observado que esos desacuerdos no tardan en convertirse en un asunto menor y al final, realizando unos pocos desplazamientos, todo el mundo acaba por aceptar la foto de conjunto resultante.

Visión de una empresa del sector de la electrónica desde dentro

¿Cómo son en realidad los debates en torno a un mapa pionero-migrante-colono? Escuchemos un poco la dinámica de un equipo de altos directivos de una empresa estadounidense de servicios del sector de la electrónica que llamaremos ESE, a quienes su presidente ha pedido que completen el mapa pionero-migrante-colono de la empresa. ESE ha conseguido montar un negocio de éxito que ofrece servicios de reparación a domicilio para clientes de empresas del sector de la electrónica e infraestructuras corporativas de TI y telecomunicaciones. A continuación vamos a mostrar cómo interactúan entre sí y construyen su comprensión compartida a medida que avanzan en el proceso de colocar las ofertas en el mapa. Además del presidente, entre los asistentes asistían a la reunión el director de desarrollo de negocio, el vicepresidente de operaciones globales, el director de TI, el responsable de planificación estratégica, el *controller* financiero, el vicepresidente de operaciones en Europa, el vicepresidente de operaciones en Asia y el director de recursos humanos.

—Como sabéis, nos ha ido muy bien en los últimos años —empieza diciendo el presidente—. Estamos ya rozando los 500 millones de dólares de facturación y tenemos más de 5.000 empleados en más de una decena de sedes.

Y entonces el presidente se vuelve hacia el *controller*, que añade:

—Y, además, estoy en posición de confirmar que seguimos obteniendo unos márgenes operativos más altos que los de nuestra empresa matriz (una gran corporación con un negocio multimillonario).

Asentimientos de cabeza. La gente se sienta más derecha —casi demasiado— en el asiento al oír esto. Claramente están contentos con su rendimiento y se sienten orgullosos.

—Pero, pese a los buenos resultados del negocio hasta la fecha —continúa el presidente—, ¿cuáles son las perspectivas de crecimiento rentable de cara al futuro? Porque están surgiendo en el mercado toda una serie de retos nuevos.

Tras recibir una introducción de conjunto sobre el mapa pionero-migrante-colono por parte de un experto en océanos azules, el equipo se pone manos a la obra para colocar las ofertas de su cartera en el mapa. A simple vista, se diría que la organización nada en un océano azul.

—Esas cuentas corporativas son claramente pioneros —argumenta el director de desarrollo de negocio cuando comienzan a colocar los distintos componentes de la cartera de la empresa—. Sus márgenes están claramente entre los más altos de nuestro sector.

—Estamos de acuerdo —confirman los vicepresidentes de desarrollo de negocio de Europa y Asia al tiempo que asienten con la cabeza. Tras haber comprobado y verificado las cifras de ventas, el *controller* confirma:

—A nivel global, nuestros pioneros suponen el 35% de nuestra cifra total de negocio. No solo obtenemos márgenes altos en estos casos, sino que además la facturación es buena.

Todo el mundo se pone a chocar los cinco, encantados. El equipo sigue debatiendo y colocan otro 30% de la cartera como migrantes y por fin solo un 35% de su negocio como colonos. El equipo de altos directivos se siente de maravilla.

Al presentar el mapa, el experto en océanos azules repara en que el equipo ha colocado los componentes de su cartera en base a las cuentas corporativas y no en función de su cartera de ofertas de servicio. Desde la perspectiva de las cuentas corporativas, el mapa tiene un aspecto muy sólido. Solo que ese no es el objetivo que persigue el mapa. Así que el experto desafía al equipo:

—En nuestro sector —replica un integrante del equipo—, pensamos y actuamos en base a las cuentas corporativas, no en función de las líneas de negocio. Así es como funciona nuestro sector.

—Cuando estás en un sector de servicios B2B, como el nuestro, las dinámicas son diferentes —explica el director de desarrollo de negocio—, se trata de conseguir el mayor número posible de Pedidos de Ofertas para grandes clientes corporativos. Ahí es donde está el dinero. —Cabezas asintiendo—. Si los clientes corporativos son altamente rentables, eso es que, claramente, estamos haciendo algo bien. Para nosotros, y seguramente para el resto del sector también, eso es un pionero.

La temperatura de la sala va en aumento.

—Todo eso es verdad —interviene el presidente—. Desde el punto de vista de las cuentas corporativas, sin duda que hasta ahora hemos hecho un buen trabajo, pero todos sabemos que la competencia está intensificándose mucho. La pregunta es: ¿estamos ofreciendo los servicios que debemos para diferenciarnos y ganar grandes cuentas en el futuro sin que nuestros márgenes se reduzcan significativamente? Si la respuesta es que no, ¿qué nos hace anticipar fuertes crecimientos rentables en el futuro?.

No hay que esforzarse mucho para detectar las reacciones de la gente cuando sus cabezas registran la importancia del sutil reencuadre por parte del presidente. Puede que el sector esté centrado en conseguir grandes Pedidos de Ofertas y altos márgenes, y puede que ESE haya logrado todo eso con gran éxito con su actual oferta de servicios, pero la perspectiva de beneficio y crecimiento futuro de ESE debe valorarse en función del atractivo de su cartera desde el punto de vista de los clientes. Los clientes irán donde encuentren un salto cuantitativo de valor.

El equipo accede a empezar de nuevo y dibujar de nuevo su cartera en base desde un punto de vista de líneas de negocio y en este caso el mapa presenta una imagen bien diferente. Por más que el equipo de altos directivos debata y busca algo que permita a cada línea de negocio destacar, siempre acaban obteniendo la misma respuesta. Línea de servicio tras línea de servicio, se trata de un colono de tipo «yo también». «Hasta donde somos capaces de discernir —concluye el equipo—, fundamentalmente ofrecemos los mismos servicios que los demás y del mismo modo. Más o menos la misma calidad de reparaciones, el mismo precio, mismo nivel de servicio al cliente, misma velocidad de respuesta...»

El equipo se queda en silencio. Su mapa pionero-migrante-colono tiene un aspecto muy rojo.

«¿Cómo es posible que el cambio de pasar de centrarse en las cuentas corporativas y rentabilidad a un enfoque en torno a líneas de servicio e innovación en valor pueda resultar en un panorama tan diferente? —pregunta un miembro del equipo—. Creíamos que, básicamente, estábamos nadando en un océano azul.» A medida que van explorando la discrepancia, descubren algo: muchas de las grandes cuentas clasificadas en un primer momento como pioneros son clientes desde hace tiempo, con contratos que se remontan a entre cinco y siete años atrás, mientras que los clientes más recientes de hace menos de dos años son los que el equipo ha colocado en la sección de colonos del mapa.

En la mente de los integrantes del equipo, empieza a perfilarse la norma de lo que constituye un pionero o incluso un migrante. El equipo se da cuenta de que puede que tengan una visión exagerada de sus negocios. Teniendo en cuenta la naturaleza contractual plurianual del sector, las cuentas corporativas de alta rentabilidad, de hecho, parecen ser más un reflejo del éxito histórico y la inercia de clientes, que del valor innovador ofrecido o del rendimiento futuro. Últimamente, se ha tardado mucho más que antes en asegurar los Pedidos de Ofertas que se hayan materializado en contratos y además los márgenes que dejan son significativamente menores a los que se obtenían unos cuantos años atrás. El ambiente ha cambiado completamente. La atmósfera se ha vuelto sombría.

El presidente rompe ese ambiente con otra intervención:

—No estamos en el valle de la muerte —tranquiliza al equipo—, todavía se nos reconoce como líderes del sector y eso nos debería hacer sentir bien. Eso sí, hay toda una serie de operadores no tradicionales que están entrando en el sector, como, por ejemplo, grandes empresas de consultoría que se proponen fragmentar el mercado. También se habla cada vez más de empresas que ofrecen ellas mismas los servicios de reparaciones a domicilio como una manera de establecer una cierta intimidad con el cliente.

—¿Cuáles son las expectativas de crecimiento para los próximos cinco años? —pregunta el director de recursos humanos.

—Diez por ciento en términos reales —responde el *controller*.

—¿Nuestro mapa pionero-migrante-colono indica que tenemos las piezas que nos van a permitir alcanzar ese crecimiento? —plantea el director de TI.

—Fundamentalmente, lo que estamos haciendo es seguir en la misma línea —dice el director de desarrollo de negocio al tiempo que muestra en una transparencia el mapa que acaba de completar el equipo colectivamente para que todos lo vean con claridad.

El silencio que reina en la sala no puede ser más elocuente. El equipo se da cuenta de que sus esfuerzos se centran en establecer comparaciones con competidores de referencia y realizar mejoras operativas. ESE ha planificado muy poca inversión destinada a repensar e innovar en sus líneas de servicio para hacer que se diferencien de las de los demás.

—Bueno, pues aquí se ve bien claramente en qué tenemos que centrarnos, ¿no? —concluye el presidente.

Lo que revela el mapa

Una vez que tu organización haya completado el mapa, estáis preparados para debatir sus implicaciones estratégicas. ¿Tiene la empresa una cartera con una mayoría de colonos, como ESE y la mayoría de las empresas estancadas o en declive? ¿Se ha convertido en colono un negocio que antes era pionero y generaba alto crecimiento y beneficio, sugiriendo que probablemente el crecimiento de la organización se ralentizará a menos que se lance otro pionero?

La cartera ideal a la que se debería aspirar depende del sector, claro está. En sectores muy rápidos, por ejemplo, querrás y necesitarás más pioneros que colonos. En sectores con grandes costes fijos para las empresas y costes no recuperables para los compradores, una cartera con unos cuantos migrantes sólidos y tal vez un pionero sería la combinación adecuada para garantizar el éxito actual al tiempo que se construye de cara al mañana.

Insístele al grupo en que el objetivo no siempre es crear una cartera dominada por pioneros, sino lograr un equilibrio saludable entre los negocios actuales —tus colonos actuales, que proporcionan ingresos y una medición de la estabilidad del negocio a día de hoy— y los pioneros, que son los motores del crecimiento de mañana. Este es el camino al crecimiento rentable. El gráfico 5-2 muestra cómo sería este camino para la empresa del sector de la electrónica, ilustrando la forma en que los directivos han desplazado el centro de gravedad de la cartera de los colonos hacia un equilibrio mejor de migrantes y pioneros.

Si, después de realizar este ejercicio, te encuentras con que tu mapa actual presenta un equilibrio saludable entre pioneros, migrantes y colonos, tu organización ya mantiene un rumbo sólido que le permite construir para el futuro al tiempo que aprovecha el presente. En ese caso, puedes retrasar el lanzamiento de una iniciativa de océano azul. Para tener una cartera que genere un fuerte crecimiento, la empresa necesita pioneros sólidos, pero también le hacen falta unos ingresos estables y flujo de caja con que gestionar las expectativas del mercado y proporcionar recursos. Aquí es donde colonos y migrantes pueden añadir mucho valor.

Figura 5-2. Crear una cartera saludable y equilibrada: el caso de la empresa del sector de la electrónica

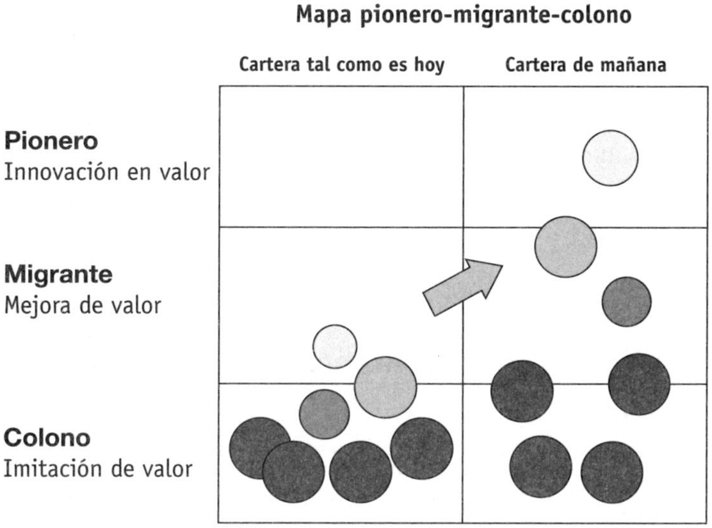

Si, por otro lado, la cartera que has plasmado en tu mapa presenta un panorama que no se aleja mucho del representado en el gráfico 5-1, ayuda al grupo a valorar las implicaciones estratégicas planteando preguntas del tipo: «¿Qué perspectivas de fuerte crecimiento rentable procedente de nuestras ofertas de tipo colono y migrante bajo hay?» «¿Existen sectores que crezcan tan rápidamente que cabe esperar un fuerte crecimiento rentable pese a que sus ofertas sean de tipo colono y migrante?»

Pregunta qué pasaría si compartieras el mapa con analistas de Wall Street. ¿Se esperarían una grata sorpresa en términos de beneficio empresarial, serían más bien partidarios de una orden de mantener para los títulos de tu empresa o sugerirían una bajada de categoría? Y, finalmente, propón un debate sobre cómo reaccionarían los compradores al mapa. Si los compradores vieran tus ofertas como colonos o migrantes bajos, ¿les impresionaría tus ofertas y les concederían su lealtad? ¿O acaso no optarían más bien por exigir bajadas de precio, ejerciendo así más presión sobre tus márgenes?

La cuestión aquí es usar el mapa para construir una comprensión compartida de las consecuencias probables de la inacción. ¿Son las aspiraciones de crecimiento de la organización consistentes con el mapa agregado pionero-migrante-colono que ha dibujado el grupo? ¿O hay discrepancias? A medida que las implicaciones calan en la mente de todos, se va perfilando la motivación del equipo para lanzar una iniciativa de océano azul y esta va tomando fuerza. Es el momento de subirte a la ola y compartir tu intención de escoger una única oferta de producto/servicio o un negocio concreto para lanzar una iniciativa de transición al océano azul y comenzar así a elevar la categoría de tu cartera en general.

Definir el alcance adecuado

Al estudiar el mapa que has creado, te das cuenta de que, como les ocurre a ESE y a la empresa de electrodomésticos del gráfico 5-1, todavía tienes demasiados candidatos entre los que escoger. Ante este dilema habitual, hemos observado que los criterios que comentaremos a continuación son particularmente útiles. En un mundo ideal, el alcance de tu iniciativa debería definirlo el negocio o la oferta de producto/servicio que cumpla todos (o el mayor número posible) de los siguientes cuatro criterios.

En primer lugar, el producto o la oferta de producto/servicio es un colono o un migrante bajo (es decir, tan solo ligeramente por encima del nivel de colono), siendo bien patente que nada en un océano rojo.

En segundo lugar, su responsable es un directivo que tiene interés en salir del océano rojo y está convencido de que repensar la estrategia a fondo es fundamental para ello. Seleccionar una unidad con un responsable así al frente es clave: el entusiasmo del directivo responsable y su convicción de que hace falta un cambio es de lo que se alimentará la gente que trabaja en esa unidad durante el proceso. Este tipo de energía fomenta la confianza de la gente y, además, envía el mensaje de que no se va a permitir hablar sin decir nada, lo que contribuye muchísimo a que todo el mundo esté alineado en su visión de las circunstancias. En cambio, si escoges a un directivo cuya unidad bien pueda necesitar un cambio desesperadamente pero que ofrece excusas constantes sobre por qué las cosas son como son o miles de ideas sobre porqué ningún enfoque nuevo funcionaría, equivale a tentar al fracaso incluso antes de que se inicie el proceso. Este tipo de directivos proyectan la energía equivocada, la del tipo que indica a los que están por debajo de él o ella que en realidad no creen en la iniciativa. Eso, a su vez, merma la confianza de la gente y su voluntad de darlo todo. Puedes llevar a un caballo al abrevadero, pero no lo puedes obligar a beber. Así que no lo intentes.

En tercer lugar, lo ideal es que no haya grandes iniciativas en marcha en esa unidad. Si la gente que lleva un negocio u oferta de producto/servicio ya está liada con una reestructuración significativa, por ejemplo, o con la implantación de un nuevo sistema de planificación de recursos empresariales, por lo general ese no suele ser el sitio ideal para empezar, incluso si su líder está genuinamente interesado en tomar la iniciativa. Hay un límite a cuántas cosas puede hacer la gente —y hacerlas bien— además de su trabajo habitual.

En cuarto lugar, el negocio u oferta de producto/servicio está entre la espada y la pared. Si bien una oferta de colono puede tener unas perspectivas de crecimiento limitadas, tal y como se mencionaba anteriormente, eso no implica necesariamente que esté perdiendo dinero. Es más, de hecho podría seguir siendo todavía muy rentable. Cuando una oferta de tipo colono o migrante bajo no está todavía nadando en un océano rojo de competencia pero sí que opera ya «en rojo», enfrentándose, por ejemplo, a una avalancha de nuevos competidores que está ganando tracción rápidamente, esa situación ayuda a crear una sensación de urgencia y una predisposición a probar nuevas ideas para invertir la tendencia. Esta energía natural tiende a liberar un deseo de adoptar un enfoque nuevo sobre el que apalancar una iniciativa de océano azul.

En el transcurso de la próxima semana —o semanas si hace falta—, involucra a los responsables de las distintas unidades en toda una serie de debates para valorar su disponibilidad y la de sus unidades. Luego escoge el que mejor responda a los cuatro criterios clave mencionados o el mayor número posible de ellos.

Habiendo definido un alcance adecuado para tu iniciativa y con la credibilidad y la energía positiva en aumento, ahora estás preparado para reunir al equipo adecuado de cara a lograr la transición al océano azul. Ese es el tema que abordamos en el siguiente capítulo, así que vamos a ello.

6
Formar el equipo de océano azul adecuado

—A mí me parece que la caja con la franja ancha de color rosa es la más bonita. Y además el color vivo le da un toque único.

—No podría estar más de acuerdo. Seguro que llama la atención del público femenino.

El problema es que el embalaje que eligió el equipo de marketing no era para un producto femenino. Era para una plancha con la que no hacía falta planchar, y estaba diseñada fundamentalmente para hombres y adultos jóvenes de ambos sexos: sencillamente colgabas tu pantalón o camisa arrugados en una percha o en el respaldo de una silla, luego pasabas el pequeño dispositivo de mano por la prenda, arriba y abajo, y ya estaba. El aparato suministraba un fuerte chorro de vapor que hacía que las arrugas desaparecieran, y además en la mitad del tiempo que se tarda en planchar. No hacía falta poseer ninguna habilidad especial, y tampoco había que tener tabla de planchar.

El problema había empezado ocho meses atrás cuando el responsable de electrodomésticos para el hogar, al que llamaremos «Brad» habló con su colega responsable de marketing (lo llamaremos «Joe») sobre la posibilidad de que alguien de marketing se uniera al equipo que estaba reuniendo Brad para una iniciativa de océano azul que estaba montando. Joe se apresuró a dejar bien claro lo liados que estaban en marketing con toda una serie de lanzamientos «superimportantes» de productos nuevos y varias campañas. La actitud de Joe no dejaba lugar a dudas: «Tú limítate a crear el nuevo producto y no te preocupes de nada más, del resto nos encargamos nosotros. Conocemos el mercado. Ese es nuestro punto fuerte».

A decir verdad, Brad tampoco estaba precisamente entusiasmado con la idea de traer a alguien de marketing al equipo. En su división, había una creencia generalmente extendida: «Si se trata del consumidor y el mercado, los de marketing nunca escuchan a nadie. No creen que nadie más tenga algo que añadir o sepa más que ellos».

Para motivar a su equipo, Brad decidió no insistir y obviar el paso de involucrar al departamento de marketing. Sencillamente parecía más fácil y así además todo el mundo, tanto su división como los de marketing, estaban más contentos. Así que la división de negocio se arremangó y se puso a aplicar el proceso de transición al océano azul a la humilde plancha.

El mercado de planchas europeo no habría podido ser más rojo. El proceso desveló que había un bueno número de planchas muy parecidas para cada nivel de precio, cada modelo con toda una serie de características especiales cuyo número aumentaba a medida que escalaba el precio. Convencido de que no quedaba ningún camino sin explorar, el equipo se sorprendió cuando, paso a paso, el proceso les mostró que estaban en un error y, gracias a él, empezaron a adquirir nueva información perspicaz y profundamente relevante: por ejemplo que, pese a todas las características maravillosas que se habían ido añadiendo a las planchas a lo largo de los años, ninguna abordaba la cuestión más importante de todas: la gente odiaba planchar. La gente no quería que les mejoraran la experiencia de planchar. Lo que querían era no tener que planchar.

Más aún: para planchar hacía falta una tabla de planchar, y tenía que ser buena para que la plancha funcionara bien. Esto suponía un nada deseable sobrecoste. Además, las tablas de planchar eran un trasto grande y aparatoso, difíciles de guardar y un incordio a la hora de abrirlas, cerrarlas y guardarlas. Todas esas cuestiones no se habían abordado nunca tampoco, ya que las tablas de planchar pertenecían a otro sector y, técnicamente, no eran responsabilidad de los fabricantes de planchas.

El equipo vio una gran oportunidad en estos problemas sin resolver, además de un mercado creciente de no clientes: hombres que, como se casaban más tarde y por tanto vivían más años solos, cada vez hacían más tareas del hogar. A los hombres no les gustaba andar por ahí con aspecto desaliñado, pero todavía odiaban más la tarea engorrosa de planchar. Y la mayoría no se podía costear llevar toda la ropa a la tintorería. Los adultos jóvenes de ambos sexos también eran otro gran océano de no clientes sin explorar. No obstante, por lo general, el sector se comportaba como si todavía fuera la década de 1950 y, en lo que se refería a las tareas del hogar como planchar, se seguía considerando que las mujeres debían ser donde centraran todos sus esfuerzos. Y las mujeres —era la creencia también— querían hacer un trabajo meticuloso.

La plancha que no plancha iba a cambiar todo eso.

Tal y como se había acordado, el equipo de océano azul compartió un prototipo y los resultados del proceso y unos cuantos estudios rápidos de mercado realizados en colaboración con marketing. Y, a partir de ahí, tal y como también se había acordado, le pasaron el testigo a marketing. Pero claro, como los de marketing no habían sido parte del proceso, tenían muchas dudas.

—No plancha la raya, y la raya es importante —se oyó decir a alguien de marketing.

—No se enteran. Las mujeres son las que compran planchas, no los hombres, y desde luego rara vez las compran los adultos jóvenes —añadió alguien más.

Así que el departamento de marketing decidió hacer control de daños. Sabían que había que dirigirse a los clientes y no a los no clientes. Eso era, sencillamente, de sentido común. Así que metieron el nuevo «dispositivo» en una caja con una llamativa franja rosa para atraer a las clientas actuales y la lanzaron como una plancha complementaria para cuando no hiciera falta planchar con raya. Empaquetado y vendido así, las mujeres percibieron la plancha que no plancha como un accesorio más, otro artilugio más en su ya de por sí abarrotado armario repleto de aparatos para la casa. Nunca se plantearon que pudiera sustituir a la plancha. Nunca se vendió como tal. Y los hombres y los jóvenes adultos —el océano de no clientes que en realidad eran el público objetivo principales— ni se fijaron en la caja con la franja rosa.

Lo que hizo el equipo de marketing fue en contra de lo que el equipo de océano azul había descubierto que era lo importante. Porque, el caso era que lo que el equipo de océano azul había descubierto que era lo importante iba en contra de la versión generalmente aceptada de las cosas, versión que el equipo de marketing gestionaba a la perfección. Aprendizaje clave de todo esto: si la gente no participa en el proceso y no están presentes para descubrir de primera mano la potencia de las ideas que abren nuevas fronteras de valor y coste, es muy fácil que acaben descartando esas ideas por considerarlas irrelevantes, o porque negarán su validez y se esforzarán por transformarlas para traerlas de vuelta al redil de las llamadas «mejores prácticas del sector», incluso a pesar de que esas mejores prácticas puedan estar trasnochadas o sencillamente ser horribles.

Por ese motivo, montar el equipo adecuado para desarrollar una iniciativa de océano azul es increíblemente importante. Cuando estás realizando una transición, cambiando lo que estás haciendo y los factores en función de los que tu sector ha estado compitiendo durante mucho tiempo, todos los principales participantes y toda las partes afectadas que harán posible esa transición deben participar en ella.

Vamos a hablar de cómo construir el equipo adecuado en una organización o división establecida (ya sea con o sin ánimo de lucro o pública) con la típica organización de puestos en líneas jerárquicas, en la que la ejecución de una nueva estrategia dependerá de la cooperación de la gente que trabaje en distintas funciones y requerirá que se superen los politiqueos y las resistencias habituales. Si eres el propietario de un pequeño negocio familiar o un pequeño comercio, o si eres un emprendedor que acaba de empezar, seguramente solo tendrás un puñado de profesionales trabajando para ti. Obviamente no tendrás a tu disposición el amplio abanico de talentos con que cuenta una organización más grande, pero no te preocupes por eso. Los fundadores y propietarios suelen tener casi siempre un control mucho mayor de la organización a la hora de alinear a todo el mundo en torno a su visión de océano azul. Comprender la dinámica de los elementos que hacen que un equipo tenga éxito en su labor te posicionará mejor para saber cómo aprovechar el talento de tus empleados y la gente a la que tienes acceso a tu alrededor cuando te dispongas a emprender el viaje de transición al océano azul.

¿Qué aspecto tiene el equipo correcto?

Entonces ¿quién debería formar parte del equipo? Tal y como sugiere nuestro aleccionador ejemplo de planchas, debería estar formado por representantes de todas las funciones y niveles de la organización que desempeñarán un papel clave a la hora de lanzar una nueva oferta al mercado. En un entorno corporativo típico, por lo general, eso incluiría a alguien de Recursos Humanos, TI, Marketing, Finanzas, Producción, I+D y Ventas, así como alguien en representación de la primera línea de fuego, por ejemplo, un representante del personal del centro de atención telefónica o personal de tienda. Las organizaciones realizan una distinción rutinaria por funciones y niveles jerárquicos para operar con eficiencia, pero esas divisiones crean silos y a menudo quiebran la confianza, además de motivar a la gente a no esforzarse por llegar al resultado óptimo, cuando lo que necesitas en realidad es precisamente que todas las piezas funcionen perfectamente juntas de manera que las ideas se construyan de cero para ponerlas en práctica, sintiéndose todo el mundo coautor y copropietario de esas ideas.

En resumidas cuentas, deberías intentar crear un equipo de 5 a 10 personas. El mínimo está en garantizar que todas las funciones y áreas principales estén representadas, tengan oportunidad de contribuir y descubran de primera mano la necesidad de cambio. El máximo se sitúa en asegurarse de que el proceso sea manejable y el equipo flexible y rápido. Si no, el proceso acaba resultando rígido y se genera un alto nivel de frustración entre los participantes, lo que a su vez drena innecesariamente la energía del equipo y rompe la integridad del proceso.

Cuando se monta un equipo, hemos observado que los directivos a veces tienen dudas a la hora de integrar en este a gente de determinadas funciones concretas, personas a las que podría percibirse como demasiado problemáticas para que compense lo que aportan, o que podrían ralentizar el proceso al costarles entrar en una mentalidad de océano azul. Como Brad, tal vez prefieran mantener al margen a los de marketing o a los de recursos humanos porque los ven como administradores de beneficios con poca visión estratégica. No obstante, nosotros hemos de advertir de los peligros que eso pueda acarrear. ¿Alguna vez has oído el dicho de que «las finanzas le ganan la partida a la estrategia»? Nosotros desde luego sí y, a lo largo de los años, hemos oído a mucha gente relatar cómo sus esfuerzos innovadores se han encontrado con el obstáculo de los financieros que, desde sus posiciones menos comerciales, no se han inclinado por lo que conocían y podían medir, en vez de lo que podría llegar a ser. No es ninguna sorpresa por tanto que les preocupe que su iniciativa de océano azul pueda correr la misma suerte.

Ahora bien, en nuestra investigación de los últimos diez años, nos hemos encontrado con que se puede dar el caso contrario.

Cuando se incluye a la gente de finanzas en el equipo y por tanto forman parte del proceso, estos desarrollan un conocimiento profundo de primera mano sobre la necesidad de un cambio estratégico y el poder de la jugada estratégica de océano azul que han contribuido a crear. Los financieros se convierten en implacables guardianes de la hucha corporativa en el momento que se les pide que firmen el presupuesto de una iniciativa estratégica que no comprenden ni conocen en profundidad. Sencillamente no se sienten cómodos autorizando que se gaste dinero en ideas que les son ajenas. Para convertir al departamento financiero en tu aliado, incluye un representante del mismo en el equipo desde el principio. El equipo ganará al poder contar con la potencia y solidez de esta función, y finanzas se convertirá en un verdadero socio estratégico para ti en todo el proceso de toma de decisión sobre inversiones. Todo el mundo aprenderá y crecerá con el proceso.

Lo que quieres es tener un equipo variado, pero asegúrate de que todos sus miembros participan directamente en la división o la oferta de producto/servicio que vas a trasladar de un océano rojo a un océano azul, y por tanto todo esto les afecta directamente. Esta diversidad es fundamental porque garantiza que haya alguien de todas las funciones que pueda, de modo personal y genuino, afirmar la credibilidad del cambio que está desarrollando el equipo. Ellos serán los canales de comunicación con sus respectivas funciones y con la jerarquía a cada paso del proceso, ofreciendo relatos de primera mano sobre los descubrimientos que vaya realizando el equipo. Esto es lo que hace creíbles esos descubrimientos y a la vez atestigua que el proceso es sólido.

Comparemos la experiencia del fabricante de planchas con esta otra de un proveedor de divisas a nivel corporativo. En este caso, antes de iniciar el proceso de transición al océano azul, la empresa estaba convencida de que sus ejecutivos de cuentas constituían una de sus ventajas competitivas clave frente a la competencia de los grandes bancos. No fue ninguna sorpresa que los ejecutivos de cuentas estuvieran de acuerdo, tal como corroboraban, además, su arrogancia y estatus dentro de la empresa. No obstante, cuando el equipo fue desarrollando el proceso, un descubrimiento verdaderamente sorprendente fue que los compradores, en realidad, despreciaban el papel de los ejecutivos de cuentas y odiaban perder el tiempo hablando con ellos. Veían a los ejecutivos de cuentas como la gente que se centraba en inventar las excusas y calmar los ánimos de los clientes cuando había problemas con el servicio ofrecido por la empresa. ¿De qué servía contar con un ejecutivo de cuentas a tu servicio cuando por lo general las transferencias se hacían tarde, o no se proporcionaba confirmación de las transacciones a los clientes o se recibía escasa información de mercado para poder cubrir como es debido los pagos en moneda extranjera? Si los ejecutivos de cuentas no hubieran sido parte del equipo y hubiesen por tanto escuchado este *feedback* de primera mano, sin duda habrían insistido con la más absoluta vehemencia en que el proceso no se había realizado correctamente, que los miembros del equipo no sabían de que hablaban y que —muy por el contrario— los ejecutivos de cuentas eran lo que diferenciaba a la empresa de sus competidores. Ahora bien, como ellos también habían estado en el equipo y escucharon directamente a los clientes diciendo lo mismo una y otra vez, no lo podían negar.

Más revelador aún: este descubrimiento llevó a los ejecutivos de cuentas a un hallazgo sobre sí mismos. Sí, hacía tiempo que se les percibía como las superestrellas de la empresa, pero ahora se daban cuenta de que, con demasiada frecuencia, no eran héroes porque ofrecieran ningún valor añadido a los clientes, sino porque evitaban que los clientes se marcharan, siendo listos a la hora de darles excusas, pedir disculpas y calmar a los clientes. Así pues, el equipo tomó la decisión —con el apoyo de los propios ejecutivos de cuentas— de eliminar ese puesto como tal. Los ejecutivos de cuentas pasaron a ser agentes comerciales dedicados a grandes cuentas de alto valor, con lo que de hecho se triplicaba la fuerza de ventas y se incrementaba así la capacidad de generar ingresos de la empresa de manera significativa sin que ello supusiera ningún incremento de costes.

En organizaciones en las que las operaciones están muy dispersas en términos geográficos, se suele oír mucho aquello de que «nuestra zona es diferente». En una empresa que tenía un historial muy pobre en todos sus intentos de hacer un despliegue global de prácticamente cualquier iniciativa, los responsables de sucursal resumían su opinión respecto a la visión del mundo de la central como «los locos en el terreno y los sesudos en el centro». No es ninguna sorpresa que esos «locos» se enorgullecieran mucho de encargarse disimuladamente de hacer descarrilar o ralentizar cualquier iniciativa que viniera de la oficina central. Tener en el equipo a un representante de todas y cada una de las zonas geográficas clave contribuye mucho a remediar esta situación, porque con eso consigues que la gente tenga la sensación de que su zona se valora y que no se les ve como peones sin cerebro que se limitan a acatar órdenes.

Lo primero que suele ocurrir en esos equipos internacionales es que los miembros regionales refunfuñan aludiendo que su zona es diferente y que ninguna estrategia «global» nueva puede funcionar allí. Ante esto, la respuesta que recomendamos es: «Si eso es así, el proceso lo mostrará. Y, si eso ocurre, nos despediremos del objetivo de crear y desplegar una transición al océano azul a nivel global». La claridad de esa afirmación por sí sola ya contribuye en gran medida a generar una apertura y una implicación en el proceso. Y luego, a medida que los equipos que participen en el proceso empiezan a funcionar, lo que suelen descubrir es que la organización podría resolver de modo contundente unas cuantas preocupaciones comunes expresadas por clientes y determinados grupos concretos de no clientes de todo el mundo, que la mayoría de la gente estaría dispuesta a pasar por alto gran parte de los elementos de sus respectivas listas de deseos regionales. Este descubrimiento refuerza el compromiso y el entusiasmo verdaderos del equipo con el proceso. Si bien hace falta más de un equipo para multinacionales con operaciones diversificadas geográficamente, para que se vea más claramente, aquí nos centraremos en un caso en el que haya un solo equipo.

Qué buscar en los miembros del equipo

De momento hemos estado hablando sobre de dónde deberían venir los miembros del equipo. De hecho, hemos equiparado a los individuos con sus funciones, refiriéndonos a los de «marketing» y «finanzas» como si la gente fueran sus trabajos. Ahora vamos a cambiar de marcha y hablar de las personas a título individual.

Las dinámicas entre seres humanos son algo por lo que muchos directivos pasan de puntillas. Porque, efectivamente, establecer la dinámica humana correcta requiere tiempo y bastante reflexión previa. Ahora bien, la recompensa de hacerlo no tiene precio. Por eso, cuando se trata de determinar a quién escoger para formar parte del equipo, el puesto no es el factor más importante. El factor más importante es el carácter. Lo que estás buscando es gente que sea respetada y que ya goce de credibilidad dentro de la organización. Y eso puede —o puede que no— se superponga con el estatus que se tenga. Te interesa escoger a gente que escuche bien, reconocidos como detallistas y considerados, dispuestos a hacer preguntas cuando otros no las plantean; gente que no solamente es capaz de soñar a lo grande, sino que también tienen fama de sacar el trabajo adelante y conseguir que se hagan las cosas. Son la gente que los demás tenderán a admirar y escuchar de manera natural. Esta gente hace que aumente la credibilidad del equipo dentro de la organización y también que crezca el respeto mutuo que se tienen los miembros de este.

Al mismo tiempo, además querrás contar con uno —o probablemente dos— reconocidos «campeones del no a todo» en el equipo. Ahora bien, para garantizar que no dominen la dinámica del grupo ni menoscaben la energía positiva de este, tienen que estar claramente en minoría. Y entonces ¿para qué incluirlos en el equipo? Para empezar, porque tener al abogado del diablo dentro aumenta la credibilidad del proceso y de los descubrimientos que realice el equipo. Además indica tu confianza en que el proceso puede soportar sus dudas y recelos. Al contar con ellos, das muestras de estar examinando escrupulosamente cualquier idea que cuestione el actual *statu quo* para asegurarte de que se tienen en cuenta plenamente las potenciales implicaciones negativas de esta y que no se pasa por encima de ellas someramente, a riesgo de que luego acaben volviendo a aparecer y te den un buen mordisco. Además, cuando los escépticos participan en el proceso de principio a fin y ven, sienten y experimentan por sí mismos las maneras en que la estrategia actual no logra entusiasmar al mercado, tienden a dejar de quejarse. Y cuando se les convence a ellos, el impulso en favor del cambio se refuerza.

En los tiempos en que Bernie Marcus todavía ejercía un control férreo al frente de Home Depot, el líder de uno de sus proveedores de segundo nivel de iluminación eléctrica sintió que su empresa necesitaba una transición al océano azul para conseguir una parte más grande de su potencial negocio con Home Depot y otros grandes distribuidores minoristas, pero ni los números ni los argumentos lograron convencer a los típicos que siempre decían no a todo en su empresa de que los productos de esta ya no eran suficientemente buenos. Dijeron que era tan solo cuestión de mejorar la fuerza de ventas. Y punto.

Entonces el líder de esa empresa adoptó una táctica diferente. Puso a los dos principales campeones del no a todo en un equipo encargado de una iniciativa cuyo objetivo era tomarle el pulso al mercado. El equipo empezó por el cliente n.º 1, el mismo Bernie Marcus. Y Bernie se soltó el pelo: el producto era un «yo también», nada original. Y además era demasiado caro. Y no era fiable. En definitiva: un desperdicio de valioso espacio en el lineal. Tras oír el *feedback* totalmente descarnado de Bernie, los campeones del no a todo se quedaron visiblemente compungidos. Ya no hacía falta insistir para que accedieran a probar una nueva estrategia.

Prepárate para que la gente, por un lado, se alegre de que les hayas escogido para formar parte del equipo y, por otro lado, estén preocupados por la cantidad de trabajo que eso les va a dar. De media, los miembros del equipo dedicarán un 10% de su semana a la iniciativa, y habrá unos cuantos momentos pico diseminados a lo largo del proceso en que tendrán que planificar para dedicarle hasta un 20-25%. Este trabajo suelen tener que realizarlo además de su trabajo habitual. Pero, como reza el dicho: «Quien algo quiere, algo le cuesta». Por suerte, también podemos garantizar que el coste se ve ampliamente compensado por lo que se obtiene.

Durante el proceso, los miembros del equipo se convierten en líderes, ganan experiencia trabajando con gente de distintas funciones y niveles jerárquicos, aprenden de primera mano y bien de cerca sobre el mercado y adquieren una visión general y panorámica de la organización y su entorno (a menudo por primera vez). Todos estos, son ejercicios que resultan muy valiosos para todos los implicados. Formar parte de un equipo que trabaja en una iniciativa de océano azul cambia el alcance del trabajo diario de los miembros del equipo, pues hace que su visión pase de centrarse en aspectos más rutinarios a fijarse en cuestiones estratégicas.

La gente aprende a plantear preguntas orientadas al futuro sobre cómo crear valor innovador, sobre qué añade coste y no valor (como los ejecutivos de cuentas del proveedor de divisas a nivel corporativo), sobre qué puede añadir un poco de coste pero crear un salto en valor, y quiénes son los no clientes del sector y cómo convertirlos en clientes. Esto transforma a todos los miembros del equipo haciéndolos más valiosos a los ojos de la organización y de ellos mismos. Es bueno que hables de estos beneficios desde el principio con los miembros del equipo. La gente aprecia mucho saber que el trabajo adicional que van a tener que hacer se les recompensará con creces en forma de nuevas habilidades, conexiones a nivel de equipo e ideas sobre oportunidades futuras que resultarán de su participación.

Nombra un jefe de equipo

El cargo no lo es todo, pero el jefe de equipo —ya seas tú o alguien que nombres para el puesto— debe tener más rango que los otros miembros. Sencillamente, así al resto le resultará más fácil aceptar su liderazgo y seguirlo. La influencia desproporcionada de un jefe fuerte, tanto a nivel de dinámicas de grupo como de toda la empresa en su conjunto, ayudará a movilizar a grandes sectores de la organización para apoyar la iniciativa.

Del jefe de equipo, se espera que actúe como primer punto de contacto con este y que mantenga el rumbo y el entusiasmo, asegurándose de que todo el mundo esté informado y ayudando al equipo a navegar por la organización. El líder también tiene que anticiparse a los problemas que podrían perjudicar la capacidad del equipo para completar sus tareas y abordar todos estos temas de manera proactiva. Las organizaciones suelen estar tentadas de delegar gran parte de este trabajo a asistentes, pero nuestro consejo es claramente que no lo hagan por toda una serie de motivos: cuando un líder de equipo se ocupa directamente de estas tareas, para empezar, está mandando un mensaje de que la iniciativa es importante y no debe tomarse a la ligera. También indica respeto para con los miembros del equipo. Y, además, mantiene la maquinaria en marcha, cerrando las posibles puertas traseras que permitirían a algún miembro del equipo dejar las cosas para más tarde o hacerlas solo a medias. A la gente le resulta facilísimo jugar con los asistentes diciéndoles cosas del tipo: «En breve te digo algo» para luego no responder hasta pasadas tres semanas, algo que pone en peligro el proceso y además socava la energía de la iniciativa.

Para organizaciones disfuncionales: recluta a un *consigliere*

¿Tu organización es disfuncional? ¿Ridículamente burocrática? ¿O hay tanto politiqueo que cuando tratas de conseguir que se haga algo tienes la sensación de estar atravesando un campo minado? Las organizaciones más grandes y antiguas pueden dar esta impresión con bastante frecuencia. Y las entidades públicas también. En este tipo de situación, además de montar un equipo y elegir bien a quién pones al frente de este, también debes pensar en reclutar a un *consigliere*. Esto es particularmente importante para organizaciones que lleven mucho tiempo operando del mismo modo o tengan una cultura con un fuerte componente institucional.

Una iniciativa de transición al océano azul puede poner patas arriba muchas convenciones firmemente establecidas en el sector o en la organización. Y esto puede tener ramificaciones en cuanto a cómo se realiza el trabajo en la actualidad, lo que a su vez puede despertar cierta ansiedad en los corazones de la gente que está haciendo ese trabajo ahora. Cuando las emociones y los comportamientos humanos se ven afectados, verdaderamente la precaución vale su peso en oro. Así pues, debes tener en cuenta a lo largo de todo el proceso cualquier potencial resistencia que pudiera estar gestándose o lista para aflorar cuando llegue el momento de la aplicación del proceso.

Un *consigliere* te puede ayudar a anticipar esas cuestiones antes de que se vuelvan intratables. Un *consigliere* es alguien en la organización que está pendiente de todo lo que pasa, un maestro o maestra de las cuestiones políticas dentro de las organizaciones que sabe quiénes son los participantes y bloqueadores clave, y que es quien tiene más ganas de cambio y por tanto va a ser uno de tus partidarios más comprometidos. Como figura respetada que, además, es parte de la organización, el —o la— *consegliere/a* puede asesorar al equipo y proporcionar protección aérea frente a detractores potenciales, además de recabar apoyos de individuos que de otra manera podrían tratar de detener la iniciativa, ya fuera activamente o por medio de una agresión pasiva. El mejor candidato es alguien que sea altamente influyente, que puede ser un abogado silencioso, y además esté dispuesto a involucrarse, si fuese necesario, para eliminar los obstáculos con que pudiera encontrarse el equipo.

Una vez definido el alcance de tu iniciativa y habiendo reunido al equipo adecuado, ya estás listo para pasar al segundo paso del proceso. En este punto hablaremos de cómo lograr una comprensión clara de la situación actual en el sector, alinear a todos los miembros del equipo e inspirar un despertar natural entre los miembros del equipo y la organización en su conjunto en torno a la necesidad de realizar una transición al océano azul.

Paso dos:

Comprender dónde estás ahora

7

Tener claro cómo están las cosas ahora

¿Tienes una imagen sencilla que capte tu estrategia a grandes rasgos, una imagen que todos los directivos entiendan y que ponga a todo el mundo en la misma casilla de partida? ¿Conoces en base a qué factores compite tu sector o el sector objetivo al que te quieres dirigir, y en cuáles se invierte? ¿Sabes qué es lo que distingue a tu oferta de producto o servicio y en qué se diferencia de la competencia? En resumen: ¿tenéis tú y tu equipo una visión objetiva del actual estado de cosas en tu sector?

Tanto si estás a punto de embarcarte en una transición al océano azul como si sencillamente quieres asegurarte de que verdaderamente comprendes el *statu quo* del sector, es fundamental tener una visión clara y compartida del actual panorama estratégico. En primer lugar, esto garantiza que tendrás una estrategia y no una mera colección de tácticas que podrían tener sentido a título individual, pero no encajan todas juntas e incluso podrían resultar contradictorias. En segundo lugar, así te aseguras de que todo el mundo salga de la misma casilla. Solo cuando la gente se pone de acuerdo sobre cuáles son la estrategia y el panorama estratégico actuales, y todo el mundo ve y se pone de acuerdo en que hay una necesidad de cambio, solo así, lograrás una verdadera alineación de posiciones e inspirarás a la gente para que estén dispuestos a actuar. Puede que tú y el jefe de equipo que hayas escogido apreciéis la necesidad de salir del océano rojo y reconsiderar la estrategia a nivel profundo, pero eso no quiere necesariamente decir que otros miembros del equipo compartirán esa opinión, por no hablar de la organización en un sentido más amplio.

Más allá de esta constatación, también hemos observado que, si bien los directivos suelen tener bastante claro cómo se enfrentan ellos y sus competidores en relación con una o dos dimensiones estratégicas, pocos ven el panorama general completo en el que se articula esa competición. Puede que tengan unos cuantos eslóganes que confunden con la estrategia, como, por ejemplo, «somos la línea aérea más amable» o «nuestra estrategia es ser el mejor banco de ámbito mundial que ofrece un servicio completo» pero, cuando tratamos de concretar, lo habitual es que la conversación se vuelva vaga y plagada de declaraciones que también podría hacer fácilmente la competencia para describir sus productos o servicios.

Para abordar este problema, hemos desarrollado el escenario estratégico, la herramienta de diagnóstico que utilizarás a lo largo del viaje de transición al océano azul. Pintar el escenario estratégico de la situación «tal como es» para tu oferta actual le dará al equipo —y a través de ellos a toda la organización— una visión objetiva de las dinámicas actuales del sector, así como de tus propias estrategias y las de tus competidores. Como no hay un resultado «cantado» de antemano sobre qué revelará —o no— el escenario estratégico, el equipo podrá descubrir por sí mismo la relevancia o *irrelevancia* de desafiar el *statu quo* y repensar el perfil estratégico de la oferta de tu organización en términos de océano azul. Esta combinación de proceso justo, descubrimiento de primera mano y atomización es lo que garantiza que la gente se apropiará, interiorizará y confiará en los resultados de su trabajo.

El escenario estratégico

El escenario estratégico es un análisis visual de una página que muestra la forma en la que una organización configura su oferta a los compradores en comparación con la de sus competidores. De manera certera y concisa, el escenario comunica los cuatro elementos clave de la estrategia: los factores de competencia, el nivel de oferta que reciben los compradores en relación con todos esos factores y tu perfil estratégico y estructura de costes, así como los de tu competencia. Y además, el escenario cuenta una historia: te permite ver —y comprender— dónde estáis invirtiendo ahora mismo tú y tus competidores; los factores relativos al producto, servicio y entrega en base a los que se compite en el sector; y qué es lo que reciben los compradores de las actuales ofertas competitivas. Dibujar el escenario estratégico del sector en el que quieres entrar también tiene una importancia crítica si eres un emprendedor que se propone crear un nuevo negocio o una nueva organización sin ánimo de lucro, porque resalta en una imagen sencilla a qué te enfrentarás en términos estratégicos. También es una potente ilustración visual a utilizar en debates con potenciales inversores y financiadores.

Gráfico 7-1. Escenario estratégico para el sector de las organizaciones benéficas en el Reino Unido (antes de Comic Relief)

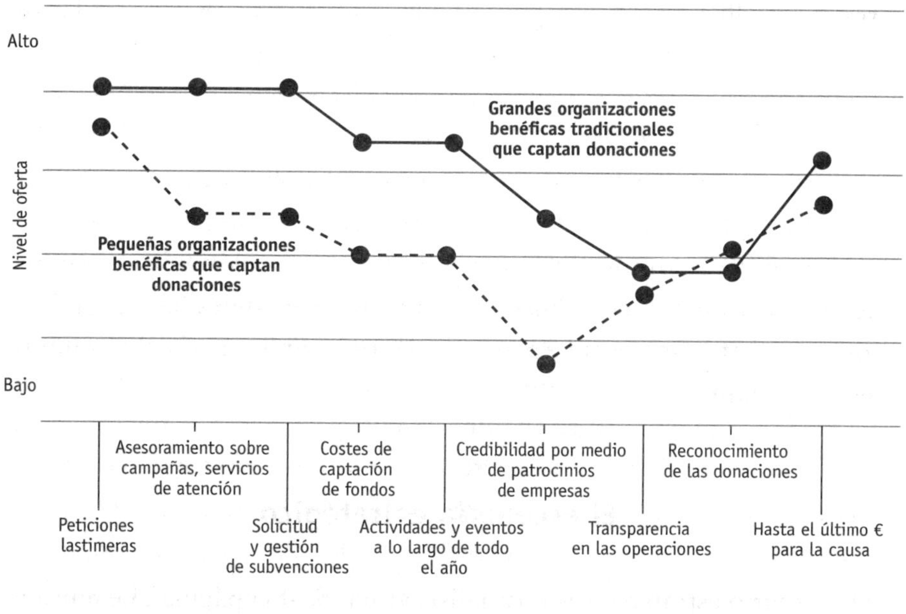

El gráfico 7-1 muestra el escenario estratégico para el sector de las organizaciones benéficas en el Reino Unido antes del lanzamiento de Comic Relief. En el eje horizontal se detallan los distintos factores en base a los que se competía o invertía tradicionalmente en el sector, que van de las peticiones lastimeras al asesoramiento sobre las campañas y los servicios de atención, pasando por las actividades y eventos para captar fondos durante todo el año. Nótese que este eje capta los «factores competitivos clave», no los factores clave a nivel de valor para el comprador. Esto es importante. ¿Por qué? Porque, tal y como pronto descubrirás, suele haber una diferencia clara y meridiana entre los factores en base a los que compiten las organizaciones y asumen que ofrecen valor, y los factores que verdaderamente valoran los compradores. De hecho, con bastante frecuencia, resulta que aquello en base a lo que suelen competir las empresas, no solo no añade valor desde el punto de vista de los compradores sino que, de hecho, resta valor. Pensemos, por ejemplo, en la competencia entre organizaciones benéficas en términos de eventos para captar fondos a lo largo del año y acciones de marketing para solicitar donaciones, acciones que pueden acabar provocando fatiga en los donantes en vez de animar a la gente a dar. Pensemos en todos los botones que hay en un mando a distancia de televisión y lo frustrantes y confusos —más que útiles— que suelen resultar la mayoría de ellos. O pensemos en la amplísima oferta de canales que te ofrece cualquier proveedor de televisión por cable, cuando tú lo que quieres en realidad son únicamente los tres o cuatro en los que puedes ver los programas que te gustan.

Al centrarse en identificar los factores competitivos clave de tu sector, el equipo también empezará a hacer aflorar todas las áreas en las que tu organización y los competidores estáis invirtiendo en la actualidad, en un intento de no quedar rezagado o de tomar la delantera al resto. Esto aumenta tu estructura de costes, acapara el tiempo de tu organización y complica las operaciones. Ahora bien, como parece que «son de rigor» rara vez se cuestiona. Así pues, a medida que el equipo identifica estos factores, están creando al mismo tiempo un listado de candidatos a reconsiderar más tarde, cuando os pongáis a buscar elementos a eliminar o reducir para disminuir tu estructura de costes al tiempo que ofreces a los compradores un salto cuantitativo en el valor que les proporcionas.

El eje vertical del escenario estratégico capta el nivel de oferta que los compradores reciben o experimentan para cada uno de los factores competitivos clave de un sector. En el caso del sector de las organizaciones benéficas que captan fondos del Reino Unido o, de hecho, en cualquier sector sin ánimo de lucro, los donantes son en realidad los compradores de la misión y la credibilidad de las organizaciones sin ánimo de lucro, que «pagan» con su donativo. Una puntuación alta en el eje vertical indica que la organización ofrece a los compradores —los donantes en este caso— más, mientras que una puntuación relativamente baja significa que la organización ofrece menos. Llegados a este punto, vas uniendo los puntos para que surja el dibujo de tu perfil estratégico —una representación gráfica del rendimiento relativo de tu organización en función de los factores competitivos de su sector— y el de tus competidores. Un escenario estratégico como el del ejemplo del gráfico 7-1 es lo que llamamos el escenario estratégico «tal como es» porque capta el actual estado del sector, ayudándonos a crear una comprensión común de la realidad del sector entre todos los miembros del equipo.

Lo que revela el escenario estratégico

Contemplando el escenario del gráfico 7-1 podemos literalmente *ver* por qué el sector se ha convertido en un océano rojo. Básicamente, el sector ha perdido la capacidad de diferenciación. En el Reino Unido hay miles de organizaciones benéficas pero, desde el punto de vista del donante, hay una convergencia tremenda en sus perfiles estratégicos. A ojos del donante, todas las organizaciones benéficas grandes tradicionales que captan donaciones, en definitiva, compiten del mismo modo. Y lo mismo puede decirse de las pequeñas organizaciones benéficas que captan donaciones. Más aún: los perfiles estratégicos de las organizaciones tanto grandes como pequeñas, eminentemente, siguen la misma forma básica, solo que a distintos niveles de oferta. A medida que las organizaciones benéficas de todos los tamaños tratan de mejorar el valor de sus ofertas proporcionando un poco más por un poco menos, comparándose con las mejores prácticas sectoriales, se va produciendo una convergencia de perfiles estratégicos. El resultado, tal y como se aprecia en el gráfico, es que los perfiles estratégicos de los participantes en el sector acaban siendo un reflejo exacto los unos de los otros sin que se cuestione la forma básica de las curvas. Esto no es nada infrecuente. De hecho, es lo habitual.

Pensemos en los grandes bancos comerciales de São Paulo, Nueva York, París, Lagos o Tokio: ¿hay alguna diferencia reseñable en su ubicación relativa, fachadas de sus edificios, ambiente o incluso el diseño de sus puestos de atención al cliente o, más bien, desde el punto de vista del comprador, son prácticamente todos iguales salvo porque se habla distinto idioma en los distintos países? ¿Y qué hay de las gasolineras de todo el mundo? ¿Qué grandes diferencias te esperarías encontrar? Una vez más, son todas iguales. ¿Y si pensamos en bufetes de abogados y oficinas de consultoras? En estos casos tampoco hay grandes diferencias salvo tal vez contar en el equipo con algún abogado estrella de renombre o un consultor de prestigio a nivel en el país en concreto. Estos son tan solo unos cuantos ejemplos. Si te detuvieras un minuto a pensarlo, seguro que podrías escribir una larga lista de organizaciones cuya estrategia viene dictada por el concepto de tomarle la delantera a la competencia.

El escenario estratégico te ayuda a cambiar precisamente eso. Te obliga a dar un paso atrás para alejarte del detalle en el que sueles estar absorto y ver claramente el contorno que define tu sector, o sea, diferenciar el bosque de los árboles. Te permite captar y dibujar una macroimagen del estado actual, de la situación tal como es en el sector ahora mismo, sin perderte en los detalles técnicos de las pequeñas diferencias operativas. Es fundamental centrarse en la forma básica del perfil estratégico del sector porque resulta imposible abordar una transición al océano azul sin desafiar y alterar las reglas estratégicas básicas del sector. Dibujar las pequeñas desviaciones operativas que están realizando los individuos en sus ofertas tan solo contribuirá a que la visión de conjunto que tienen los compradores pierda nitidez y se complique, y además será irrelevante en lo que se refiere a la transición estratégica que quieres llevar a cabo.

La importancia del enfoque, la divergencia y un eslogan convincente

Para realizar una transición al océano azul, la forma básica de tu perfil estratégico no puede coincidir con la de todos los demás, sino que debe ser claramente divergente de modo que, cuando los compradores piensen en tu oferta, no la metan en el mismo saco que las demás ofertas del sector. Más concretamente, para realizar una transición al océano azul y destacar a ojos de los compradores, tu perfil estratégico tiene que cumplir tres criterios: en primer lugar, debería quedar bien claro que su forma básica en el escenario estratégico es distinta a la del perfil estándar del sector. No debería ser sencillamente un poco más o un poco menos que la competencia. En segundo lugar, tu perfil estratégico tiene que estar focalizado. No debería limitarse a ofrecer algo más o algo menos en base al mismo conjunto de factores en función de los cuales compite el resto del sector, sino que debería enfocarse en los factores clave que pueden ofrecer al comprador un salto cuantitativo de valor, mientras se reducen o eliminan el resto de los factores. Esto es lo que permite a tu estrategia lograr costes más bajos al tiempo que eres capaz de ofrecer más valor.

Y, por último, tu perfil estratégico debería contar con un eslogan convincente que comunique bien con el mercado y exprese con honestidad en qué consiste tu oferta. Debe tener integridad, no quedarse en una declaración de intenciones o un deseo de marketing. Los compradores identifican un eslogan vacío rápidamente. Un eslogan convincente es una importante prueba de fuego inicial para asegurarnos de que la divergencia y el enfoque que hay tras tu perfil estratégico estén efectivamente conectados con un salto de valor para el comprador, y no se trate tan solo de diferenciarse por diferenciarse. Pensemos en el perfil estratégico de Comic Relief, que en Estados Unidos se conoce como Red Nose Day [Día de la Nariz Roja] que comentamos en profundidad en el capítulo 3. El gráfico 7-2 muestra cómo su perfil estratégico cumple con los tres criterios, abriendo así un océano azul de nuevo espacio de mercado en el sector de las organizaciones benéficas que captan donaciones del Reino Unido. Más adelante, en el paso 4 del proceso mostraremos cómo se obtiene este perfil estratégico nuevo o de lo que está «por venir».

Gráfico 7-2. Escenario estratégico de Comic Relief

¿Qué aspecto tiene el escenario estratégico «tal como es» en tu sector o tu sector objetivo? ¿Se parecería al del sector de las organizaciones benéficas en el Reino Unido antes de Comic Relief, en el que los perfiles estratégicos de todos los principales participantes seguían básicamente la misma forma y, en definitiva, eran convergentes desde el punto de vista del comprador? ¿Qué revela en relación con tu perfil estratégico? ¿Va perfectamente sincronizado con el paso de todos los demás o más bien se diferencia claramente como es el caso de Comic Relief? Estas no son preguntas que puedas responder tú mismo, sino que deberías planteárselas al equipo para que les dieran respuesta a través del proceso de dibujar el escenario estratégico «tal como es» ahora mismo en tu sector.

Cómo dibujar tu escenario estratégico

El escenario estratégico «tal como es» equivale a una autoevaluación, no una encuesta a clientes. El objetivo es comprender la perspectiva del equipo, lo que ven y registran los miembros de este sobre el actual panorama estratégico: ¿en base a qué creen que compite la oferta de producto/servicio que has identificado? ¿Cuánto —mucho o poco— ofrece su organización y su competencia de cada factor clave? ¿Cuál es el nivel de precio de su oferta respecto de la competencia? ¿Cuál es la estructura relativa de costes? Seguramente te sorprenderá la infinidad de hallazgos profundamente perspicaces que puede desvelar el hecho de dibujar tu escenario estratégico «tal como es» ahora.

A continuación te explicamos cómo se desarrolla este paso.

Identificar el sector en el que estás

Empieza con una hoja de escenario estratégico en blanco donde plasmar la situación tal como es ahora que, junto con una explicación de apoyo, están disponibles para su descarga y uso gratuitos en www.blueoceanshift.com/ExerciseTemplates. Pide al equipo que identifique el sector en el que compite el negocio, producto o servicio que has seleccionado para esta iniciativa o, si eres un aspirante a emprendedor, el sector en el que deseas entrar. El objetivo es asegurarte de que todo el mundo en el equipo tiene el mismo punto de referencia y que ese punto de referencia lo decide el equipo en vez de venirle impuesto, de manera que se hagan plenamente responsables del escenario estratégico «tal como es» que están a punto de crear. Esto es típicamente una tarea sencilla que se realiza rápidamente. No obstante, en alguna rara ocasión, un miembro del equipo empezará a hacer hipótesis sobre «el sector en el que deberíamos estar». Si eso ocurre, sencillamente recuérdale a esa persona que, en este momento, estáis centrados en definir el sector «tal como es» y no «cómo debería ser». Eso llegará en una fase posterior del proceso.

Establecer cuáles son los factores clave sobre los que se compite en tu sector

Antes de que el equipo se establezca para abordar esta tarea, es importante establecer unos cuantos parámetros:

- Identifica un mínimo de 5 y un máximo de 12 factores competitivos clave en el escenario estratégico «tal como es». Un mínimo de 5 fuerza a los equipos que dicen que solo compiten en precio a desafiar sus propias asunciones y desvelar factores que se podrían haber vuelto tan familiares que ya ni reparan en ellos. Los sectores B2B básicos como la industria química y de plásticos, por ejemplo, suelen pertenecer a esta categoría porque asumen que el producto que venden es un producto indiferenciado y su argumento es que el precio es el único punto distintivo en el que compiten cuando, de hecho, los factores competitivos suelen incluir servicios de evaluación y apoyo técnico, plazos de entrega, disponibilidad de inventario y mucho más. Por otro lado, el máximo de 12 factores obliga a los equipos que escriben listas excesivamente largas a centrarse únicamente en los factores competitivos «clave» y no en todos los factores que se les ocurran. El objetivo es mantener al equipo centrado en la imagen de conjunto y evitar tanto la simplificación excesiva como perderse en demasiados detalles. En el caso de organizaciones con ánimo de lucro, siempre se debería incluir el precio como uno de los factores competitivos clave.
- Los factores clave pueden estar relacionados con las plataformas de producto, servicio o entrega de una oferta, así que piensa en esas tres plataformas a la hora de confeccionar tu lista. Por ejemplo, para un fabricante de turbinas, los factores competitivos podrían incluir la financiación del cliente (un factor de tipo servicio), la potencia (un factor de tipo producto) y la velocidad de entrega de pedidos (un factor de tipo entrega).
- Evita la jerga de proveedor y usa palabras que describan el factor desde el punto de vista del comprador. Por ejemplo, *velocidad* y no *megahercios*.

Antes de encarar esta tarea como equipo, todos y cada uno de los miembros de este debería escribir su propia lista individualmente. Empezar así es clave por tres razones: en primer lugar, evita que se piense en grupo, lo que tiende a entumecer las mentes y acaba generando listas que no reflejan plenamente la variedad de opiniones dentro del grupo, un tipo de autocensura que puede llevar a un pensamiento tácito del tipo «y si» que podría no desvanecerse jamás y puede desacreditar las conclusiones de la iniciativa. Pensamientos del tipo «Si hubiera dicho tal cosa, ¿habría cambiado el resultado? ¿Por qué no habré hablado?» no son precisamente lo que hace falta cuando el objetivo último es la puesta en práctica de algo. En segundo lugar, reta a todos los miembros del equipo a identificar los factores en base a los cuales creen que se compite en el sector. Seguramente te vas a encontrar con que este es un tema al que la gente por lo general no dedica demasiado tiempo de reflexión, por más que se embarquen en el proceso asumiendo que sí lo han hecho. Como suelen descubrir en cuanto se sientan a responder a esta pregunta, no es fácil. Y, en tercer lugar, permite al equipo apreciar las diferencias en cómo interpreta cada uno lo que hace su organización y su sector y con qué frecuencia puede ocurrir que la gente identifique el mismo factor pero darle un significado diferente (enseguida trataremos este asunto). Los trabajos de la gente tienden a inducir en ellos una visión en túnel que este proceso contribuye a desactivar.

Una vez que todos los miembros del equipo hayan escrito su lista, el equipo debería volver a reunirse. Llegados a este punto, haz que cada uno lea su lista de factores identificados y vete escribiéndolos en una pizarra blanca para que queden registrados y todo el mundo «vea» lo que están pensando los demás. Cuando se mencione un factor más de una vez, haz una marca al lado para que el equipo también pueda ver qué factores son los que han identificado la mayoría de los miembros y sobre los que por tanto están de acuerdo.

En este momento, por lo general nos encontramos con que entre el 50 y el 60% de los factores identificados coincidirán. También solemos oír a miembros del equipo comentar desenfadadamente entre sí el tiempo que han tardado en confeccionar la lista, incluso si acaban de concluir el proceso de planificación estratégica anual de la organización.

«Si a nosotros nos cuesta identificar y ponernos de acuerdo sobre la gama de factores en función de los que competimos, ¿cómo vamos a tener una estrategia clara que se aplique en su totalidad?», es un comentario muy habitual o, tal y como lo expresó un ejecutivo muy acertadamente: «Ahora entiendo por qué nunca llegamos. Porque no sabemos dónde vamos». El hecho mismo de reparar en esta situación ya hace que los miembros del equipo abran la mente para darse cuenta de que tienen que pensarse en mucha más profundidad su estrategia.

Ahora inicia y lidera un debate sobre los factores para los que no había consenso. Preguntar a cada miembro del equipo cuál es el razonamiento que explica su elección de factores garantiza que todo el mundo aprecie la diversidad de formas en que sus colegas perciben el sector y les permitirá registrar factores que siempre han estado ahí pero, por algún motivo, se han pasado por alto. En esta fase, el equipo suele concluir que otro 20-30% de los factores identificados, de hecho, inciden sobre el mismo punto pese a que los miembros del equipo los han etiquetado de diferentes maneras. Los integrantes del equipo también toman conciencia de factores que tan solo uno o un par de ellos han identificado, pero que rápidamente son reconocidos por todos como factores «clave» una vez que quienes los proponen explican por qué.

Cuando el equipo identifique los factores competitivos clave que aparecerán en el eje horizontal, tal vez haga falta recordarles que deben describirlos desde el punto de vista de los compradores y no el de la organización. *Gente buena* o *TI de vanguardia* son ejemplos típicos de factores organizativos que la gente suele confundir con factores competitivos clave. Es cierto que estos dos factores pueden efectivamente ser dos fortalezas de la organización, pero hay que traducirlos a factores que hablen a los compradores (*si es que les hablan*). Los factores que los compradores no ven o experimentan deberían eliminarse. *Gente buena*, por ejemplo, podría traducirse en *capacidad de responder al cliente*, si eso es lo que esa gente buena ofrece a los compradores. Y *TI de vanguardia* podría ser *facilidad de uso*, si eso es a lo que conduce. La cuestión es llevar al equipo constantemente a describir la oferta y los factores competitivos clave desde la perspectiva de los compradores y no desde la de los proveedores.

De manera parecida, a menudo los miembros del equipo identifican la *marca* como un factor competitivo clave. Ahora bien, en casi todos los casos, la marca de una organización es una función directa de su perfil estratégico; es decir, de lo que ofrece a los compradores/usuarios. La marca Apple es fuerte porque su oferta es fuerte: de vanguardia, fiable, fácil de usar y con estilo. La marca Google es fuerte porque su producto funciona maravillosamente bien, es rápido, fácil de usar y ofrece resultados fiables. En resumen: tu marca es el resultado de lo que haces. No se trata de un factor independiente y aislado. Para ir más allá de la marca, pregunta qué reciben los compradores de la marca que la hace convincente. Por ejemplo: ¿qué explica la marca de Federal Express? Que es fiable, rápida, da tranquilidad, etc. Para llegar hasta la raíz de lo que el equipo cree que comunica una marca, anima a los miembros de este a que piensen en las tres razones principales por las que los compradores optarían por la oferta de la organización a la que pertenecen.

Decidir con qué participante(s) clave compararte

Una vez que el equipo haya reducido la lista de factores competitivos clave, tienen que escoger a los mejores participantes para comparar su oferta con la suya. Recomendamos escoger al líder del sector, cuyo perfil estratégico suele ser el referente en el que el resto se ha enfocado para mantener su ritmo o incluso tomarle la delantera. Si eres el líder de sector, selecciona a tu competidor más fuerte. Tal vez estés pensando: «Oye, ¿pero como vamos a captar el escenario estratégico de la situación tal cómo es el sector si solo representamos al mejor participante aparte de nosotros mismos?» Nuestra respuesta es: date un momento y piensa en Pepsi contra Coca Cola, o Sotheby's contra Christie's; o imagina cómo es el perfil estratégico de todos los bancos comerciales, todas las casas de alta costura o todos los grandes despachos contables.

En estos sectores, los participantes bien podrían argumentar que hay diferencias entre ellos, y sin duda las hay. Pero, si se adopta una visión más general de conjunto, desde el punto de vista de los compradores (o los donantes), se parecen todos mucho. El perfil estratégico del líder de mercado por lo general ilustra el perfil hacia el que otros han estado convergiendo o incluso están a punto de copiar. Además, el perfil estratégico del mejor de la clase es también el patrón oro que define el sector.

Si los miembros del equipo sienten que se debería mostrar a algún participante más en el escenario estratégico para que este sea válido, deja que lo hagan. Ahora bien, desaconsejamos decididamente que se incluyan más de tres perfiles estratégicos porque si no el escenario estratégico quedará muy abigarrado y empezará a exagerar diferencias sin mayor repercusión para los compradores. Por ejemplo, el que un coche acelere de 0 a 100 kilómetros por hora en 3 segundos, comparado con otro que tarda 15 segundos, es algo que les importa a los fabricantes de coches y a un pequeño segmento de conductores entusiastas pero, como conductores normales y corrientes, nuestra respuesta a ese tipo de diferencias es —lo sentimos, ingenieros— «no es para tanto». Recuerda que lo que quieres es captar la visión de conjunto desde la perspectiva de los compradores, y no en base a diferencias técnicas desde el punto de vista del proveedor, que seguramente solo le resultan relevantes a un nicho relativamente pequeño de compradores.

Dicho esto, hay contextos en los que verdaderamente tiene sentido de verdad mostrar a más de un mejor participante. Esto pasa típicamente cuando una organización opera en un espacio de mercado en el que prestan servicio dos grupos estratégicos o industrias alternativas nítidamente diferenciados. Por ejemplo, en el caso del equipo de iniciativa de océano azul liderado por Christian Grob en Groupe SEB, al principio del viaje de transición al océano azul, el equipo mostró en el gráfico el perfil estratégico de su freidora de patatas eléctrica de uso doméstico, no solo comparándolo con el del competidor tradicional que era el mejor de su clase, una empresa multinacional de electrónica de consumo, sino también con una nueva clase de competidores, las mejores marcas de distribuidores minoristas. Con las grandes marcas de distribuidores minoristas ganando peso en el mercado, al equipo de Christian le pareció importante incluirlas en el escenario estratégico «tal como es».

Cuando trabajamos con una empresa de hoteles económicos, la organización plasmó su perfil estratégico en comparación con los líderes de mercado de dos grupos estratégicos que eran relevantes desde el punto de vista de los compradores: los hoteles de una y dos estrellas. En otra organización, los miembros del equipo acordaron que, pese a que por lo general el perfil estratégico del líder de mercado era representativo de lo que estaban haciendo otros participantes en el mercado, también había un recién llegado a este que parecía estar desafiando la lógica del sector, creciendo a gran velocidad y atrayendo mucha atención. No se trataba sencillamente de un nuevo participante en el mercado, era un recién llegado que estaba subiendo como la espuma y, pese a no haber empezado a dominar el sector todavía, parecía ir camino de conseguirlo. En este caso, el equipo argumentó que los perfiles estratégicos tanto del líder de mercado como de este nuevo participante deberían mostrarse junto con el de la empresa. Este es el tipo de razones que tienen todo el sentido estratégico y que deberías estar atento para identificar.

Calificar tu oferta y la del mejor participante (o mejores participantes) del mercado junto con los factores competitivos clave

Tras haber escogido al mejor (o mejores participantes) participante del mercado con el que te compararás, ahora el equipo ya está preparado para calificar el nivel de oferta de cada factor de tu negocio o producto o servicio con los de esos competidores. Si el equipo decidió que se deberían mostrar dos perfiles estratégicos o grupos junto con el tuyo, califica los niveles de oferta de ambos. Ahora bien, con el fin de simplificar, aquí solo referenciaremos otro perfil estratégico además del tuyo.

Utilizando una escala Likert de cinco puntos (o alguna variante) —en la que el 1 equivale a muy bajo, el tres a medio y el 5 a muy alto—, pídele al equipo que califique tu nivel de oferta para un factor concreto y luego que califique la oferta del participante de referencia en tu mercado para ese mismo factor, y así sucesivamente para los distintos factores. En nuestra experiencia, este enfoque es la forma más eficaz de proceder porque ofrece una revisión de la realidad rápida si las calificaciones tienden a ser demasiado altas o demasiado bajas. A medida que los miembros del equipo se cuestionan mutuamente sus opiniones sobre dónde situar tanto a la empresa como al mejor participante del mercado para cada factor y por qué opinan lo que opinan al respecto, suele generarse un debate muy animado. Lo que los miembros del equipo empiezan a comprender de manera visceral durante estos debates es que, en el pasado, ellos y sus colegas solían partir de distintas bases a nivel mental cuando calibraban su oferta y, básicamente, habían estado haciendo caso omiso de lo que el otro decía. En consecuencia, pese a que se producían planes estratégicos anuales, solían centrarse más en tácticas para cumplir los objetivos de rendimiento que en la visión general de conjunto. Este es otro «momento ajá» en que cae la venda de los ojos y es muy raro que los miembros del equipo no se den por aludidos, sino que más bien les lleva a abrir todavía un poco más la mente.

Al completar el gráfico en función del precio, el equipo debería usar el precio absoluto, es decir el precio de la etiqueta que ven los compradores. Un precio alto debería plasmarse en una posición alta sobre el eje vertical y en cambio un precio bajo se situaría bajo también sobre ese eje. Esto puede sonar muy obvio, pero los equipos se suelen equivocar y lo hacen al revés, posicionando un precio alto en la parte baja del gráfico respecto del eje vertical y viceversa. ¿Por qué? Porque están interpretando erróneamente que precio significa valor. Pero el precio no es el valor. El precio es precio. Del mismo modo que un precio bajo y una oferta de producto o servicio mala no equivalen a un alto valor, un precio más alto acompañando a una oferta convincente no significan valor bajo.

Los miembros del equipo suelen preguntar si deberían ponderarse los factores competitivos en este paso. Nuestra respuesta es que no, porque eso te lleva a centrar la atención donde no debes. El objetivo del escenario estratégico «tal como es» ahora es registrar los factores en función de los que se compite e invierte en la actualidad en el sector, y el nivel de oferta que reciben los compradores, siempre con la mayor objetividad posible. El objetivo de este paso no es proporcionar una evaluación subjetiva cargada de valor en torno a cada nivel de oferta, sino una valoración objetiva: en términos absolutos, ¿cobramos poco o mucho?, ¿nos enfocamos u ofrecemos —y por tanto invertimos— mucho o poco de cada factor? Más adelante, cuando llegue el momento del proceso en que los miembros del equipo entran en contacto con el mercado, entonces sí que profundizaremos en los juicios de valor y pasaremos de lo que es a lo que debería ser.

Dibujar tu escenario estratégico «tal como es» ahora

Con las calificaciones de cada factor competitivo en la mano, el equipo está preparado para situar en el escenario tanto su perfil estratégico tal como es ahora, como el del mejor participante en el mercado. El equipo debería empezar por poner el precio en el eje horizontal como el primer factor competitivo, de manera que esté claro lo que es el valor: el valor es lo que se intercambia cuando un comprador paga. Todo lo que haya a la derecha del precio en el eje horizontal es lo que gana el comprador. Cuando se considera el escenario estratégico a través de este prisma, resulta fácil ver qué reciben los compradores a cambio del precio que pagan.

Luego hay que reflejar en el gráfico el resto de los factores competitivos a lo largo del eje horizontal. A la hora de plasmarlos sobre el gráfico, debes intentar evitar que tu escenario estratégico «tal como es» ahora parezca un plato de espagueti o un zigzag en el que la oferta se puede describir como «baja-alta-baja-alta-baja-alta». Con un gráfico así, resultará muy difícil darle sentido a la situación actual del sector y comunicarlo. Para evitar esto, el equipo tiene que colocar juntos los factores competitivos clave con una calificación similar.

Una vez hecho esto, plasma en el gráfico las calificaciones de nivel de oferta establecidas por el equipo para cada factor y luego une los puntos para crear tu perfil estratégico tal como es ahora. Luego el equipo puede superponer a este el perfil estratégico del mejor participante del mercado, y confeccionar así el escenario estratégico «tal como es» ahora. Finalmente, se pide a los miembros del equipo que reflexionen sobre su perfil estratégico tal como es ahora y establezcan si pueden sugerir un eslogan convincente que explique su oferta. Cuando hagan este ejercicio, asegúrate de que el equipo no se invente un eslogan meramente publicitario que en realidad no va vinculado a la estrategia de una manera plena de sentido. El eslogan debería reflejar genuinamente el perfil estratégico que se propone enunciar. Seguramente, al equipo le va a costar encontrar un eslogan convincente —uno que comunique integridad— para su perfil estratégico tal como es ahora si la forma básica de este converge con la del mejor participante(s) del mercado.

Qué cabe esperar cuando dibujas tu escenario

Para apreciar el tipo de dinámica que se genera y el conocimiento profundo que surge a medida que un equipo va dibujando su escenario estratégico, consideremos la experiencia de una empresa de servicios de restauración estadounidense que llamaremos School Foods. El crecimiento rentable de la empresa llevaba ya un tiempo estancado y había dos participantes principales que dominaban el sector. En este caso, el CEO que lanzó el proyecto decidió ser el jefe del equipo también.

Tras debatir en torno a sus factores competitivos, el equipo empezó a plasmar sobre el gráfico su perfil estratégico en comparación con el de los dos principales rivales. Habida cuenta de la fortaleza de ambos, el equipo argumentó que no podían centrarse solo en uno. No obstante, pronto se demostró que esa preocupación era injustificada. El equipo no solo no tardó en descubrir que los perfiles estratégicos de los dos rivales tendían a converger, sino que su propio perfil también les seguía de cerca los pasos. Los perfiles estratégicos de los tres convergían en torno a las mismas dimensiones competitivas: rendición de cuentas a efectos financieros, calidad de los servicios de gestión, transparencia en el proceso de presentación de ofertas, y cuestiones similares. La única diferencia era que los nombres de los dos líderes del sector eran más conocidos, mientras que School Foods valoraba mucho su misión, algo que el equipo quería incluir en el escenario como un factor competitivo clave que los diferenciaba. Se retó al equipo en torno a esta cuestión: «¿Sabe alguno de vuestros clientes lo mucho que valoráis vuestra misión?» «No, la verdad…, supongo que no», reconoció un miembro del equipo con cierta reticencia. Tras reflexionar y debatir al respecto, el equipo estuvo de acuerdo en que podían estar orgullosos de su misión, pero los clientes la desconocían completamente.

«¿Sabéis qué ofrecen los competidores en términos de alimentos, calidad del servicio o ambiente?», preguntó un experto en océano azul. Todo el equipo enmudeció. Un mar de caras inexpresivas. Por fin alguien respondió: «No, la verdad es que no sabemos lo que ofrecen y tampoco sabemos realmente cómo valora el cliente nuestra oferta en comparación con la de ellos». El experto siguió indagando: «¿Y por qué no aparecen la calidad de los alimentos o la variedad ofrecida como factores competitivos? Porque sois una empresa de servicios de restauración, ¿no?» El grupo adoptó una actitud divertida y avergonzada a la vez: «Supongo que estamos demasiado centrados en conseguir el contrato para suministrar el servicio ofreciendo las mejores condiciones financieras que la dirección del colegio puedan imaginar», confesó un miembro del equipo.

«Por otra parte, en el trabajo, habláis mucho de la importancia que se da en vuestro negocio al hecho de entablar relaciones. ¿Por qué no aparece eso en vuestro escenario estratégico?» Los miembros del equipo se miraron entre sí y el jefe de operaciones respondió por fin:

—Siempre hemos invertido mucha energía en desarrollar y mantener relaciones, pero sabemos que eso no le ofrece ningún valor añadido a los clientes en realidad.

—Básicamente, en el sector se compite ofreciendo un servicio adecuado al menor coste posible —intervino otro miembro del equipo—, pero en realidad eso es solo la mitad de la película, ¿no?

—Si nos paramos a pensarlo, en realidad —añadió otro miembro más del equipo—, los factores en base a los que compite el sector están relacionados con el contrato: precio, transparencia de costes a la hora de presentar ofertas, precios inclusivos. Se trata de ofrecer al cliente las mejores condiciones financieras, no necesariamente la mejor comida para el usuario final.

A lo largo de un debate de 45 minutos, el equipo se dio cuenta de que eran una empresa imitadora del tipo «yo también»: los clientes no distinguían su oferta de la de la competencia. Con un reconocimiento de marca menor, ahora comprendían perfectamente por qué el crecimiento de su negocio llevaba un tiempo estancado. No tenían una idea clara de cómo se comparaba su oferta con la de la competencia en lo que se refería al elemento fundamental de su producto: la comida. Y además competían en base a factores que tenían poco o ningún valor para el *verdadero* cliente, que eran los alumnos que se comían lo que ellos ofrecían. Era una buena noticia. El sector entero estaba compitiendo a medio gas. Todos los miembros del grupo vieron de manera colectiva el ancho mar de espacios de oportunidad que se abría ante ellos para crear un océano azul y, a partir de ese momento, compartieron predisposición y deseos de pisar el acelerador a fondo. Estaban deseando empezar.

Componer una comprensión común de las implicaciones estratégicas

Ha llegado el momento de identificar las implicaciones estratégicas. Empieza por pedir a todos los miembros del equipo que escriban los conocimientos profundos que han obtenido al dibujar el escenario. Explícales que, para iniciar el debate, luego todos tendrán que ir explicando por turno sus hallazgos. Invitar a la gente a reflexionar, hacer balance de sus pensamientos y cristalizarlos en unos aprendizajes o hallazgos clave es parte fundamental del fomento de la confianza en los demás y en uno mismo, y la asunción de responsabilidades que son fundamentales para poder realizar una transición al océano azul. Establecer unas expectativas claras desde el principio sobre lo que ocurrirá en la sesión de grupo refuerza el hecho de que este es un proceso justo, al tiempo que sube la temperatura para alentar a todo el mundo a profundizar en su pensamiento.

Después de que todos y cada uno de los miembros del equipo hayan compartido sus apreciaciones, querrás dar un tiempo para reflexionar sobre las aportaciones de todos, utilizando preguntas abiertas para que la gente exprese su valoración de los conocimientos estratégicos profundos desarrollados de manera colectiva entre todos. Hay varias áreas en las que insistir para que se profundice: ¿converge o diverge la forma básica del perfil estratégico de nuestra oferta respecto de la del principal participante(s) en el mercado? ¿Merece nuestro perfil estratégico un eslogan convincente que posea integridad? ¿O tal vez nuestro perfil estratégico viene a confirmar que tal vez un eslogan más honesto sería algo como «hacemos lo que podemos, pero apenas nos diferenciamos de nuestros rivales por más que lo intentamos»? Si nuestros potenciales clientes vieran el escenario estratégico completo «tal como es», les daría razones para convertirse en nuestros fans y comprar nuestra oferta o se quedarían mayormente indiferentes? Y, si lo vieran los inversores, les daría motivos para mejorar sus previsiones de crecimiento rentable futuro y comprometerse a aportar más financiación? El escenario estratégico es una herramienta poderosa a utilizar para buscar financiación y también para demostrar objetivamente a los compradores por qué —si tu organización tiene una estrategia convincente— deberían, en resumidas cuentas, enamorarse de ti.

Para garantizar que los conocimientos profundos importantes que han salido a la luz durante el proceso de confección del escenario estratégico «tal como es» no se pierdan ahora, el líder del equipo también debería explorar el nivel de acuerdo o desacuerdo que se ha suscitado a lo largo del proceso. Si ha habido divergencias entre los miembros del equipo en sus listas de factores competitivos clave, niveles relativos de oferta o la elección del competidor(es) principal del mercado (el mejor(es) en su clase), indaga en las implicaciones con preguntas del tipo: «¿Cómo podemos vender en el mercado de manera consistente si no hay una visión estratégica clara que todos aceptemos?» «¿Cómo podemos convencer a los clientes para que compren nuestro producto o servicio cuando nosotros, como organización, a duras penas logramos ponernos de acuerdo sobre qué estamos ofreciendo?» Y «¿Cómo podemos realizar decisiones de inversión consecuentes si tenemos opiniones distintas sobre cuál es nuestra estrategia?»

Si estás en una empresa firmemente establecida con una marca conocida que ha dominado el sector históricamente, pero en los últimos tiempos has visto cómo menguan tu beneficio y tus perspectivas de crecimiento así como tu capacidad de atraer al mejor talento, ten cuidado con dos temas: en situaciones como esa, muchas veces hemos observado confusión y un alto grado de negación de la realidad sobre lo grave que es la tendencia y el tiempo que pueda durar. En estos casos, tu perfil estratégico tal como es ahora podría rápidamente revelar todo lo contrario de lo que hace falta para navegar por el océano azul; por ejemplo que, en un intento de monetizar tu conocida marca, estás cobrando por tu oferta más que la competencia pero además, irónicamente, encima estás ofreciendo menos en relación a los factores competitivos clave del sector. (Esto suele deberse a una combinación de vivir de las rentas de tu reputación, arrogancia y el avance de rivales que son ahora mejores que tú en tu propio juego.) Por otro lado, lo que tu escenario estratégico «tal como es» ahora tal vez también podría revelar —y también es algo con lo que nos hemos encontrado en varias ocasiones— es que tu perfil estratégico, eminentemente, se ha convertido en un «yo también» con una considerable estructura de costes porque estás invirtiendo a un nivel alto en todos los factores competitivos. Y, mientras tanto, un recién llegado que parece haberte adelantado como una exhalación tiene un perfil estratégico que es divergente y altamente focalizado, y cuenta con un eslogan convincente. Si se da uno de estos dos casos, desafía al equipo comentando que «las mejoras incrementales podrían servir para ganar tiempo —y añadiendo—: pero ¿nos permitirán generar un fuerte crecimiento rentable? ¿De verdad permitirán que nuestra oferta se distancie de la de la competencia y se distinga nítidamente al tiempo que se lograrán costes más bajos?» Y luego cállate. Deja que la pregunta cale en las mentes de los miembros del equipo y espera a que te respondan.

Cuando la herramienta del escenario estratégico «tal como es» ahora revela que el perfil estratégico de tu organización es un «yo también» o peor que el de la competencia, esta se convierte en una potente herramienta para resaltar la necesidad de realizar una transición al océano azul. Pero no te quedes ahí. Hay una máxima que dice que una taza llena a rebosar no puede contener más agua. De manera parecida, cuando la gente cree que ya lo sabe todo, dejan de estar sedientos y, en consecuencia, el espacio que tienen para albergar nuevos conocimientos se ve limitado. El reto es ayudar a los miembros del equipo no solo a ver la necesidad de realizar una transición al océano azul, sino también de hacer sitio en sus tazas mentales de manera que tengan el espacio y la sed suficientes como para mirar el mundo con una mirada nueva, que es algo fundamental para que la mente de la gente se abra a nuevas ideas y a realizar una transición.

Para fomentar una actitud de aprendiz en la gente, subraya las incógnitas surgidas durante este paso recapitulando los comentarios que han ido haciendo los propios miembros del equipo. El tipo de comentarios que solemos oír y que servirán a efectos de lo que estamos comentando son los del tipo:

- «Identificar nuestros factores competitivos clave ha sido más difícil de lo que me esperaba. Pocos de nosotros tienen clara la imagen general de conjunto ni ven el sector desde el punto de vista del comprador aunque, antes de pintar el escenario, casi todos asumíamos que lo teníamos clarísimo.»
- «Nosotros y todos los demás en el sector tendemos a aceptar casi como un acto reflejo los mismos factores competitivos clave y a asumir que, como competimos en base a ellos, ofrecen valor al comprador. Pero ¿es eso cierto? Tal vez no sean más que vacas sagradas u ortodoxias incuestionables que sencillamente no hemos puesto en tela de juicio.»
- «Nuestra estrategia tiende a ser reactiva y dictada por la competencia.»
- «Si hubiéramos pintado los perfiles estratégicos de todos los demás participantes en nuestro sector, a ojos del cliente, apenas se diferenciarían del nuestro o del de nuestro principal competidor salvo por pequeñas diferencias.»
- «Veo contradicciones en nuestra oferta, ya que ofrecemos un alto valor en lo que se refiere a un factor competitivo y en cambio ignoramos otros que lo sustentan, invirtiendo así mucho en tener una tienda en línea muy bonita, por ejemplo, pero en cambio no invirtiendo nada en mejorar la velocidad de carga de las páginas.»
- «Hay inconsistencias estratégicas entre nuestro nivel de oferta y nuestro precio. Básicamente, estamos ofreciendo menos por más.»

Avanzar

Una vez tiene dibujado el escenario estratégico «tal como es» ahora, el equipo cuenta con una imagen de una página de la situación actual, las asunciones en base a las que opera el sector y el grado de convergencia competitiva que presentan los distintos participantes existentes. En vez de que venga alguien y les diga que se hace necesario un cambio, los miembros del equipo han descubierto por sí mismos la necesidad de cambio y, como confirman que esa necesidad existe, la asumen y se responsabilizan de ella. El escenario estratégico completo proporciona no solo un caso convincente y objetivo sobre por qué es —o no— necesaria una transición al océano azul, sino también una buena línea de base sobre la que valorar nuevas ideas.

De vez en cuando (tal y como vimos en el ejemplo de School Foods), el equipo contará con un miembro con un puesto directivo que también puede desempeñar el papel de líder de la iniciativa de océano azul. Evidentemente, esto reporta considerables beneficios, pero no siempre es posible. Por este motivo, asegúrate de mantener informado al equipo ejecutivo de los principales descubrimientos que se vayan produciendo a lo largo del proceso. Al mantener al equipo directivo informado, estás estableciendo unas expectativas claras y gestionando sus expectativas.

De manera similar, tras este primer paso, es fundamental que los miembros del equipo regresen a sus áreas para compartir los hallazgos y lo que han aprendido del escenario estratégico «tal como es» ahora. Ya sea con directivos o colegas de sus respectivas áreas, tienen que explicar a todo el mundo la historia de lo que ha ido ocurriendo durante el proceso de creación del escenario estratégico «tal como es» ahora. Esto incluye explicar cómo ha variado su visión de la situación actual y por qué, qué revela el escenario estratégico «tal como es» y qué ha revelado el debate plenario del equipo. Así se fomenta la aceptación y se evitan las «sorpresas» en el proceso. Estas son cuestiones clave para la fase de puesta en práctica y constituyen un modo potente de reforzar el aprendizaje de todo el mundo y crear un vocabulario común y una «foto» compartida de la realidad estratégica tal como es ahora a la que se enfrenta la organización. Como la mayoría de los empleados rara vez participan en la conversación estratégica de la organización, este proceso fomenta una cultura de inclusión donde la gente siente que se les reconoce su importancia.

Esto nos lleva al siguiente paso del proceso, donde empiezas a imaginar lo que podría ser. En el siguiente capítulo, aprenderás a identificar todas las formas en que tu sector o el sector en el que quieres entrar están creando puntos de dolor ocultos que limitan la demanda de tu oferta y excluyen a potenciales compradores. En el proceso de la transición al océano azul, los puntos de dolor y las fronteras no son restricciones, sino claras oportunidades de cambiar el terreno de juego estratégico, así que vamos a explorarlas.

Paso tres:

Imaginar dónde podrías estar

[illegible]

[illegible]

Este es el caso del sector vinícola en Estados Unidos, un país donde existe un consumo de alcohol per cápita relativamente alto, pero donde sigue habiendo pocos bebedores de vino. De la venta total de

8

Descubrir los puntos de dolor ocultos que limitan el tamaño de tu sector

El escenario estratégico «tal como es» proporciona al equipo una visión resumida del panorama actual del sector y una base consensuada sobre la que evaluar las nuevas ideas. El siguiente desafío consiste en trazar una imagen amplia y clara sobre el modo en que las asunciones y restricciones latentes de un sector limitan su tamaño y su atractivo y, además, generan «puntos de dolor».

Los puntos de dolor son, tal y como su nombre indica, aspectos de un negocio, producto o servicio que los consumidores aceptan —a sabiendas o no— y que, a ojos de los no consumidores, reducen su utilidad o resultan tan poco prácticos que prefieren buscar otras alternativas. La utilidad refleja el grado de satisfacción que un negocio, producto o servicio aporta a sus compradores, mientras que las limitaciones a la utilidad reflejan todo lo contrario: son los obstáculos que pone un sector a los compradores, es decir, los puntos de dolor. En el proceso de transición al océano azul, los puntos de dolor —que a menudo están ocultos— no se consideran una restricción, sino una oportunidad clara para modificar el terreno estratégico de juego. No obstante, la mayoría de los sectores no saben ver los puntos de dolor y la mayoría de los compradores no los notan porque simplemente piensan que las cosas son así.

Este es el caso del sector vinícola en Estados Unidos, un país donde existe un consumo de alcohol per cápita relativamente alto, pero donde sigue habiendo pocos bebedores de vino. De la venta total de bebidas alcohólicas a nivel de todo el país, el vino representa un mero 15%. Cuando uno se plantea el motivo, cabe preguntarse hasta qué punto resulta fácil elegir un vino si se tienen en cuenta las miles de bodegas, los cientos de variedades y las decenas de miles de complicadas etiquetas que existen. De hecho, ¿cuán fácil le va a resultar abrir una botella al 80% de los consumidores de vino estadounidenses que no poseen un abrebotellas? Por no hablar del peligro de quedar mal ante unos invitados por elegir el vino incorrecto o enfriarlo de forma inapropiada.

A fin de ayudar a los equipos a obtener una visión general de conjunto de las prácticas de un determinado sector que restringen su utilidad para el comprador, limitando así su atractivo, hemos creado el mapa de utilidad del comprador. Esta herramienta es una plataforma que permite a los miembros de un equipo comprender mejor la manera en que un sector, incluso uno muy competitivo, limita la demanda al crear puntos de dolor para los compradores actuales y potenciales. Con este mapa, el equipo identifica de forma objetiva las oportunidades de océano azul que existen y lo que se necesita para desarrollarlas.

Es imprescindible que el equipo internalice esta perspectiva, puesto que, llegados a este momento, ya comienzan a experimentar dos corrientes emocionales muy intensas. Por un lado, una vez trazado el escenario estratégico «tal como es», es probable que hayan percibido que mantener o modificar el *statu quo* no colocará a su empresa en una trayectoria de crecimiento fuerte y rentable; para salir de la competición directa y sumergirse en el océano azul, es necesario hacer algo diferente. A este sentimiento se le une una pregunta subyacente que, por regla general, nadie plantea en voz alta: si existen oportunidades de océano azul, ¿por qué nadie en el sector ha reparado en ellas? Dicho de otra manera: el nuevo grado de conciencia del equipo va de la mano de una duda que ya hemos descrito con anterioridad y que corroe a todos sus miembros: ¿será capaz este equipo —nosotros— de crear un océano azul?

El líder del equipo no debe ignorar estas reservas. Si finge que no existen, se enconan bajo la superficie y, en cuanto aparezca un bache en el camino —siempre aparecen baches—, será más fácil que flaquee la confianza del equipo. Dicho esto, tampoco funciona la táctica de reconocer las dudas del equipo, pero pedir que las olviden temporalmente, porque siempre acaban surgiendo de nuevo. Lo que hay que hacer es cortar las dudas de raíz y seguir desarrollando la confianza colectiva del equipo permitiendo que sus miembros sigan descubriendo sus propias capacidades y creatividad.

¿Cómo? El equipo ya ha empezado a experimentar el proceso de descubrir las cosas de primera mano al dibujar el escenario estratégico «tal como es» de su sector. Ahora tendrá la oportunidad de ampliarlo a medida que vaya descubriendo sistemáticamente las oportunidades que el sector no ha tenido en cuenta o, más bien, que el sector ha creado al autoimponerse unos límites y unas asunciones que rigen la actuación de todas las partes implicadas. Aunque ello pueda parecer contrario a lo que dicta la intuición pero, al comprender en profundidad las «verdades» aceptadas que definen al sector, el equipo comienza a distinguir quiénes quedan excluidos por los puntos de dolor y quiénes podrían ser los no clientes que ni tan siquiera consideraron jamás. El mapa de utilidad del comprador es una herramienta que hemos desarrollado para ayudar a los equipos a alcanzar este nivel de percepción.

El mapa de utilidad del comprador

El mapa de utilidad del comprador ayuda a los miembros de un equipo a comprender que casi todos los sectores —incluido el suyo— presentan una serie de problemas que merece la pena resolver. Este mapa refleja las diversas experiencias que viven los compradores cuando aceptan la oferta de un sector; es decir, revela los problemas que el sector no ha abordado, creando así puntos de dolor que merece la pena solventar. Además, el mapa permite identificar las palancas que pueden accionarse para solucionar los problemas y generar una utilidad excepcional. Por lo tanto, este mapa ayuda al equipo a identificar las múltiples maneras en las que su sector puede ofrecer una utilidad al comprador y, lo que es más importante, permite también determinar las zonas de bloqueo de la utilidad, lo cual genera a su vez nuevas oportunidades para diferenciarse de la competencia y ampliar el mercado. Veamos cómo funciona este proceso analizando de forma detallada las distintas dimensiones del mapa.

Las seis fases del ciclo de experiencia del comprador. El mapa comienza con un trazado general de la experiencia completa de compra, que suele ser más amplia de lo que se piensa en casi todos los sectores. Tal y como se indica en el eje de abscisas del gráfico 8-1, la experiencia del comprador se desglosa en un ciclo de seis fases claras y más o menos secuenciales, que abarcan desde el proceso de compra hasta la entrega, el uso, los complementos (es decir, productos o servicios adicionales que son necesarios para que funcione el producto adquirido), el mantenimiento y la eliminación del producto. Cada fase engloba diversas experiencias específicas. Por ejemplo, en una tienda minorista, la compra puede incluir el desplazamiento a la tienda, la búsqueda del producto deseado y el paso por caja para pagar. Aunque estas seis fases proporcionan una plantilla general que obliga a las organizaciones a analizar el ciclo completo de la experiencia de compra, suelen personalizarse y ajustarse a las características concretas de cada sector. A modo de ejemplo, si pensamos de nuevo en un consumidor del sector vinícola, el ciclo de experiencia del comprador sería, a grandes rasgos, el siguiente: Buscar (variedad, maridaje, región, etc.) → Comprar → Enfriar → Abrir/Compartir → Desechar la botella.

Curiosamente, muchos sectores se centran en una o dos fases de este ciclo y no se fijan en todas las oportunidades que brindan las fases restantes. A menudo, esta racionalidad ineludible crea puntos de dolor que escapan a la atención del sector simplemente porque no los tienen en cuenta. Al identificar todas las fases del ciclo de experiencia del comprador, el mapa de utilidad comienza a aportar información acerca de las asunciones no cuestionadas en las que se basa un sector, asunciones que restan valor al comprador y que son reversibles.

Gráfico 8-1. El mapa de utilidad del comprador

	Las seis fases del ciclo de experiencia del comprador					
Las seis palancas de utilidad	Compra	Entrega	Uso	Complementos	Mantenimiento	Eliminación
Productividad del cliente						
Simplicidad						
Practicidad						
Reducción del riesgo						
Imagen y diversión						
Respeto al medio ambiente						

Las seis palancas de utilidad del comprador. El mapa también muestra las principales palancas que pueden usar (o no) las organizaciones para ofrecer una mayor utilidad a los compradores. Las seis fases del ciclo de experiencia del comprador se encuentran en el eje de abscisas, mientras que las seis palancas de utilidad se hallan en el eje de ordenadas, lo cual da como resultado 36 «espacios de utilidad» potenciales. La utilidad de las palancas de la simplicidad, la imagen y diversión y el respeto al medio ambiente está muy clara, y también resulta bastante evidente cómo un negocio, producto o servicio pueda reducir el riesgo financiero, físico o reputacional de un consumidor. De la misma manera, un producto o servicio es práctico si resulta fácil de obtener o usar. La palanca empleada más a menudo es la de la productividad del cliente, que hace referencia a la capacidad que tiene una oferta de cubrir de forma efectiva las necesidades del comprador en cada una de las fases del ciclo de experiencia de compra ahorrándole tiempo, esfuerzo y/o dinero. Es interesante observar que los sectores no solo tienden a centrarse en un pequeño subgrupo de las fases, sino también en un reducido subgrupo de las seis palancas potenciales de utilidad y, en consecuencia, se pierden las amplias oportunidades que les brindaría el grupo completo.

Teniendo en cuenta estos 36 espacios potenciales, ¿dónde concentra sus esfuerzos tu sector o el sector objetivo en el que quieres entrar? Por norma general, los directivos de los sectores de océano rojo con escasa diferenciación se centran tan solo en unos pocos espacios y dejan el resto abierto a que surjan posibilidades de océano azul donde hoy solo hay puntos de dolor que se pasan por alto. Como ya comentamos en el capítulo 1 y se detalla más adelante, esto es justamente lo que descubrieron los miembros del equipo de Christian Grob de Groupe SEB cuando rellenaron el mapa de utilidad del comprador para el sector de las freidoras eléctricas en Europa. Esto no es nada inusual: pocos sectores u organizaciones son conscientes de la amplitud de los espacios de utilidad por explorar o, visto de otro modo, de la estrechez de su actual campo de visión.

No obstante, en cuanto los miembros del equipo se *percatan* del número tan limitado de espacios en los que se focaliza su sector y son capaces de *ver* y enumerar los espacios de utilidad aún sin explorar, realmente logran identificar los lugares ocultos donde puede haber un valor atrapado. Esto es también lo que sucedió con Kimberley-Clark Brasil cuando el equipo de iniciativas de la compañía aplicó el mapa al papel higiénico. «¿Qué podemos hacer con el papel higiénico?», fue la primera pregunta que se plantearon los miembros del equipo, conscientes de que su sector estaba muy masificado y que nadaban en un sangriento océano rojo. En un principio, fueron incapaces de pensar en algo distinto a producir el papel de una forma más rentable que la competencia. Sin embargo, como ya descubrirás en el próximo capítulo, el mapa les ayudó a detectar numerosos espacios de utilidad desaprovechados que podían explotar para crear un océano azul en el sector.

El mapa de utilidad del comprador es un método claro y estructurado que ayuda a pensar de forma sistemática en todas las posibilidades y que permite sondear y revelar cuáles son los puntos de dolor y dónde se ocultan. El documento 8-1 es una guía que ayuda a los miembros del equipo a identificar los principales obstáculos a la utilidad que existen, así como los factores que los generan, en todas las fases del ciclo de experiencia del comprador. A medida que van descubriendo puntos de dolor en los que no habían pensado antes —o que el sector ignora porque solo le interesa vencer a sus competidores—, se oyen más «ajás» entre los miembros del equipo.

Documento 8-1

<table>
<tr><th colspan="6">Descubrir los obstáculos a la utilidad del comprador</th></tr>
<tr><th>Compra</th><th>Entrega</th><th>Uso</th><th>Complementos</th><th>Mantenimiento</th><th>Eliminación</th></tr>
<tr><td colspan="3">Productividad del cliente</td><td colspan="3">¿Cuál es el mayor obstáculo a la productividad del cliente en cada una de las fases?
¿Cuál es el motivo principal de este obstáculo?</td></tr>
<tr><td colspan="3">Simplicidad</td><td colspan="3">¿Cuál es el mayor obstáculo a la simplicidad en cada una de las fases?
¿Cuál es el motivo principal de este obstáculo?</td></tr>
<tr><td colspan="3">Practicidad</td><td colspan="3">¿Cuál es el mayor obstáculo a la practicidad en cada una de las fases?
¿Cuál es el motivo principal de este obstáculo?</td></tr>
<tr><td colspan="3">Reducción del riesgo</td><td colspan="3">¿Cuál es el mayor obstáculo a la reducción del riesgo en cada una de las fases?
¿Cuál es el motivo principal de este obstáculo?</td></tr>
<tr><td colspan="3">Imagen y diversión</td><td colspan="3">¿Cuál es el mayor obstáculo a la imagen y diversión en cada una de las fases?
¿Cuál es el motivo principal de este obstáculo?</td></tr>
<tr><td colspan="3">Respeto al medio ambiente</td><td colspan="3">¿Cuál es el mayor obstáculo al respeto al medio ambiente en cada una de las fases?
¿Cuál es el motivo principal de este obstáculo?</td></tr>
</table>

Cómo trazar tu mapa de utilidad del comprador

¿Cómo se traza el mapa de utilidad del comprador de un producto o servicio? Estos son los pasos que hay que seguir.

Empezar con el ciclo de experiencia del comprador

Repasa con el equipo el ciclo general de la experiencia del comprador que se presenta en el gráfico 8-1 y asegúrate de que todo el mundo entiende su contenido. Para llevar a cabo las tareas indicadas en este capítulo de forma más efectiva, descarga gratuitamente los materiales y plantillas correspondientes en www.blueoceanshift.com/ExerciseTemplates.A continuación, utilizando este gráfico como base, pide a los miembros del equipo que se pongan en el lugar del comprador e imaginen su experiencia de consumo, desde el momento de la compra hasta la eliminación del producto. En muchos sectores, el ciclo de experiencia del comprador sigue el patrón general del gráfico, pero los equipos pueden personalizarlo en función de su negocio, producto o servicio e incluso cambiar el nombre de algunas de las etapas, o bien agregar o eliminar fases para adaptarlo a las circunstancias específicas de su sector. Por ejemplo, en el sector de los ordenadores, una experiencia típica incluiría la instalación tras la entrega del producto y antes de la etapa de uso.

Seguidamente, solicita a los miembros de tu equipo que identifiquen las actividades específicas que se engloban dentro de cada etapa del ciclo para ayudarles a obtener una visión completa y detallada de la experiencia real del comprador a lo largo de todo el ciclo de vida del producto o servicio. En el caso del sector de los ordenadores, la instalación incluye sacar el producto de una caja grande y muy bien embalada; leer y entender las instrucciones de instalación; conectar los cables del ordenador al resto de los dispositivos; agacharse bajo la mesa para enchufarlo (momento en que la mayoría nos golpeamos la cabeza) y desechar la caja y todos los envoltorios protectores que hay en su interior.

Explorar las seis palancas de utilidad del comprador

Una vez trazado el ciclo completo de la experiencia del comprador, los miembros del equipo ya pueden empezar a trabajar con las seis palancas de utilidad. A fin de asegurar una correcta comprensión de las palancas, el líder del equipo debe mostrar el documento 8-2, repasando de forma metódica las definiciones de todas las etapas y, para cada una de ellas, planteando las dos preguntas del documento 8-1: «¿Cuál es el mayor obstáculo (la productividad del cliente, etc.) en esta fase?» y «¿cuál es el motivo principal de este obstáculo?» Ambas preguntas tienen por finalidad desvelar los mismos problemas, pero hemos descubierto que las respuestas son más detalladas cuando se exploran desde ambas perspectivas.

Documento 8-2

Significado de las palancas de utilidad
Para asegurar una perfecta comprensión de las distintas palancas de utilidad, se ofrece el siguiente resumen a modo de referencia:
Productividad: Todo lo relativo a la eficiencia cuando se responde a las necesidades de los compradores (menos tiempo, esfuerzo y/o dinero).
Simplicidad: Todo lo que elimina o minimiza la complejidad o el estrés mental.
Practicidad: Obtener un producto o servicio cuando y donde se desea (24 h, 7 días a la semana, 365 días al año).
Reducción del riesgo: Reducción de todo tipo de riesgo, ya sea financiero, físico, emocional o reputacional.
Imagen y diversión: La estética, la sensación, la actitud y el estilo, tangibles o intangibles, que transmite un producto o servicio.
Respeto al medio ambiente: Esta palanca de utilidad hace referencia a cuestiones ecológicas: ¿el producto o servicio es respetuoso con el medio ambiente? ¿Los compradores prefieren tu producto o servicio por la sólida reputación ecológica de tu organización?

Para ilustrar lo extraordinaria que puede ser la información obtenida, presentaremos el ejemplo de una empresa minorista del sector del mobiliario en México. Históricamente, en Ciudad de México, la entrega de unos muebles nuevos implicaba depositarlos en el vestíbulo del edificio del piso del comprador. Sin embargo, al desgranar la entrega desde la perspectiva del comprador, el equipo se dio cuenta de inmediato de lo limitada que era la definición de entrega y los puntos de dolor que el sector imponía sin saberlo. Para el comprador, la definición de entrega no solo implicaba el transporte de los muebles hasta el vestíbulo de su edificio, sino también subirlos al piso. Varios miembros del equipo recordaron historias horribles de conocidos que, tras una larga jornada laboral, se habían tenido que enfrentar a la odisea de subir los muebles a su casa con la ayuda de familiares y amigos. No obstante, hasta los ejecutivos del sector lo habían asumido como una molestia intrínseca al hecho de tener muebles nuevos.

Esta clase de asunciones no son inusuales. ¿Acaso la mayoría de nosotros no asumimos que tratar con una compañía de seguros implica pasar por un sinfín de ventanillas; que poner gasolina en el coche es un rollo; que el agua embotellada es difícil de llevar y almacenar o que comprar una plancha también implica poseer una tabla de planchar voluminosa e incómoda de guardar? Cuando se analizan los obstáculos a la utilidad de las distintas fases del ciclo de experiencia del comprador, hasta los directivos que mejor conocen el mercado se sorprenden ante la mención de elementos que jamás se les habían ocurrido.

Rellenar el mapa de utilidad del comprador

Al rellenar el mapa de utilidad, debe ponerse una «X» en los lugares donde aparezcan puntos de dolor. El gráfico 8-2 es el mapa de utilidad del comprador que el equipo de Groupe SEB rellenó para el sector de las freidoras eléctricas. Tal y como se observa en este mapa, los motivos de cada «X» deben indicarse dentro de la propia tabla o en una hoja aparte. Es importante anotar todas las razones que haya detrás de cada punto de dolor para que el equipo no pierda ni un ápice del trabajo realizado ni de la información obtenida.

Finalmente, se marca con una «O» los espacios de utilidad en los que actualmente se centra el sector. Para que el proceso sea efectivo y con objeto de evitar poner «Oes» por todo el mapa solo porque un sector roza mínimamente varios espacios, deberías hacer que el equipo destilara la utilidad *esencial* del sector. Una vez más, el objetivo es obtener una visión de conjunto.

Gráfico 8-2. El mapa de utilidad del comprador

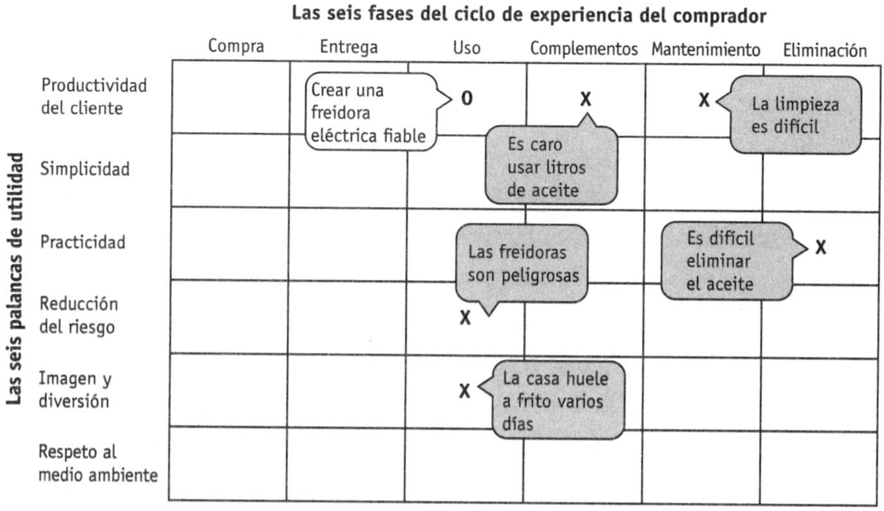

X = Punto de dolor que obstaculiza la utilidad del comprador.

O = Espacio de utilidad donde se centra actualmente el sector.

Para ello, se utiliza como base el escenario estratégico «tal como es»: desde el punto de vista del comprador, ¿qué ofrece fundamentalmente el sector? Determina, en definitiva, cuál es la utilidad central que obtiene el comprador al usar tu producto o servicio. Por ejemplo, el equipo de Christian Grob en Groupe SEB observó que, a pesar de la intensa competencia, el sector se centraba básicamente en solo uno de los 36 espacios de utilidad potenciales: la *productividad de uso*, es decir, producir una freidora eléctrica a un precio razonable con un funcionamiento fiable. Esta es la «O» que aparece en el gráfico 8-2.

Mientras los miembros del equipo rellenan el mapa, debes recordarles que los puntos negativos del presente pueden devenir puntos positivos en la estrategia del futuro, y que los puntos de dolor reflejan la perspectiva del comprador. En ocasiones, cuando en las organizaciones consolidadas se identifican los puntos negativos del sector, ciertas personas pueden sentirse incómodas y mostrar una actitud defensiva. En tales casos, tu papel consiste en recordarles las oportunidades potenciales que subyacen bajo los puntos de dolor. También debes explicarles que los aspectos en los que se centra la organización y el sector quizá fueran suficientes en el pasado para tener éxito. En cualquier caso, la cuestión es no mirar atrás y, sobre todo, no buscar culpables. El propósito es construir juntos un futuro que todos consideren atractivo, y los puntos de dolor ofrecen una pista clara sobre la manera de lograrlo.

Por último, cabe tener en cuenta que, en la fase de delineación del mapa, es posible que uno o varios miembros del equipo cuestionen los resultados. Y, ciertamente, cuando más adelante en el proceso de transición al océano azul, el equipo se reúna con los consumidores y los no consumidores, esta información puede sufrir ajustes y modificaciones. Por ejemplo, es posible que surjan inconvenientes importantes que no se percibieron en la fase inicial, mientras que otros problemas identificados resulten menos importantes de lo previsto. De toda manera, a estas alturas del proceso cuando los miembros del equipo expresen preocupación, pregúntales inmediatamente cuál es el porcentaje de inexactitud que perciben y les preocupa: ¿se trata de un 100% o de un 20-25%?

Según nuestra experiencia, suele ser el porcentaje inferior, lo que te brinda la oportunidad de ratificar el valor de los resultados obtenidos, dado que, aunque un 20-25% de los obstáculos a la utilidad identificados por el equipo sean imprecisos o incompletos, el 75% restante sigue siendo válido. En resumen, los obstáculos a la utilidad existen y constituyen una oportunidad para redefinir el campo de juego estratégico. Una vez explicado esto a los miembros del equipo, se les debe asegurar que, a medida que avancen con la iniciativa, tendrán múltiples oportunidades de reunirse con los consumidores y los no consumidores y de validar o invalidar la información, a la vez que aprenden a contemplar el mercado desde una perspectiva distinta. Este tipo de conversación franca y honesta tranquiliza al equipo y refuerza la confianza mutua. En el caso de Groupe SEB, el equipo no solo confirmó los puntos de dolor del gráfico 8-2, sino que los siguientes pasos del proceso les ayudaron a descubrir otros puntos de dolor importantes que no habían detectado al principio como, por ejemplo, que el alto contenido calórico de las patatas fritas no anima a los no consumidores a explorar este sector.

Merece la pena destacar que este tipo de preocupación suele aparecer en organizaciones con una cultura de parálisis por análisis, es decir, donde la información no suele emplearse para ayudar a las personas a actuar, sino para posponer e incluso invalidar acciones que se alejan del *statu quo*. Este es un dato importante a tener en cuenta durante el proceso, ya que seguramente será necesario llevar de la mano a los miembros del equipo mientras aprenden a dar un paso atrás para obtener una visión global, poco a poco y punto por punto.

¿Los compradores ven y experimentan lo mismo que tú?

Tras rellenar el mapa de utilidad del comprador, ya se puede empezar a trabajar con esta información. Para empezar, pide a los miembros del equipo que cotejen los datos del escenario estratégico «tal como es» con la información obtenida del mapa de utilidad del comprador. En primer lugar, deben repasar las lecciones aprendidas con el escenario estratégico «tal como es» y las conclusiones obtenidas. Para facilitar el diálogo, haz preguntas de refuerzo tales como: ¿La competencia era feroz? ¿Los perfiles estratégicos de los diferentes actores del sector convergían entre sí? ¿Era difícil encontrar oportunidades para diferenciarse de la competencia? Al anotar los elementos principales de estas preguntas, el equipo dispone de una oportunidad adicional de internalizar las lecciones aprendidas al pintar el escenario estratégico «tal como es».

A continuación, pasa al mapa de utilidad del comprador que ha completado el equipo y plantea las siguientes preguntas: «¿Qué nos revela este mapa que hemos creado en comparación con la estrategia del escenario "tal como es"?» «¿El sector impone —a sabiendas o no— puntos de dolor a los compradores durante toda la experiencia de compra?» «¿Es posible que estos puntos de dolor limiten el uso actual que hacen los clientes del producto o servicio que ofrece nuestro sector?» «¿Nuestros clientes actuales podrían abandonar el barco y pasarse a una organización que eliminara estos obstáculos a la utilidad, e incluso comprar a esta más productos o servicios?» «¿Es posible que estos obstáculos a la utilidad desanimen o intimiden a los que no son clientes a la hora de plantearse convertirse en clientes?» «¿En cuántos de los 36 espacios de utilidad se centra realmente nuestro sector?» Tal y como dijo un directivo ante esta última pregunta: «Estamos aquí [señalando dos espacios de utilidad en el mapa], pero hay mucho más ahí fuera [arrastrando el dedo por todas las "X» del mapa]". Este es el momento en que el equipo empieza a ver y comprender que existe una posibilidad real de crear océanos azules.

Por lo tanto, según sugiere el diálogo anterior, crear el mapa de utilidad del comprador de un producto o servicio ayuda al equipo a entender que los océanos rojos no tienen por qué ser inevitables y que la sola aplicación de esta herramienta analítica permite identificar nuevos espacios de oportunidad. A pesar de ello, rellenar el mapa puede resultar complejo en un sector donde la dirección de las empresas parece haber desconectado con el paso de los años de la realidad del mercado y de la experiencia del comprador. Nosotros hemos trabajado en sectores con múltiples problemas e inconvenientes donde, además, la dirección apenas si comprendía el mapa de utilidad del comprador y le resultaba difícil captar los obstáculos a los que se enfrentaba el comprador al usar los productos y servicios de su sector o incluso de su empresa.

Hay casos en que las organizaciones están tan próximas al sector que son incapaces de ver los problemas. En otros, han disfrutado históricamente de una posición de exclusividad en el sector que no les ha incentivado para nada, o casi nada, a centrarse en la experiencia del comprador o en los obstáculos a la utilidad que ellos mismos han creado. Y, en otros casos, la propia organización dota a sus directivos —de forma involuntaria— de unas gafas de color rosa que les impiden distinguir la enorme brecha que existe entre su manera de ver y percibir el sector y la experiencia de los consumidores. Por ejemplo, uno de los tres principales fabricantes de automóviles de Estados Unidos encarga a algunos de sus empleados que se ocupen de los coches de los directivos mientras ellos trabajan, es decir, que realicen las reparaciones y el mantenimiento, llenen el depósito de gasolina y los laven. Por otro lado, cuando los directivos visitan los concesionarios, siempre les ponen la alfombra roja. Por lo tanto, si jamás se enfrentan a los inconvenientes que conlleva comprar, poseer y mantener un coche, ni sufren averías ni pagan las reparaciones ni padecen el hecho de estar un tiempo sin vehículo mientras el coche está en el taller y, si los concesionarios siempre tienen un aspecto impecable cuando los visitan, no es de extrañar que estos directivos pierdan de vista los puntos de dolor que su empresa y el sector crean para el comprador.

En cualquiera de estos casos, nuestra reacción es: «Alto. No sigáis por ahí». Del mismo modo, si las respuestas de la organización carecen de fuerza, convicción o coherencia, o bien no existe un consenso sólido entre los miembros del equipo, hay que cambiar de táctica y pedirles que se levanten, salgan ahí fuera y comprueben por sí mismos cómo vive una persona de a pie todo el ciclo de experiencia del comprador. Es sorprendente el número de organizaciones que carecen de una visión de conjunto de la experiencia completa del comprador y de los puntos de dolor que se encuentra este por el camino. Por eso siempre insistimos, una y otra vez, en que uno jamás debe subcontratar sus ojos ni sus oídos. De hecho, incluso las organizaciones que no tienen dificultades para trazar el mapa están interesadas en vivir esa experiencia para aprender más.

Para entender cómo funciona este proceso y cómo, al ejecutarlo, la venda se cae de los ojos mucho más rápido que con cualquier estudio de mercado, presentamos la experiencia de un equipo que decidió salir ahí fuera para aprender.

Aprender a ver a través de los ojos del comprador

En una fría y nevada mañana de finales de invierno, el equipo directivo de una de las principales cadenas de farmacias de Estados Unidos se reunió en la sala de conferencias de un hotel para elaborar el mapa de utilidad del comprador. La compañía estaba creciendo a pasos agigantados, pero era sobre todo gracias a su política de adquisiciones y su principal rival en el sector de las farmacias —que en Estados Unidos representa 250.000 millones de dólares—, le venía pisando los talones.

08:00 h.

—Muy bien, necesito a un voluntario. —Los nueve altos ejecutivos del equipo miran a su líder con expresión ansiosa—. Necesito a un voluntario.

Algunos de los presentes agachan la cabeza mientras que otros ponen cara de circunstancias hasta que, por fin, el vicepresidente de TI se ofrece voluntario.

—Yo mismo.

—Ahora, imaginad que estáis todos enfermos. No tenéis una enfermedad grave, sino algo leve como una otitis, un dolor de garganta, una gripe o un resfriado fuerte. ¿Qué haríais?

—¡Ir a trabajar! —responden todos al unísono.

—Está bien. Ahora imaginad que os duele mucho la garganta, hasta puede que sea una faringitis infecciosa. ¿Cómo sería vuestra productividad?

—Terrible —responden todos de nuevo.

—¿Y cómo se sienten vuestros compañeros?

—Nada contentos. Estamos enfermos y podemos contagiarles —contestan.

—Perfecto, así que vuestra productividad es baja y podéis contagiar a los compañeros, pero a ninguno se le ocurre ir a una de nuestras farmacias para buscar un remedio. Menos mal que hay otra gente a la que sí.

»En fin, empecemos el día de nuevo. Ahora, me gustaría que tú —dice señalando al vicepresidente de TI— te fueras a casa. Vuelve a la cama. No intentes trabajar con este dolor de garganta. Nosotros te acompañaremos. ¡Vamos!

Ya en casa del vicepresidente de TI, situada a unos 30 kilómetros del centro en la típica ciudad del medio oeste de Estados Unidos, el equipo se reúne alrededor de la cama, videocámara en mano para captar toda la experiencia del comprador.

9:30 h.

—Ahora, en lugar de ir a trabajar, llama al médico. Quizá tengas una faringitis infecciosa y no quieres contagiar a nadie, ¿verdad?

El vicepresidente de TI llama al médico a las 9:30 h, pero este no le puede visitar hasta las 11:30 h, así que todo el equipo espera a que llegue la hora mientras la cámara sigue grabando. Se aconseja al ejecutivo que guarde cama y solo puede comunicarse por teléfono o correo electrónico (preferiblemente, se trata de una faringitis que apenas le permite hablar).

10:30 h.

El equipo se pone en marcha en dirección a la consulta del médico, que está a unos 30 minutos de la casa sin tráfico, pero con la nieve y el tráfico intenso, tardan 45 minutos. Todos los miembros del equipo aguardan sentados o de pie en la abarrotada sala de espera, que más bien parece una sala de urgencias, pues está repleta de niños que tosen sin parar, adultos que moquean y bebés llenos de flemas. Transcurridos 30 minutos —van con retraso—, el equipo entra en la consulta.

11:45 h.

Una enfermera anota el peso y la altura del «paciente» y, en cuanto se sienta, le comunica que debe quedarse en ropa interior. Risitas aparte, al equipo le sabe mal verlo encaminarse al cuarto de baño para salir de vuelta en calzoncillos.

12:15 h.

Después de lo que parece una eternidad (sobre todo para el «paciente» que espera en la camilla semidesnudo), aparece el médico y le toma la tensión, comprueba sus reflejos, se interesa por sus hábitos alimenticios, le interroga acerca de su sobrepeso, indaga cuánto bebe y le pregunta si desea tener hijos. Todo muy invasivo.

Después de meterle el consabido palito en la garganta para tomar una muestra, el equipo espera unos minutos más a que la enfermera le entregue los resultados. Los miembros del equipo ya llevan varias horas en el ciclo de experiencia del comprador y, a pesar de que el vicepresidente de TI está sano (al fin y al cabo, se trata de una falsa faringitis), improvisan y deciden fingir que al «paciente» le han recetado un antibiótico y un analgésico, así que regresan a los coches y se dirigen a la farmacia. Evidentemente, el «paciente» elige la farmacia más cercana a su domicilio.

Al cabo de 45 minutos, llegan a la farmacia y, como es habitual en una farmacia de zona residencial, hay aparcamiento de sobra. Sin embargo, en cuanto cruzan la puerta del establecimiento, tienen la sensación de entrar en un supermercado: hay pasillos con chicles, juguetes, revistas, refrescos, pañales y, a unos 40 metros de distancia, se encuentra el mostrador de farmacia. El equipo se acerca y, previa entrega de la receta, observa que los consumidores siempre deben esperar para recibir el medicamento una media de quince minutos, una pequeña eternidad para gente que no se encuentra bien, en muchos casos con un niño pequeño agarrado a las piernas que intenta encaramarse hasta su regazo.

Este es el ciclo de experiencia del comprador de una persona que actúa de la forma correcta y no desea contagiar a sus compañeros de trabajo.

15:30 h.

El equipo se reúne de nuevo en el hotel. Ahora a sus miembros les resulta bastante sencillo rellenar el ciclo de experiencia del comprador. En cuanto empiezan a evaluar los obstáculos a la utilidad que han experimentado, los miembros del equipo se quedan atónitos. Uno de los ejecutivos dice:

—¿Quién querría pasarse el día haciendo esto? Es mucho más fácil estar enfermo. Hay demasiados puntos de dolor.

A lo que otro ejecutivo añade:

—Pensad en toda la gente que sufre innecesariamente para evitar todas las molestias que hemos vivido hoy. Esta mañana dijimos que iríamos a trabajar enfermos aunque nuestra productividad fuera baja. ¡Ni siquiera acudimos a nuestro sector cuando padecemos una enfermedad leve que no pone nuestra vida en peligro!

Silencio. Empieza a bullir la energía a medida que comienzan a sugerir maneras de eliminar los puntos de dolor, de diferenciarse de la competencia y de ampliar su oferta.

—¿Qué os parece si ponemos a un médico en las farmacias? —sugiere uno de los miembros del equipo.

—Demasiado caro —contesta otro.

—¿Y una enfermera? Sería una tercera parte del coste y está autorizada a recetar tratamientos para casi todas las enfermedades más habituales que nosotros cubrimos.

—De esta manera, puedes ir a la farmacia, ver a un «médico» y salir en cuestión de minutos.

—Así te evitas horas y horas de aburrimiento y dolor.

—Y las ventas crecen.

—Y la gente se siente mejor.

Todos los miembros del equipo sonríen para sus adentros y se sientan más derechos. La energía fluye en la sala a medida que se separan ante sus ojos las aguas del océano rojo para dar paso a las posibilidades del océano azul.

La primera regla del trabajo de campo: experimentar lo que experimenta el comprador

Tal y como demuestra el ejemplo anterior, si el equipo carece de respuestas en esta fase, no hay nada mejor que salir a buscarlas ahí fuera y trabajar sobre el terreno. Pedirle al departamento de marketing que haga una presentación sobre el ciclo de experiencia del comprador o recurrir a los informes de investigaciones de mercado varias para rellenar los espacios en blanco del mapa, no funciona. No existen atajos. Jamás podremos insistir lo suficiente sobre los peligros que conlleva permitir que los miembros del equipo subcontraten sus ojos y sus oídos, aunque sea a sus subordinados. Si lo hacen, no aprenderán casi nada y, lo que aprendan, no será visceral, es decir, serán simples datos que apenas queden registrados en el corazón o la mente de las personas.

Cuando se realiza un trabajo de campo, recomendamos encarecidamente a los miembros del equipo que, siempre que sea posible, adopten el papel de un comprador normal y corriente, o bien que observen el modo en que se desenvuelven los compradores en su entorno laboral y familiar y documenten minuciosamente las dificultades que se les presentan a lo largo de todo el ciclo de experiencia del comprador. Este tipo de trabajo es muy distinto al de la investigación de mercado. En un estudio de mercado, las reuniones de grupo son foros artificiales que proporcionan información sobre cómo mejorar de manera paulatina un producto o servicio, pero que no proporcionan ni las observaciones profundas y perspicaces ni la convicción que necesita el equipo y que solo puede obtener sobre el terreno.

Un equipo que observa a los compradores en el punto de venta puede captar muchos puntos de dolor que su sector no ha tenido en cuenta durante años. Lo mismo ocurre cuando un equipo observa la manera en que se explican, almacenan, instalan, usan y eliminan sus productos. Para que recuerden mejor las dificultades que experimentan los compradores, pide a los miembros de tu equipo que fotografíen o graben en vídeo todo lo que ven para respaldar sus descubrimientos.

Cabe decir que casi nunca nos hemos encontrado con un equipo que al principio no se mostrara reticente a trabajar sobre el terreno, de hecho, incluso suele haber algunos miembros que llegan a cuestionar lo que pueden aprender con este ejercicio de campo. Ahora bien, jamás hemos visto un equipo que no haya vuelto satisfecho de haber hecho el ejercicio y con un conocimiento sólido y visceral sobre la experiencia del comprador y los obstáculos a la utilidad a los que se enfrenta este. Todos estos conocimientos tienen un valor extraordinario.

A veces, por mucho que hayan autorizado el proyecto, los propios directivos son uno de los principales obstáculos para la transición al océano azul. Muchos directivos se vuelven ciegos a los problemas que sufren a diario los compradores y usuarios de sus productos o servicios. A pesar de entender que están atascados en un océano rojo y aspirar a navegar hacia un océano azul, para que realmente comprendan lo que conlleva esta transición —desde un punto de vista práctico y estratégico— y confíen plenamente en el trabajo del equipo, debes aplicar el principio de «Nada de sorpresas. NUNCA». Esto implica informar de manera pormenorizada a los directivos sobre los hallazgos del equipo una vez completada cada etapa y que sean directamente los miembros del equipo quienes se lo expliquen. Aunque digan que no es necesario, lo es. De hecho, es más que necesario. Es indispensable porque permite identificar en una fase temprana las posibles dudas de los directivos y abordarlas al momento.

En el supuesto de que el equipo directivo pusiera en entredicho los hallazgos del equipo de océano azul, puedes invitar a los escépticos a conocer de primera mano los puntos de dolor que experimentan los compradores. Después del trabajo de campo, los directivos siempre vuelven cambiados: el ejercicio no solo cambia su mentalidad, sino que renueva su confianza en la iniciativa. Además, su implicación es un magnífico acicate para lograr el apoyo de toda la organización, lo cual nos demuestra una vez más que la movilización es una parte integral del proceso de transición al océano azul.

Tras haber analizado el mapa de utilidad del comprador, fomentado la confianza mutua e informado de los resultados a los directivos, ahora el equipo está listo para avanzar hacia la siguiente tarea: identificar los tres niveles de no clientes que existen para generar una nueva demanda y aumentar el tamaño del pastel económico a repartir.

9
Descubrir un océano de no consumidores

Durante los últimos 25 años, el mantra de todo negocio ha sido «el cliente es lo primero». Sin embargo, el mantra del estratega del océano azul es: «El no cliente es lo primero». No olvidemos que el objetivo de la transición al océano azul no es competir por los clientes existentes, sino crear una nueva demanda y crecer en el sector. Para ello, es necesario identificar nuevas utilidades para los no clientes. Sin embargo, pocas organizaciones saben exactamente quiénes son sus no clientes y por qué continúan siendo precisamente eso: no clientes.

Esto nos lleva a la siguiente tarea: comprender con precisión quiénes son nuestros no clientes y por qué no consumen la oferta de nuestro sector. El mapa de utilidad del comprador proporciona pistas sobre los puntos de dolor, así como sobre los obstáculos a la utilidad que el sector impone sobre los clientes actuales y que ahuyentan a los no clientes. Ahora ampliarás el ángulo de visión para que el equipo vea el entorno completo de la demanda y obtenga información sobre dos de las preguntas más frecuentes que se plantean los ejecutivos de las organizaciones: «El concepto de no clientes, ¿es relevante para nuestro sector?» y «¿Cuánta nueva demanda se consigue con una oferta atractiva de océano azul?» En cuanto toman parte en este paso, ningún ejecutivo vuelve a plantearse la demanda de la misma manera.

Piensa en Square contra Visa, MasterCard y American Express, tres de las 100 primeras marcas del mundo. Sin embargo, pese a su alcance global, notoriedad de marca y medios económicos, las tres compiten directamente por una mayor cuota de las carteras del mismo grupo de consumidores: comerciantes establecidos y sus clientes. Esto es especialmente cierto en Estados Unidos, país que cuenta con la mayor cuota de circulación de tarjetas de estas tres compañías, y donde casi el 75% del total de la población adulta posee más de una tarjeta de crédito.

El sector creía que el mercado de las tarjetas de crédito estaba saturado en Estados Unidos y que apenas quedaba espacio para un crecimiento rentable, sobre todo teniendo en cuenta la regulación más estricta de las cuotas y los tipos de interés tras la crisis económica mundial de 2008. ¿Pero realmente era así? Esa no era la visión de Square. Todo lo contrario. Square, fundada en 2009 por Jack Dorsey, cofundador de Twitter, y Jim McKelvey, supo ver un océano de no clientes.

Si bien es cierto que casi todos los estadounidenses poseen una tarjeta de crédito y casi todos los comercios de pequeño y gran tamaño las aceptan, ¿acaso podía usarse para pagar la *pizza* a domicilio, al jardinero, al fontanero, al profesor de piano o al camión de los helados en la playa? ¿Podía usarse la tarjeta de crédito o débito para pagar a la canguro, a la señora de la limpieza o a un amigo que te había prestado 50 dólares? No. Todas las personas que deseaban hacer un pago directo a otra persona eran no clientes del sector de las tarjetas de crédito y débito, así como muchos nuevos negocios y micronegocios, tales como mercadillos de alimentación, *food trucks* y tiendas *pop-up*.

De los 27 millones de pequeños comercios de Estados Unidos, aproximadamente un 55% no acepta tarjetas de crédito. Sin embargo, según los resultados de varios estudios de mercado, al 55% de los consumidores les gustaría que las aceptaran. Además, según otros estudios, cuando se ofrecen diferentes opciones de pago además del pago en efectivo, las personas tienden a gastar más en cada compra, lo cual ayuda a crecer a los pequeños negocios. En otras palabras, muchos emprendedores, pequeños negocios y nuevos negocios que no ofrecían a los clientes la opción de pagar con tarjeta de crédito o débito se hubieran beneficiado considerablemente de hacerlo. Además, a la gente le habría encantado solucionar con una tarjeta de crédito o débito muchas de las transacciones directas de persona a persona que se solucionaban con pagos en efectivo o cheques. Este es el océano de no clientes que Square identificó en 2009 y que ha ido captando rápidamente con su sistema de pago por móvil que permite a las personas, a los pequeños negocios e incluso a las grandes empresas aceptar pagos de crédito o débito a través de un iPhone, Android o iPad simplemente instalando el lector gratuito de Square, un pequeño dispositivo de plástico que se instala, literalmente, en un segundo. Hoy en día, otros han seguido los pasos de Square y están identificando el océano de no consumidores de su sector, que crece de forma continua a medida que evoluciona el sector.

Tal y como comprendieron Square, Comic Relief y Salesforce.com, entre muchos otros, no solo existe un universo de no clientes, sino que este universo ofrece oportunidades constantes de crecimiento. Sin embargo, la mayoría de las organizaciones están tan centradas en los clientes existentes que no son capaces de ver más allá de este estrecho marco. Hay que admitir que es más fácil hablar con los clientes existentes, aquellos que ya han cruzado el umbral de nuestra puerta y, evidentemente, sus opiniones son importantes; ahora bien, para crecer, hay que atraer a nuevos clientes al sector.

Los tres niveles de no clientes

A fin de ayudar a las organizaciones a ampliar su campo de visión, hemos desarrollado un marco que define e identifica tres capas o niveles de no clientes, tal y como se muestra en el gráfico 9-1. Estos tres niveles ofrecen un ángulo de visión más amplio para que el equipo pueda ver el océano de no clientes susceptibles de ser abordados para generar una nueva demanda. En nuestra experiencia, si no se dispone de un marco organizativo de este tipo, el concepto de no clientes se convierte, a pesar de su atractivo, en un paraguas demasiado amplio para analizar y comprender sistemáticamente —y, por lo tanto, captar— la demanda potencial. En este contexto, presentamos dos fórmulas clave para la transición al océano azul y que consideramos que están intrínsecamente vinculadas a la capacidad de crecimiento de tu organización.

Gráfico 9-1. Los tres niveles de no consumidores

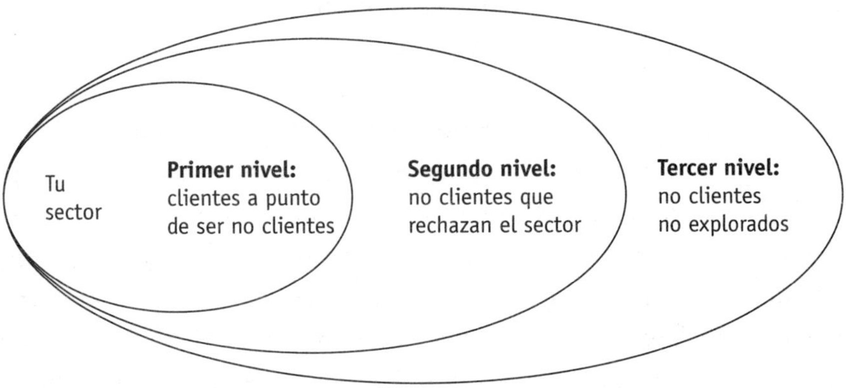

Los clientes del primer nivel están a punto de abandonar el barco de tu sector y convertirse en no clientes.

Los no clientes del segundo nivel han analizado tu sector y lo han rechazado conscientemente.

Los no clientes no explorados se encuentran actualmente en mercados aparentemente lejanos.

En primer lugar, en contra de la práctica habitual:

Potencial total de demanda ≠ Función (clientes existentes del sector)

Más bien:

Potencial total de demanda = Función (clientes existentes del sector + no clientes de primer nivel + no clientes de segundo nivel + no clientes de tercer nivel)

Analicemos las definiciones de los clientes de los tres niveles, en qué difieren y por qué a menudo están más próximos a un sector de lo que imaginan la mayor parte de las organizaciones que operan en él.

Primer nivel de no clientes está integrado por aquellos clientes de tu sector que pronto se convertirán en no clientes. Estos compradores no están en tu sector porque quieran, sino porque no tienen más remedio. Mientras siguen buscando algo mejor o esperan a que aparezca, utilizan los actuales productos y servicios del mercado de forma mínima y, en cuanto encuentren una alternativa superior, no dudarán en abandonar el barco. Por lo tanto, estos clientes se encuentran al filo de tu mercado. Si volvemos al ejemplo de las tarjetas de crédito en Estados Unidos, entre los numerosos pequeños y medianos comercios que aceptan tarjetas de débito y crédito, muchos lo hacen a regañadientes. Toleran el coste de instalar un terminal de punto de venta, los gastos por transacción y otros gastos ocultos (que acaban pagando sobre todo cuando carecen de poder de negociación para reducir las tarifas), porque saben que los clientes esperan poder pagar con tarjeta. Sin embargo, estos no clientes estarían dispuestos a cambiar de inmediato a una alternativa más fácil, menos engorrosa y más económica que la actual.

Piensa en la cantidad de sectores en los que estás por obligación, no porque quieras, te sientas orgulloso de pertenecer a ese sector o disfrutes de la experiencia que te aporta. Y piensa lo mucho que te gustaría cambiar si apareciera una alternativa atractiva. Si eres como la mayoría de la gente, pronto verás que estás en el primer nivel de no clientes en muchos sectores y organizaciones. Aunque los no clientes de ese primer nivel no son altamente susceptibles de ser captados por la competencia, si encontraran una alternativa que eliminara sus puntos de dolor, es probable que multiplicaran su volumen o frecuencia de uso. ¿Sabes quiénes forman el primer nivel de no clientes de tu sector?

En el segundo nivel de no clientes encontramos a personas u organizaciones que se han planteado seriamente utilizar la oferta de tu sector, pero lo han rechazado porque había otra oferta que respondía mejor a sus necesidades o porque tu sector está fuera de su alcance, en cuyo caso sus necesidades son cubiertas por otro sector o bien ignoradas. En el ejemplo de las tarjetas de crédito y débito, los no clientes de este segundo nivel son todos los nuevos negocios, micronegocios y trabajadores autónomos que se plantearon ofrecer el pago con tarjeta, pero que al final decidieron no hacerlo. A pesar de saber que sus clientes seguramente lo apreciarían, su bajo volumen de ventas anual, la fragilidad del nuevo negocio o las complicaciones percibidas de instalar un terminal de punto de venta les llevaron a rechazar el sector. Para este amplio abanico de organizaciones, los pagos en efectivo o mediante cheque suelen ser el método habitual.

Piensa en todas las veces que tu organización ha engrosado el segundo nivel de no clientes. Por ejemplo, ¿has pensado alguna vez en pintar el salón de tu casa tras analizar los pros y los contras del papel para empapelar? En caso afirmativo, en algún momento has sido un cliente de segundo nivel del sector del papel para empapelar. ¿Y la dirección de tu organización ha decidido usar baldosas para el suelo de la nueva sede tras haber considerado la alternativa del parqué? En caso afirmativo, tu organización ha sido un no cliente de segundo nivel del sector del parqué. Por lo tanto, es muy fácil encontrarse en el segundo nivel de no clientes y ocurre con mucha mayor frecuencia de lo que la gente o las organizaciones piensan, imaginan o analizan de forma sistemática. Ahora bien, hay que pensar en lo cerca que están los no clientes de utilizar el sector que han rechazado. El mero hecho de que hayan contemplado y sopesado los pros y los contras indica que el sector que han rechazado está más cerca de captar sus carteras de lo que nadie en el sector se imagina. ¿Sabes quiénes forman el segundo nivel de no clientes de tu sector? ¿Y por qué rechazaron tu oferta después de haberla considerado?

En el tercer nivel de no clientes encontramos a los que se encuentran más alejados de los clientes existentes de un sector. Por regla general, estos no clientes no explorados nunca se han considerado clientes potenciales y no han sido abordados por ninguno de los actores del sector porque siempre se ha asumido que sus necesidades y las oportunidades de negocio asociadas a ellas pertenecían a otros sectores. Si volvemos al ejemplo de las tarjetas de crédito, antes de aparecer Square, el sector siempre había asumido que el comerciante constituía la mitad de la ecuación de la transacción y había descartado, sin explorarlas, todas las transacciones interpersonales, puesto que se había asumido que pertenecían al sector de los pagos en efectivo y los cheques. Al fin y al cabo, ¿quién iba a querer instalarse un terminal de punto de venta para tarjetas de crédito/débito en su casa? Sin embargo, seguro que a todos nos ha pasado alguna vez que hemos sacado la cartera para pagar a alguien, hemos descubierto que nos hemos quedado sin dinero y hemos deseado poder pagar con tarjeta. Sin embargo, dado que no es posible, ¿qué hacemos? Acudimos rápido y a regañadientes al cajero más próximo. Estos son los no clientes que ocupan el tercer nivel que Square desbloqueó a través de un lector sencillo, fácil de usar y fácil de llevar, por el que solo se paga cuando se utiliza.

¿Acaso sabes tú, como supo Square, quiénes son los no clientes de tercer nivel de tu sector? ¿Tú o tu organización habéis pensado en este nivel? Deberíais hacerlo, porque quizá represente la mayor reserva de no clientes que puede llegar a desbloquear una organización. Ahora bien, hay que actuar con precaución: no hay que pensar que el tercer nivel de no clientes la integran «todos los demás». No es así. Son personas y organizaciones a las que, idealmente, les gustaría usar lo que ofrece tu sector o bien podrían beneficiarse de ello, pero nunca se lo han planteado seriamente porque, de alguna manera, tu sector ha conseguido que su oferta les parezca inviable, poco atractiva o inimaginable.

Identificar los tres niveles de no clientes en tu sector

Cuando presentamos el marco de trabajo de los tres niveles de no clientes a los equipos, la primera reacción natural de algunos miembros es cuestionar si el concepto de no clientes es aplicable a su sector. Por regla general, este concepto resulta sencillo para los ejecutivos de una organización cuando tienen previsto entrar en un sector emergente. En tal caso, casi todos los miembros del equipo entienden de inmediato su aplicabilidad, incluso si les cuesta al principio identificar las categorías dominantes de no clientes dentro de cada nivel. Veamos el ejemplo del reproductor de MP3. Cuando Apple diseñó su primer iPod, el número de no clientes de reproductores de mp3 era enorme, muy superior al de clientes.

Los no clientes abundan en todos los sectores, no solo en los nuevos. Pensemos por un instante en las orquestas o los museos. ¿Existe un número significativo de no clientes en estos sectores? Desde luego. ¿Y en el de las tarjetas de crédito? Square supo identificarlos. ¿Y en el mundo del software CRM? Piensa en Salesforce.com. ¿Y en el ámbito de la aviación? Recuerda la situación de Estados Unidos antes de la aparición de Southwest Airlines. ¿Y en el sector del café? Sin duda alguna, y Starbucks consiguió que creciera. La lista es interminable.

El propósito de este ejercicio —y tu objetivo— es pasar del ámbito teórico al práctico e identificar los tres niveles de no clientes en tu sector.

Comienza con el concepto básico

En primer lugar, muestra a los miembros de tu equipo las definiciones de los tres niveles de no clientes. Para ello, usa las descripciones y el gráfico de la sección anterior y, a fin de que comprendan más fácilmente cómo se aplican, menciona varios ejemplos de otros sectores. En la tabla 9-1 se presentan los tres niveles de no clientes de varios sectores de océano rojo: el sector de las tarjetas de crédito/débito arriba mencionado; el de la captación de fondos para entidades benéficas del Reino Unido también descrito previamente, el de la traducción y el de las orquestas. Plantea a tu equipo preguntas tales como: «Si estos sectores de océano rojo tenían océanos de no clientes, ¿es posible que nosotros también los tengamos en nuestro sector?» Y «si diéramos un paso atrás y obtuviéramos una visión más amplia del sector, ¿seríamos capaces de ver a nuestros propios no clientes?» Haz estas preguntas de forma explícita para que todos los miembros del equipo perciban la relación existente entre los no clientes de estos sectores y los de su sector. A medida que el equipo vaya revisando los ejemplos y respondiendo a las preguntas, empezará a comprender el significado y la relevancia de estos tres niveles. Este es un momento crítico en el que el equipo pasa de la negación «Nooo, esto no es aplicable a nuestro sector» a la duda «¿También pasa esto en nuestro sector?» Quizá sí.

Tabla 9-1. No clientes de diversos sectores

	Primer nivel de no clientes	**Segundo nivel de no clientes**	**Tercer nivel de no clientes**
Sector de las tarjetas de crédito/ débito	Comercios de pequeño y mediano tamaño que aceptan a regañadientes el pago con tarjeta de crédito/débito.	Nuevos negocios, micronegocios y trabajadores autónomos que no aceptan tarjetas de crédito/débito.	Personas que necesitan realizar un pago a otras personas.
Sector de recaudación de fondos para entidades benéficas en el Reino Unido	Personas mayores y adineradas a las que les exaspera la solicitud anual de donaciones.	Jóvenes trabajadores que deciden no realizar donaciones por la falta de transparencia sobre el porcentaje de los fondos que se emplean realmente para la causa.	Niños y personas con pocos ingresos que jamás han pensado en realizar una donación.
Sector de la traducción	Grandes compañías que se sienten frustradas con el tiempo, el gasto y la atomización del servicio que conlleva la traducción de los materiales corporativos (páginas web, folletos, documentación de productos, etcétera).	Organizaciones de mediano tamaño que no usan servicios de traducción para la mayoría de los idiomas a pesar de que, con Internet, podrían tener clientes de casi todos los países.	Personas con blogs y pequeñas empresas que jamás han pensado en contratar un servicio de traducción, aunque ello les permitiría acceder a un público mucho más amplio y tener una mayor cartera de clientes.
Sector de las orquestas	Personas que asisten a un concierto una vez por temporada o una vez cada varios años y porque lo consideran más algo que deben hacer que algo que quieren hacer.	Personas que pueden permitirse ir a un concierto, pero que prefieren no ir porque consideran la experiencia aburrida, obsoleta o demasiado presuntuosa.	Personas que jamás se han planteado ir a un concierto porque carecen de conocimientos de música clásica y consideran que se trata de una actividad para una élite culta y no para gente normal y corriente.

Céntrate en tu sector y tu oferta

El hecho de haber comprendido que su sector puede contener un grupo abundante de no clientes no implica que el equipo sepa identificarlos de inmediato. Por lo tanto, en lugar de pedir a los miembros de tu equipo que los identifiquen ya, inicia primero una conversación sobre quiénes son los consumidores y usuarios típicos del sector. Todos los miembros del equipo (y de la organización) deberían saberlo. Además, lo habitual es que dispongan de información bastante detallada al respecto que les proporcionará un buen punto de referencia en el momento en que comiencen a analizar la demanda del mercado. De todos modos, el objetivo no es realizar un análisis minucioso de las diferencias demográficas del mercado, como suele hacerse en marketing, sino detectar si existe una variable (por ejemplo, edad, sexo, ingresos o estructura familiar o, en el caso de los negocios B2B, el tamaño de la empresa) que constituya un factor pronóstico razonable de quiénes son los actuales clientes del sector. Por ejemplo, antes de aparecer la Wii de Nintendo, el grupo demográfico dominante de consumidores de videojuegos eran hombres jóvenes de 14 a 26 años. Asimismo, antes de entrar en escena Comic Relief, la población mayor culta y adinerada eran el mayor grupo de donantes de las entidades benéficas del Reino Unido. Y, antes del nacimiento de Salesforce.com, los principales usuarios del software CRM eran las empresas que figuran en el ranking de Fortune 500 y Fortune 1.000.

Durante este trabajo de análisis es importante que el equipo se centre en la visión de conjunto y no se pierda en los detalles como, por ejemplo, determinar cuál es el porcentaje de usuarios de videojuegos que son hombres jóvenes de raza negra, blanca o hispana. Este tipo de detalles son adecuados para afinar la oferta, pero impiden al equipo ver el perfil general de los clientes actuales. Nuestra experiencia nos ha enseñado que muchas organizaciones que analizan a sus clientes de forma tan minuciosa son incapaces de ver el panorama general y las características que los principales usuarios tienen en común.

Si los miembros del equipo identifican varios grupos de clientes actuales, hay que pedirles que elijan una categoría amplia que los englobe a todos o a casi todos. El propósito del ejercicio no es duplicar el trabajo que normalmente realiza el departamento de marketing, es decir, comprender las diferencias entre los diferentes segmentos de clientes, sino entender los puntos que tienen en común los clientes existentes para ser capaces de ver los árboles que forman el bosque.

Identifica los tres niveles de no clientes de tu sector

Ahora pasaremos de los clientes actuales a los no clientes. Utiliza como guía el gráfico 9-1 donde aparecen los tres niveles y pide a todos los miembros del equipo que piensen individualmente en quién se encuentra en cada nivel y que lo anoten. Para llevar a cabo esta tarea de forma efectiva, descarga gratuitamente los materiales y plantillas correspondientes en www.blueoceanshift.com/ExerciseTemplates. Estas son las preguntas que debes contestar:

1. ¿Quién se encuentra al filo de nuestro sector y usa su oferta a regañadientes y/o mínimamente?
2. ¿Quién se plantea utilizar la oferta de nuestro sector, pero la rechaza conscientemente y elige otra oferta o ninguna para cubrir sus necesidades?
3. ¿Quién se beneficiaría de la utilidad que ofrece nuestro sector, pero ni siquiera la tiene en cuenta porque se presenta de una manera que la hace parecer irrelevante o inasequible?

Para muchas personas, esta es la primera vez que se ven obligadas a pensar sistemáticamente en los no clientes de su sector. A menudo, cuando una organización piensa en sus no clientes, se focaliza en los clientes de la competencia y no piensa en todos los no clientes del sector en general. La pregunta que se plantea es: «¿Quiénes son los clientes de la competencia y cómo puedo atraer a un mayor porcentaje de estos?» Sin embargo, desde una perspectiva de océano azul, no son estos los no clientes que deben tenerse en cuenta. En esta fase, lo imprescindible es que los miembros del equipo piensen detenidamente en los no clientes y descubran por sí mismos, de forma crítica, lo poco que los conocen o lo poco que han considerado todas las oportunidades que se encuentran más allá del actual horizonte del sector.

Muchas organizaciones se sienten cómodas solicitando y subcontratando grandes proyectos formales de estudio de mercado. En consecuencia, llegados a este punto, no es de extrañar que a menudo nos planteen la siguiente pregunta: «¿No deberíamos encargar un estudio de mercado formal para saber, de forma concreta, cuáles son los tres niveles de no clientes?» A modo de respuesta, hay que recordarles que el proceso de transición al océano azul se basa en la información obtenida por el propio equipo durante el trabajo de campo. El propósito es maximizar las lecciones aprendidas de primera mano y la confianza del equipo en todo lo que ha averiguado por sí mismo sobre el terreno. Cuando se descubre algo de primera mano, es más probable que la estrategia resultante se ejecute con más determinación, puesto que la confianza que emana del equipo reverbera a través de toda la organización.

Para su gran sorpresa, los miembros del equipo suelen descubrir que, al esforzarse en realizar el ejercicio de forma individual, logran confeccionar una larga lista de grupos de no clientes que les obliga a ampliar su ángulo de visión. Igual de importante es que se percaten de lo mucho que su objetivo estratégico se centra en los clientes existentes. Cuando la gente recibe las respuestas en bandeja a través de informes hechos a medida, pocas veces detecta problemas y demasiadas veces acaba concluyendo que «ya lo sabía, es lo que pensaba y no es importante» cuando, de hecho, no lo sabe, no es lo que piensa y es importante. Es difícil que alguien se dé cuenta de lo que no sabe y aprecie el valor de lo que ha aprendido si no lo ha averiguado por sí mismo. Conseguir que una persona descubra de primera mano lo que sabe —y lo que no sabe— es fundamental para que internalice y valore lo aprendido.

En cuanto hayan confeccionado su lista de no clientes, pide a todos los miembros del equipo que la compartan con el resto y expliquen a quién han incluido en cada nivel y por qué. El objetivo es que el equipo identifique y seleccione para cada nivel a las personas u organizaciones que consideren como los grupos dominantes de no clientes. Es posible que se sientan un poco incómodos con este ejercicio porque no solo les estás pidiendo que se alejen de lo que saben, sino que además compartan lo que piensan con sus compañeros. Sin embargo, es positivo que sientan cierta incomodidad, dado que eso significa que les estás empujando a ampliar su campo de visión. Mientras explican sus ideas sobre los tres niveles, ve anotándolas en una pizarra. Además de permitirles ver lo que piensa el resto, esto les abrirá los ojos a las diferencias y similitudes que tienen sus visiones de un mismo mercado.

Al explicar sus ideas y compartir el razonamiento que hay detrás de cada una de ellas, los miembros del equipo comprenden mejor quién se encuentra dentro de cada nivel, y eso hace que aumente su confianza en la existencia de oportunidades no identificadas dentro del marco de una demanda que supera los límites actuales de su sector. Al evaluar las ideas presentadas, es habitual que el equipo acabe tachando a algunos clientes de la lista y agrupando a otros hasta llegar a un resultado bastante consensuado sobre los principales grupos que hay en cada nivel, lo cual les ofrece una visión más precisa de la demanda total del sector.

Determina el tamaño aproximado de la nueva demanda

En esta época en la que vivimos dominada por Google, donde es fácil realizar una búsqueda y encontrar una cantidad significativa de información de cada sector disponible en Internet, el equipo puede empezar a entender mejor la nueva demanda que podría desbloquearse con una reestructuración de la oferta. Divide el equipo en varios grupos y pídeles que busquen en Google estadísticas sobre el tamaño aproximado de cada grupo de no clientes y el porcentaje relativo de cada grupo, así como la demanda potencial que representa cada uno en función del gasto per cápita o, en el caso de las empresas B2B, según el gasto por organización. Todos los equipos deben realizar este ejercicio para los tres niveles.

La finalidad de la tarea no es obtener unas cifras concretas para cada nivel sino entender la importancia potencial que podrían tener los distintos niveles para la organización en el caso de desbloquearse. Por ejemplo, si un grupo de no clientes es pequeño y su crecimiento se mantiene en cifras de un dígito, es probable que continúe siendo pequeño en el futuro. Sin embargo, si un grupo de no clientes crece a un ritmo constante de, por ejemplo, un 30% anual, se puede deducir de forma razonable que, pese a tratarse de un nivel relativamente pequeño en la actualidad, tiene el potencial de convertirse en una fuente significativa de no clientes en un breve plazo de tiempo.

Una vez finalizado este paso, el equipo suele mostrarse sorprendido ante el grado de consenso alcanzado sobre los grupos principales de no clientes que pertenecen a cada nivel y la potencial demanda que representa cada uno de ellos. En la siguiente fase del proceso, el equipo deberá revisar sus respuestas y puede que varíe el porcentaje relativo de demanda potencial de cada nivel o bien puede que se identifiquen nuevos grupos de no clientes. En cualquier caso, esta información ya permite al equipo entender, por un lado, que existen amplias posibilidades de crear una nueva demanda y, por otro lado, que tenía una visión muy limitada de la demanda existente más allá de los límites convencionales de su sector. Por consiguiente, este paso no solo es importante por la información y confianza que aporta al equipo, sino porque permite a sus miembros comprender e internalizar esta información de manera rápida con una sola reunión de medio día o un día de duración celebrada fuera de las oficinas de la organización.

A fin de comprender mejor cómo el ejercicio de los tres niveles puede transformar la visión de un equipo acerca de la demanda potencial de su oferta, veamos la experiencia de un grupo de educadores cuando descubrió a su grupo de no clientes.

Descubrir un océano de potenciales estudiantes universitarios

Una universidad privada de Estados Unidos a la que llamaremos CU se enfrentaba a un desafío importante: con una masa de estudiantes formada principalmente por jóvenes que constituían la primera generación universitaria de familias que se encontraban dentro del 25% inferior de la escala de ingresos del país, su papel en la sociedad es primordial, pero su tasa de retención de estudiantes estaba cayendo, al tiempo que aumentaban sus costes operativos. Ante esta situación, el rector deseaba cambiar las cosas y convertir su centro en un modelo de universidad urbana.

Para ello formó un equipo de iniciativa de océano azul integrado por profesores y gestores del centro que, tras finalizar el mapa de utilidad del comprador, llegó a las siguientes conclusiones: «Hay muchos puntos de dolor en nuestro sector que se derivan de asunciones obsoletas y equivocadas», resumió el líder del equipo. «¡Exacto! —exclamó uno de sus miembros—. Pensamos que ofrecemos una educación de calidad porque le ponemos mucha voluntad, trabajamos muchas horas y cobramos por ello, pero nada de eso importa. En realidad, la calidad se define como aquello que obtienen y pueden costearse los estudiantes ante una competencia cada vez mayor.»

«La cuestión es —continuó el líder del equipo—: si analizamos nuestro grupo actual de estudiantes, ¿creemos que conseguiremos las respuestas que necesitamos para crear un océano azul y diferenciarnos de otros centros?» Todos los miembros del equipo estuvieron de acuerdo en que era probable que sus estudiantes buscaran lo mismo que los estudiantes de otras universidades: mejor alojamiento, un campus más ameno, mejores profesores, una mayor selección de cursos y mejor comida. «Dicho con otras palabras: si para buscar soluciones lo que hacemos es preguntar a los estudiantes lo que quieren, como mucho lograremos un aumento limitado de los beneficios a un coste muy superior. Y no creceremos. Por lo tanto, tenemos que buscar las soluciones fuera de nuestro mercado, en los grupos de no clientes. ¿Pero quiénes son nuestros no clientes? Para responder a esta pregunta quizá debamos definir primero nuestro objetivo», concluyó el líder del equipo.

Después de un intenso debate, el equipo acordó por unanimidad que el objetivo de su centro era ofrecer a estos jóvenes un importante cambio de vida que les permitiera mejorar sus posibilidades económicas, su autoestima y su capacidad de prosperar. «Si realmente es así, y todos creemos que es así de todo corazón, utilicemos este objetivo para ser más específicos a la hora de identificar a nuestros grupos de no clientes dominantes en los tres niveles», sugirió el líder del equipo.

«El primer nivel lo forman los estudiantes brillantes que se matricularon en un principio en la CU, pero que no se sintieron lo bastante estimulados por las clases y los compañeros —observó un profesor—, por lo que están tentados a cambiarse a un centro donde encontrarán un mayor reto intelectual.»

«Un grupo todavía mayor es el de los estudiantes que cuentan con diferentes ayudas y becas como los préstamos parent PLUS y las becas Pell, pero en cuanto se les acaban estos fondos complementarios —normalmente alrededor del tercer año—, abandonan el centro. Y no disponemos, ni nosotros ni nuestros asociados, de programas de trabajo compatibles con los estudios para ayudarles a cubrir ese vacío, ni tampoco nos hemos planteado cómo podemos reducir radicalmente los costes para proporcionar una educación más asequible. Básicamente, intentamos ofrecer todo lo que ofrece un centro universitario privado estándar con una milésima parte de los recursos. En consecuencia, nuestros costes son elevados y la calidad se resiente. De hecho, ni siquiera tenemos claro que lo que necesitan los estudiantes de la CU para cambiar sus vidas de forma sustancial sea lo que ofrece una universidad estándar.» Silencio.

Una vez finalizado el debate sobre el primer nivel y después de que todos hubieran dado su opinión, el líder del equipo pasó al segundo nivel. «¿Quiénes son los no clientes que rechazan cursar licenciaturas de cuatro años en universidades privadas?»

«Este grupo es enorme. Son todos los estudiantes que eligen una universidad pública en lugar de una privada como la nuestra», comentó uno de los miembros del equipo. Los demás asintieron con la cabeza. El grupo de no clientes iba en aumento.

Pero la conversación no se detuvo aquí. «¿Y qué pasa con los estudiantes que deciden cursar una diplomatura en una escuela universitaria en lugar de un grado universitario superior?», preguntó uno de los profesores. «Este es otro gran grupo dentro del segundo nivel de no clientes. Son estudiantes que quizá deseen realizar un grado universitario de 4 años, pero que al final eligen un grado superior porque les resulta más práctico, ya sea por sus aspiraciones profesionales o vidas personales, o bien porque creen que pueden tener más éxito en ese entorno, o simplemente porque no disponen de recursos. Sea cual sea el motivo, son un grupo enorme de no clientes de segundo nivel.» Sin necesidad de ningún análisis ni debate previo, todo el mundo estaba de acuerdo en que los no clientes incluidos en el segundo nivel representan una demanda potencial superior a la del mercado actual.

A continuación, el líder del equipo pasó a hablar del tercer nivel, es decir, de los no clientes que se beneficiarían de una educación superior, pero que nunca se habían planteado como opción la oferta de su sector. «¿Quién pensáis que pertenece a este grupo?», preguntó el líder del equipo. Al cabo de un rato, llegó la primera respuesta: «Estos no clientes son compañeros de nuestros estudiantes que eligen un itinerario completamente diferente». Muchos de los estudiantes de la CU provienen de centros públicos de distritos escolares pobres donde la educación primaria es deficiente. Por regla general, no se anima a los alumnos de distritos desfavorecidos a continuar con una educación superior, y los pocos a los que se les insta a continuar estudiando no se les proporciona el servicio de asesoramiento y orientación que siempre se proporciona a los estudiantes en los distritos con mejores condiciones económicas, a pesar de que para los jóvenes con pocos recursos el mejor camino para salir de la pobreza sería una educación superior.

¿Dónde se encuentran actualmente estos no clientes? El equipo ofreció múltiples respuestas: «En el ejército». «Son trabajadores no cualificados.» «Son misioneros.» «Son dependientes de tienda.» «¿Quizá son emprendedores?» El equipo estuvo de acuerdo en que este era el nivel más amplio de todos. «Fijémonos en nuestros competidores locales —dijo el líder del equipo—. ¿Se esfuerzan por comprender este nivel de no clientes?» «¡No! ¡En absoluto!», respondió el equipo. «Por eso todas las universidades parecen iguales.» De pronto, el interés por analizar estos grupos de no clientes que se encontraban más allá del ámbito habitual del sector se hizo palpable, como palpable era que los miembros del equipo estaban deseando ponerse manos a la obra.

Comprender las implicaciones estratégicas de los tres niveles

Antes de empezar a debatir las implicaciones generales de este ejercicio, pide otra vez a los miembros del equipo que escriban individualmente las primeras implicaciones que les vengan a la mente. A continuación, al igual que en el resto de los pasos del proceso de transición al océano azul, pídeles que compartan con el equipo lo que han escrito a fin de asegurar que se presentan y se debaten colectivamente todos los puntos. De este modo se evita que los miembros más extrovertidos del equipo ahoguen las voces de los más reservados pero igual de implicados. Por otro lado, el mero hecho de que cada miembro tenga que escribir y explicar sus conclusiones ayuda a internalizar las lecciones aprendidas incluso antes de evaluar cada aportación.

Según nuestra experiencia en el trabajo con equipos, el debate resulta más provechoso cuando es estructurado por el líder del equipo a través de un conjunto de preguntas sistemáticas:

- ¿Qué hemos aprendido? ¿Quiénes son los no clientes de primer, segundo y tercer nivel en nuestro sector actual y objetivo?
- ¿Cuál es la magnitud aproximada de cada nivel de no clientes en comparación con la cartera existente de consumidores?
- ¿Los tres niveles tienen una dimensión reducida o su espacio parece escaso para crear un océano azul? ¿O hay uno, dos o tres niveles que presentan una magnitud importante desde el punto de vista de la demanda potencial?
- ¿Qué nivel contiene el mayor número de no clientes a los que se podría acceder si se les presentara una oferta reconstruida?
- ¿Existe algún vínculo entre los obstáculos a la utilidad del mapa de utilidad del comprador y estos tres niveles?
- ¿Los obstáculos a la utilidad pueden empujar a los no clientes a buscar otro sector para cumplir su objetivo?
- En caso afirmativo, ¿sería posible acceder a este nivel de no clientes a través de una exploración sistemática de los requisitos que serían necesarios para convertirlos en clientes?

Cuando los miembros del equipo empiezan a repasar lo que han descubierto, a veces se muestran impacientes por analizar en profundidad los obstáculos o actitudes que llevan a los no clientes de su sector a continuar siendo no clientes. «¿Qué le falta a la oferta de nuestro sector para acceder a la nueva demanda?», es posible que se pregunten. Esto indica que están implicados en el proceso y que desean llevar las lecciones aprendidas al siguiente paso. En tal caso, hay que decirles que eso será justamente lo que harán en el siguiente paso del proceso que proponemos. Ahora bien, si este tema genera mucha energía entre los miembros del equipo, permíteles aventurar hipótesis sobre cómo podrían cambiar las cosas, pero sin dejar de recordarles que, por el momento, sus ideas son simplemente eso: hipótesis. De esta manera, todos sentirán que se les escucha y, además, les enseñarás que desarrollar una oferta de océano azul exige un sólido trabajo de campo y un método estructurado, no una simple lluvia de ideas en una sala de conferencias. Por norma general, los miembros del equipo suelen respetar tremendamente este recordatorio.

A medida que analiza el amplio contexto del sector y las oportunidades de demanda disponibles, el equipo va entendiendo mejor el tamaño relativo del mercado de los compradores y usuarios existentes y la composición de los tres niveles de no clientes. Y, al comprenderlo, su percepción de la demanda potencial pasa de centrarse en los consumidores existentes a considerar el escenario más amplio de la demanda total del sector.

Final rotundo

A fin de asegurar que todos los miembros del equipo avanzan al mismo ritmo en la última fase de este paso, y para brindarles una nueva oportunidad de internalizar las principales lecciones aprendidas, repasa con ellos los pasos que han realizado hasta la fecha. En especial, recuerda al equipo que, mediante la aplicación de la herramienta del escenario estratégico «tal como es», aprendieron cuál es la situación actual de su sector y entendieron los factores competitivos y el grado de convergencia que existe entre el actual perfil estratégico de la organización y el de sus competidores, una convergencia que seguramente es responsable de haber empujado a la organización al océano rojo. El siguiente paso, el del mapa de utilidad del comprador, les reveló el subgrupo de espacios de utilidad en los que compite actualmente su sector, así como los puntos de dolor que impone y que limitan su uso potencial a los clientes existentes al tiempo que ahuyentan a los no clientes. En otras palabras, el equipo ya ha detectado los frutos que están a punto de caer del árbol y sobre los cuales debería trabajar ya la organización, incluso si después decide no hacer nada más. Finalmente, gracias al ejercicio de los tres niveles, el equipo sabe que existe una nueva demanda a la que podría accederse a través de una reconstrucción de la oferta, es decir, los no clientes que antes eran invisibles para el equipo y su sector ahora se han tornado visibles.

A estas alturas, la confianza y las competencias del equipo ya han mejorado y sus miembros empiezan a pensar «que quizá existe realmente una manera de salir del océano rojo y que quizá hayan oportunidades que se pueden desbloquear para crear un océano azul». Por otro lado, la dinámica de grupo ha cambiado, pues ahora son los propios miembros del equipo los que presionan para pasar al siguiente paso en lugar de esperar a que el líder del equipo o la dirección de la organización les obliguen a avanzar. Este es el estado emocional deseable, lo cual nos lleva al siguiente paso, en el que el proceso deja de girar en torno a adquirir una mayor amplitud de miras e imaginar lo que podría ser, a generar opciones de océano azul prácticas dentro del mundo real. A continuación, el equipo se adentrará en el mercado y explorará seis métodos sistemáticos de reconstruir las fronteras del mercado con el fin de acceder a la nueva demanda y crear un nuevo espacio de mercado. Vamos allá.

Paso cuatro:

Averiguar cómo llegar

10
Reconstruir las fronteras del mercado. Sistemáticamente

¿Cómo pueden reconstruirse las fronteras de un mercado y cambiar las ideas sobre el lugar donde se hallan las oportunidades con el fin de crear y abrir nuevas fronteras de valor y coste? Todas las organizaciones, hasta las más innovadoras, deben plantearse esta pregunta tarde o temprano. En tu caso, dado que ya te has embarcado en una iniciativa de transición al océano azul, este es el momento de plantear la pregunta a tu equipo.

Gracias al trabajo realizado juntos, los miembros del equipo disponen de un conocimiento visceral del modo en que el proceso y las herramientas de transición al océano azul permiten ver cosas nuevas, fomentan la confianza colectiva y desarrollan un nuevo nivel de conciencia y apertura. Los miembros del equipo tienen la percepción de que su participación en el proceso les permite comprender mejor el mercado, lo cual afianza todavía más su compromiso con el proceso. Es probable que en esta fase ya tengan claro cuál es el océano rojo en el que se halla inmerso su sector y entiendan por qué se precisa una transición para salir de él. Además, han comprobado que los análisis comparativos y las acciones destinadas a machacar a la competencia no solo ciegan a los distintos actores del sector, sino que les impiden ver las innumerables oportunidades que hay por explorar y acaban creando puntos de dolor que limitan la dimensión del sector. Asimismo, los miembros del equipo han identificado una nueva demanda a la que pueden acceder pensando de una manera diferente y ofreciendo un salto de valor tanto a los no clientes como a los compradores actuales. El equipo ya está listo para el proceso de transición, está preparado para pasar de una fase centrada en ampliar el campo de visión e imaginar cómo podrían ser las cosas a una fase de generación de opciones prácticas de océano azul en el mundo real.

Para ello, hemos desarrollado un método basado en seis caminos que facilitan y estructuran la tarea de ver oportunidades donde otros solo ven océanos rojos de competidores. En esta etapa del proceso los miembros del equipo se zambullirán de cabeza al mercado, se ensuciarán las manos y realizarán un trabajo de investigación sobre el terreno, con objeto de generar información y cambiar el campo estratégico de juego. Ahora bien, el trabajo de campo no basta. Para obtener respuestas diferentes, hay que hacer preguntas diferentes y escuchar a personas diferentes. Las respuestas que da la gente son tan perspicaces y profundas (o no) como las preguntas que se les planteen. Si haces preguntas estándar, las respuestas también lo serán y permanecerás anclado en el océano rojo. Sin embargo, si haces preguntas que obligan a la gente a pensar de una forma nueva e innovadora, obtendrás información sobre la manera de crear un nuevo mercado. Comprobarás que, al variar las preguntas y la gente a la que escuchas, cada uno de estos seis caminos te guía para adoptar una visión nueva del universo del mercado, al cambiar las preguntas que planteas y a quién escuchas.

Imagina una calle de un sentido por la que has circulado en coche miles de veces y que crees conocer al dedillo. Un día, sin embargo, pasas por esa misma calle en dirección contraria y, para tu gran asombro, descubres una casa en la que jamás habías reparado antes, ves un árbol alto en un jardín en el que nunca te habías fijado y vislumbras a lo lejos un lago que queda oculto a la vista cuando recorres la calle en la otra dirección. Así funciona el marco conceptual de los seis caminos: te enseña a transitar de formas distintas por una misma carretera para que puedas ver cosas nuevas que siempre han estado ahí, pero ocultas a la vista. De la misma manera que, en la vida, nos impresiona ver cosas nuevas que jamás habíamos visto antes y que siempre han estado ahí, los miembros del equipo experimentan esa misma sensación cuando, a lo largo del proceso, con la ayuda de los seis caminos, aprenden a ver una misma realidad de una manera diferente y a descubrir oportunidades de océano azul.

¿Cómo desarrollamos esta herramienta analítica? Al analizar los movimientos estratégicos que crean océanos azules comercialmente atractivos tras la reconstrucción de las fronteras del mercado, descubrimos seis patrones sistemáticos que se repiten en todos los sectores. ¿Significa eso que no existan otras maneras de crear nuevos espacios en el mercado? En absoluto. Sin embargo, en nuestra experiencia de consultores trabajando con organizaciones de diversos sectores, hemos comprobado lo efectivo que resulta este marco conceptual.

El marco conceptual de los seis caminos: ¿cómo abrir nuevas fronteras de valor y coste?

Casi todas las organizaciones siguen un patrón similar a la hora de desarrollar sus estrategias. En primer lugar, analizan el sector: ¿Han entrado nuevos competidores en escena? ¿La demanda está estancada, al alza o a la baja? ¿Ha subido el precio de las materias primas? A continuación, se centran en los distintos participantes de su grupo estratégico en particular, es decir, en las empresas u organizaciones de su sector que tienen una estrategia o un enfoque similar al suyo. Por ejemplo, los hoteles de lujo se fijan en lo que hacen otros hoteles de lujo, mientras que los hoteles económicos hacen lo propio con sus competidores y, como ambos tipos de hotel operan en grupos estratégicos distintos, no se prestan atención entre sí. Seguidamente, las organizaciones estrechan todavía más su campo de visión y centran su atención solo en los clientes actuales —tanto los suyos como los de la competencia— y en la mejor manera de responder a sus necesidades. No es de extrañar, por lo tanto, que los hoteles económicos no se fijen en los consumidores adinerados y que los hoteles de lujo no presten atención a los consumidores con un nivel de ingresos medio o bajo, pero el propósito de ambos tipos de hoteles es crear el mejor establecimiento posible. En otras palabras, las organizaciones delimitan su oferta a un ámbito definido desde tiempos inmemoriales en el sector y se centran en ofrecer prestaciones que van en línea con la orientación habitual de su grupo estratégico. En el caso de los hoteles económicos, esto significa que ofrecen habitaciones funcionales a bajo precio, mientras que los hoteles de lujo dan prioridad a una estética refinada y sofisticada para realzar su imagen de prestigio. Y, finalmente, ambos tipos de hoteles tienen en cuenta la repercusión de fuerzas externas que afectan al sector —como, por ejemplo, las cuestiones medioambientales o de seguridad— y a las cuales deben adaptarse.

En resumen: las organizaciones tienden a limitar su campo de juego estratégico —y a limitar su horizonte de oportunidades— en base a seis fronteras convencionales: el sector, el grupo estratégico, el grupo de compradores, el ámbito de la oferta de producto o servicio, la naturaleza del atractivo de la oferta y el tiempo. Las organizaciones sin ánimo de lucro como las entidades gubernamentales, los emprendedores, los propietarios de tiendas en calles comerciales o los despachos profesionales también suelen hacer lo mismo.

Sin embargo, las fronteras no definen cómo deben o deberían ser las cosas, sino cómo son. No son leyes de la naturaleza, sino un producto de la mente de las personas y, como tales, están sujetas a cambio. No obstante, esto es algo que tiende a olvidarse con el paso del tiempo y, al final, se adoptan como verdades absolutas y terminan por transformarse en jaulas conceptuales en las que se encierran las organizaciones, pese a que todas estas fronteras han sido creadas por alguna organización concreta. Ahora bien, las personas y organizaciones que crearon esas fronteras pueden asimismo cambiarlas *si* estamos dispuestos a pensar de una manera distinta. El marco conceptual de los seis caminos que se presenta en el gráfico 10-1 muestra seis maneras de cambiar sistemáticamente la lente con la que contemplamos el universo del mercado y de abrir una nueva frontera de valor y coste. Este marco conceptual revela, camino a camino, un modo de descubrir oportunidades plausibles de océano azul. Para ello, debes mirar más allá de las fronteras autoimpuestas de tu sector en vez de quedarte atascado dentro de esas fronteras. Este marco conceptual también ofrece consejos útiles sobre cómo debes mirar y escuchar a medida que avanzas por los distintos caminos. Exploremos ahora estos seis caminos uno por uno.

Gráfico 10-1. Los seis caminos para abrir una nueva frontera de valor y coste

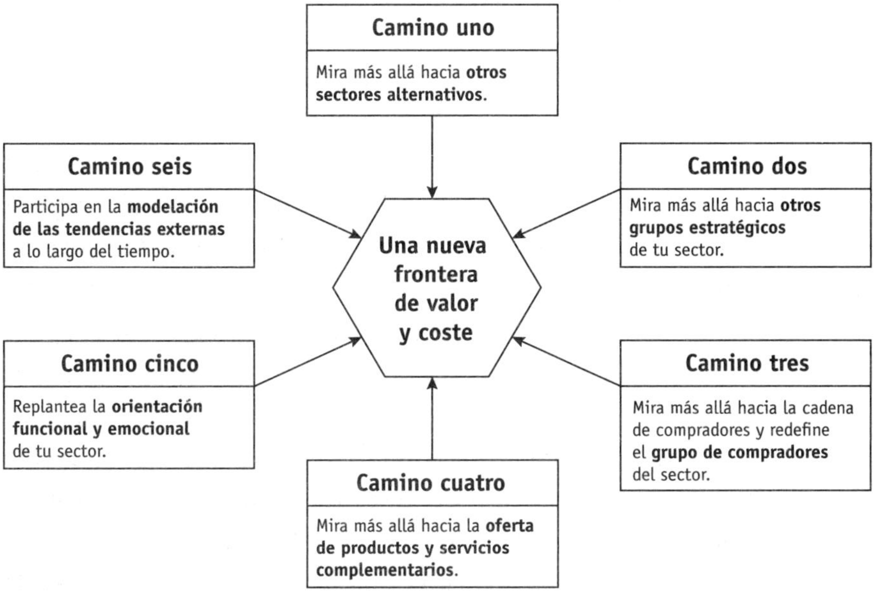

Camino uno: Mira más allá hacia otros sectores alternativos

Lente del océano rojo:		**Lente del océano azul:**
Atención centrada en tus rivales en el sector.	➡	Mira más allá hacia otros sectores alternativos.

Las organizaciones compiten dentro de su propio sector y contra sectores que ofrecen otros productos o servicios alternativos. Cuando los compradores toman una decisión de compra, suelen sopesar la oferta de diversos sectores y, de una manera u otra, aceptan algún sacrificio. Por ejemplo, para llevar las camisas siempre sin arrugas y lucir un aspecto impecable, ¿qué haces? ¿Planchas las camisas en casa, las envías a la tintorería o solo compras camisas confeccionadas con tejidos que no se arrugan? O bien, para viajar de Nueva York a Washington D.C., ¿elegirás el avión, el tren, el coche o el autobús? Este proceso mental es intuitivo para los consumidores, pero la lente estratégica que usan las organizaciones es tan estrecha que solo se centran en vencer a sus rivales en el sector y, por lo tanto, se quedan atrapados en el océano rojo. Para abrir una nueva frontera de valor y coste, hay que fijarse en otros sectores alternativos y comprender los motivos por los cuales los compradores prefieren un sector a otro.

En este camino, el objetivo es identificar los problemas o las necesidades que tu oferta resuelve actualmente y, seguidamente, elaborar una lista de los otros sectores o soluciones que utilizan tus no clientes para resolver estos mismos problemas o necesidades. Recuerda que no buscamos alternativas dentro de tu sector —por qué la gente decide volar en una línea aérea en lugar de otra—, sino en sectores *alternativos* que ofrecen la misma funcionalidad o solucionan el mismo problema de una forma distinta. ¿Cuáles son los elementos decisivos que añaden o restan valor y que llevan a los compradores a decantarse por una alternativa en vez de otra?

Si bien pueden existir varios sectores alternativos a tu sector actual u objetivo, debes centrarte en el sector(es) con una mayor bolsa(s) de demanda. Estos no clientes son la clave para llegar al mayor número posible de nuevos compradores potenciales, y son estos a quienes debes entrevistar.

Una vez identificadas las alternativas, debes preguntar a la gente por qué prefieren una alternativa a otra. Con esta pregunta pasas de prestar atención en los factores en base a los que se compite en el sector —factores que los compradores han aprendido a esperar y que a las organizaciones les encanta mejorar ligeramente por una ganancia mínima— a centrarla en los factores que añaden o restan valor de una forma decisiva. Con este tipo de preguntas, los compradores no se van por las ramas del sector, sino que se centran en el tronco o la utilidad básica que justifica la propia existencia y el tamaño del sector.

Por regla general, el equipo no tarda en descubrir que, pese al amplio abanico de factores por los que compiten los sectores alternativos, son uno o dos los que llevan a los compradores a elegir un determinado sector. Por ejemplo, ¿por qué contrata la gente los servicios de un electricista en lugar de acudir a una ferretería y comprar lo necesario para hacer sus propias reparaciones, o viceversa? Ante todo, son dos los factores que llevan a las personas a contratar a un electricista: sus conocimientos expertos y la falta de tiempo. Del mismo modo, solo hay un factor que empuja a la gente a ir a la ferretería: el coste. El objetivo es desgranar los factores que llevan a los compradores a elegir la oferta de otros sectores y, a continuación, encontrar la forma de combinar estos factores decisivos y reducir o eliminar el resto. De esta manera se abre un nuevo espacio de mercado comercialmente viable, puesto que se centra justamente en lo que valoran los compradores potenciales.

Recuerda que no es lo mismo preguntar a la gente por qué compra en diversos sectores a preguntar qué hace que otro sector sea diferente. La respuesta puede revelar multitud de factores «inteligentes» o diferentes que, sin embargo, carecen de valor. A fin de evitar que te distraigan las «ideas inteligentes», céntrate en por qué las personas eligen o no tu sector o un sector alternativo. Las respuestas indicarán los factores de valor decisivos que deben crearse o eliminarse para desarrollar una oferta de océano azul que sea diferente y de bajo coste. En el documento 10-1 se presentan los pasos del camino uno.

Documento 10-1

Camino uno: pasos

1. Identifica los problemas o necesidades principales que, desde el punto de vista del comprador, resuelve la oferta de tu sector actual u objetivo.
2. A continuación, plantea la siguiente pregunta: ¿Qué sectores alternativos resuelven los mismos problemas o necesidades a los compradores? En este ejercicio, animamos a los miembros del equipo a adoptar diferentes papeles y que se pregunten: «Si yo fuera el comprador, ¿qué sectores alternativos tendría en cuenta antes de decidirme por nuestro sector?» Esto les ayuda a cambiar de perspectiva y a pensar desde el punto de vista de la demanda en lugar del de la oferta.
3. De todos los sectores alternativos, ¿cuáles atraen al mayor número de clientes? Céntrate en estos y entrevista a los compradores de dichos sectores alternativos.
4. Indaga por qué los compradores evaluaron tanto tu sector actual u objetivo como otros sectores alternativos y averigua cuáles son los principales aspectos negativos de los sectores que rechazaron y los principales aspectos positivos del sector que eligieron.
5. Anota la información obtenida en la plantilla disponible gratuitamente en www.blueoceanshift.com/ExerciseTemplates.

Camino dos: Mira más allá hacia otros grupos estratégicos de tu sector.

Lente del océano rojo:		Lente del océano azul:
Atención centrada en tu posición competitiva dentro de un grupo estratégico.	→	Mira más allá hacia otros grupos estratégicos de tu sector actual u objetivo.

El objetivo de casi todas las organizaciones es superar a sus rivales para mejorar su posición dentro de un grupo estratégico o segmento de mercado. Por ejemplo, en el sector hotelero, los hoteles de cinco estrellas suelen centrarse en superar a otros hoteles de cinco estrellas, mientras que los de tres estrellas quieren superar a otros hoteles de tres estrellas, etc. Sin embargo, lo único que consiguen actuando así es mantenerse a flote en un océano rojo. La clave para realizar la transición al océano azul radica en comprender los factores que impulsan a un comprador a decidirse por un determinado grupo estratégico. Entenderlo te permitirá diferenciar entre los factores por los que compiten varios grupos estratégicos y los pocos factores decisivos que llevan a un comprador a decantarse por uno u otro sector. Una vez más, el propósito *no* es saber por qué los compradores eligen una organización en lugar de otra, sino comprender por qué saltan de un grupo estratégico a otro. Si conoces estos factores decisivos, tanto para los no clientes como para los clientes, podrás centrarte en ellos y eliminar o reducir todos los demás.

Veamos el ejemplo del sector de la gestión sanitaria, un sector B2B que presta servicio a las grandes compañías y aseguradoras que ofrecen cobertura sanitaria a sus empleados. HealthMedia, una de las empresas del sector, estaba sumergida en un océano rojo y al borde de la quiebra. En 2006, tras reducir la plantilla de 85 a 18 empleados para estabilizar la empresa, el nuevo CEO, Ted Dacko, se marcó el objetivo de incrementar la facturación de 5 millones a 100 millones de dólares en cuatro años aplicando el enfoque del océano azul. Por aquel entonces, el sector constaba de dos grupos estratégicos: por un lado, la asistencia telefónica —sobre todo para enfermedades graves— y, por el otro, el contenido general digitalizado (por ejemplo, WebMed).

HealthMedia exploró los motivos por los cuales los compradores saltaban de un grupo estratégico a otro y descubrió que, pese a existir múltiples factores por los que competían los diversos agentes del sector, los compradores contrataban el servicio más caro de asistencia telefónica por un único factor: la alta eficacia; del mismo modo, solo había un factor que les llevaba a solicitar el servicio de contenido general digitalizado: el bajo coste. Básicamente, las compañías que competían entre sí por el servicio de asistencia telefónica seguían la estrategia de diferenciación clásica de ofrecer una alta eficacia mediante un asesoramiento especializado, sobre todo para enfermedades graves, pero a un alto coste. Por el contrario, las empresas que competían por el servicio de contenido digitalizado seguían la estrategia clásica del bajo coste, es decir, ofrecían información sanitaria general a un bajo precio, pero con una baja eficacia. Tener que elegir entre una alta eficacia o un bajo precio limitaba el consumo de la oferta de ambos grupos estratégicos y creaba un océano de no clientes.

El hecho de que la asistencia telefónica se centrase en enfermedades graves implicaba que la mayor parte de los empleados realizaba un uso limitado de este servicio, ya que sus consultas eran sobre problemas crónicos, tales como la hipertensión, el colesterol alto, el estrés, la depresión, el insomnio o el trastorno alimentario compulsivo. Por un lado, las empresas no podían ofrecer un servicio telefónico más amplio debido a su alto coste y, por el otro, la escasa eficacia del contenido general digitalizado no fomentaba su uso extendido por los empleados.

En lugar de competir en uno u otro grupo estratégico, HealthMedia decidió poner fin a la disyuntiva entre eficacia o precio creando un nuevo espacio de mercado denominado *coaching* digital de salud, con el que abrió una nueva frontera de valor y coste. El nuevo servicio combinaba el bajo precio del contenido digitalizado con una mayor eficacia. Basado en cuestionarios interactivos que buscan el mejor plan de salud para cada problema, se adaptaba a las necesidades de casi todos los usuarios. Esta solución interactiva de alta eficacia y bajo coste aportó un extraordinario valor añadido a las empresas, que pudieron ampliar su servicio a un mayor número de empleados. Al cabo de dos años, el océano azul de HealthMedia se había vuelto tan atractivo que Johnson & Johnson adquirió la empresa por 185 millones de dólares, un importe que superaba con creces el ya ambicioso objetivo de los 100 millones de facturación en cuatro años.

Para analizar este camino con tu equipo, elige los dos grupos estratégicos más importantes de tu sector. Por norma general, recomendamos elegir el que tenga una mayor cuota de clientes y el que presente un crecimiento más rentable (si son diferentes). En el caso de haber un pequeño grupo estratégico que esté experimentando un rápido crecimiento, escógelo también para el ejercicio.

Cuando las organizaciones comienzan a explorar este camino, a menudo constatan con asombro la enorme cantidad de grupos estratégicos que han surgido en el sector durante los últimos años, así como lo mucho que los actores clave tienden a centrarse en las antiguas estrategias que monopolizaban la industria en el pasado. Sin embargo, en la actualidad, los usuarios cuentan con un sinfín de opciones de consumo en cualquier sector, desde la televisión (*realities*, nuevos productores como Netflix o Amazon) hasta la publicidad (autoedición, editoriales tradicionales, *e-books*), pasando por la música (discográficas tradicionales, estrellas de YouTube, niños que versionan canciones) o la automoción (Tesla, coches eléctricos, vehículos sin conductor). El mero hecho de repasar los grupos estratégicos de su sector ayuda a las organizaciones a despertar a la realidad y a que se les caiga la venda de los ojos, lo cual ya es muy valioso en sí mismo.

Aunque este camino es relativamente sencillo de entender y aplicar, las organizaciones muy centradas en la segmentación tienen problemas para distinguir el bosque de los árboles y tienden a confeccionar largas listas de grupos basadas en las diferencias en su oferta y a menudo caen en la trampa de la segmentación. En tales casos, debes instar al equipo a retroceder un paso para ganar perspectiva y buscar puntos estratégicos que tienen en común que puedan tener los grupos para así agruparlos en un mismo conjunto. Por ejemplo, en el sector de la gestión sanitaria, algunas empresas de asistencia telefónica se centraban en temas de bienestar, otras, en psicoterapias y, muchas otras, en el manejo de enfermedades. Sin embargo, al retroceder un paso, HealthMedia identificó tres puntos estratégicos que, a nivel nuclear, tenían en común todos los participantes en el sector: la asistencia telefónica, el tratamiento de enfermedades graves (no crónicas) y un alto coste. Gracias a su comprensión de ese perímetro común que compartían todos los participantes centrados en distintos segmentos, HealthMedia no se dejó despistar por las diferencias de segmentación. El propósito de este camino, y el de todos los demás, es no distraerse con minucias e identificar los elementos decisivos de valor y coste que diferencian a los grupos estratégicos entre sí, tal y como hizo HealthMedia. En el documento 10-2 se describen los pasos del camino dos.

Documento 10-2

Camino dos: pasos
1. Identifica los grupos estratégicos de tu sector actual u objetivo. 2. Céntrate en los dos grupos estratégicos más importantes. 3. Entrevista a los compradores de cada grupo. Averigua por qué los compradores saltan de un grupo estratégico a otro. Descubre los factores diferenciadores que llevan a los usuarios a elegir un grupo en lugar de otro. Pregunta a esos mismos usuarios cuáles son los principales aspectos negativos que les inducen a rechazar un grupo. 4. Anota la información clave, sobre todo los motivos que sustentan las decisiones de los compradores.

Camino tres: Mira más allá hacia la cadena de compradores y redefine el grupo de compradores del sector

Lente del océano rojo:		**Lente del océano azul:**
Atención centrada en ofrecer un mejor servicio al grupo de compradores del sector.	➡	Mira más allá hacia la cadena de compradores y redefine, el grupo de compradores del sector.

Casi todos los sectores comparten una definición común del cliente objetivo, pero lo cierto es que la decisión de compra suele implicar, directa o indirectamente, a una cadena de compradores: los usuarios del producto o servicio, los compradores que lo pagan y, a veces, los influenciadores, cuyas opiniones repercuten sobre la decisión de comprar o no un producto. Por ejemplo, en el proceso de compra de ropa para una niña preadolescente, el comprador o pagador suele ser un progenitor, la usuaria es la propia niña y, el grupo de influencia, pueden ser unas estrellas del pop.

Al revisar la cadena de compradores, merece la pena fijarse en los influenciadores potenciales que podrían formar parte del proceso de toma de decisión, aunque no estén implicados actualmente en él. Los comercios minoristas son un buen ejemplo de grupo de compradores «no diana» que no se tiene en cuenta y no se implica de forma creativa en los procesos de compra complejos de productos tales como un ordenador, un equipo de música, vino o muebles para el hogar, cuya elección representa un desafío para la mayoría de nosotros. Muchos fabricantes de este tipo de productos, por no decir la mayoría, se centran en las otras empresas del sector o en el usuario final —el comprador—, pero se olvidan de los que venden sus productos. Como resultado, nos encontramos con un personal en las tiendas —que podría persuadir fácilmente a muchos clientes, o a la mayoría, a tomar una decisión en una u otra dirección— que se muestra relativamente indiferente ante los distintos productos, que vende sin pasión y sin apenas ofrecer información, y que no proporciona ningún servicio diferencial a los compradores de un producto frente a otro. ¿Pero qué sucedería si ofreciéramos a la plantilla de las tiendas un salto de valor innovador para que se convirtieran en abanderados de nuestros productos y servicios? ¿Venderíamos mucho más?

Si bien los tres grupos de compradores arriba mencionados pueden solaparse entre sí, por lo general suelen estar bien diferenciados y tener unos valores nítidamente definidos. ¿Recuerdas el ejemplo del proveedor de comidas escolares del capítulo 7? El objetivo principal del comprador era conseguir las mejores condiciones al mejor precio, mientras que los usuarios —los alumnos— valoraban ante todo el buen sabor de la comida. Dejar de centrar la atención en el grupo de compradores tradicionales y redirigirla hacia grupos ignorados tradicionalmente por el sector puede ser la clave para descubrir fuentes de utilidad ocultas y abrir un nuevo espacio de mercado.

Pensemos en la iluminación fluorescente de la mayoría de las tiendas, cadenas de supermercados y oficinas. Cuando Philips Electronics inició la transición del océano rojo al océano azul, redirigió su atención del comprador diana en el que tradicionalmente se había centrado el sector —el departamento de compras— al grupo influenciador clave: los directores financieros. Al hablar con los directores financieros de las empresas, Philips descubrió que el precio de las luces en el que se fijaban el departamento de compras representaba una ínfima parte del coste total. El coste principal procedía del proceso de eliminación especial que requieren estas bombillas, una vez agotada su vida útil, debido a su alto contenido en mercurio. El departamento de compras no era consciente de este coste, pero los directores financieros sí. Esta información llevó a Philips a crear unas bombillas fluorescentes respetuosas con el medio ambiente que suprimían al 100% ese gasto de eliminación. Las nuevas bombillas podían tirarse a la basura ordinaria en vez de tener que transportarse a un vertedero especial. Philips presentó las nuevas bombillas —cuyo precio y margen eran superiores, pero suponían un coste total inferior— y los directores financieros inclinaron la balanza a favor de las luces ecológicas de Philips.

Cuando entrevistes a los grupos de compradores «no diana», debes hacerlo en su entorno natural, es decir, si uno de los grupos «no diana» son los puntos de venta, haz las entrevistas en las tiendas para conocerlas, entender la complejidad de su disposición, los problemas de la plantilla, la manera en que los clientes se mueven por el espacio y hablan con los dependientes y la velocidad de funcionamiento de la caja. Así podrás ver cosas que los propios comerciantes no son capaces de ver o describir. A menudo, es más fácil ver los retos, las oportunidades y las soluciones potenciales desde fuera que desde dentro. En el documento 10-3 se describen los pasos del camino tres.

Documento 10-3

Camino tres: pasos
1. Identifica la cadena de compradores —usuarios, compradores e influenciadores— de tu sector actual u objetivo. 2. Identifica el grupo de compradores principal en el que se centra tu sector actual u objetivo. Redirige la atención hacia los grupos de compradores que el sector siempre ha ignorado. 3. Entrevista a los compradores de los grupos «no diana». Indaga acerca de sus diferentes definiciones de valor. Averigua cuáles son los principales obstáculos a la utilidad y los costes que el sector les impone en la actualidad. 4. Anota la información obtenida de cada grupo de compradores «no diana» y agrupa las respuestas por similitud.

Camino cuatro: Mira más allá hacia la oferta de productos y servicios complementarios.

Lente del océano rojo:		**Lente del océano azul:**
Atención centrada en maximizar el valor de la oferta de producto o servicio tal y como la define tu sector.	➡	Mira más allá para identificar la solución total que buscan los compradores y así entender la oferta de productos y servicios complementarios que aumentan o disminuyen el valor de tu oferta.

Son pocos los productos o servicios que se utilizan de manera aislada, casi siempre hay otros productos o servicios que afectan a su valor. Sin embargo, en la mayoría de los sectores, todas las empresas rivales convergen en la aplicación de las mismas fronteras convencionales a sus productos o servicios y centran sus esfuerzos únicamente en maximizar su valor. La clave para ofrecer un valor innovador radica en definir la solución total que buscan los compradores cuando eligen un producto o servicio, así como en eliminar los puntos de dolor o intimidación de la solución total. Para ello, lo más fácil es pensar en lo que pasa antes, durante y después de utilizar tu producto o servicio.

Al intentar comprender la solución total que necesitan o buscan los compradores, a menudo se descubren nuevas fuentes de valor atrapado. Por ejemplo, el sector de los hervidores de agua eléctricos en el Reino Unido se había convertido en un verdadero océano rojo de baja rentabilidad y poco crecimiento, a pesar de que el hervidor es fundamental para preparar el té que tanto adoran los británicos. El sector llevaba mucho tiempo compitiendo en precio y diseño estético, hasta que Philips Electronics cambió su foco de atención a la experiencia total del comprador y descubrió que el gran desafío para los bebedores de té británicos nada tenía que ver con el hervidor propiamente dicho, sino con la cal del agua que salía del grifo. Antes de poder disfrutar de su té de las cinco, los amantes de esta bebida tenían que pescar con una cuchara las partículas de cal que flotaban en la taza. Los fabricantes de hervidores jamás se habían centrado en resolver este problema porque nada tenía que ver con su producto. Sin embargo, al analizar la experiencia del comprador y pensar en toda la gama de productos y servicios complementarios que necesitaban los compradores, Philips identificó este obstáculo a la utilidad y creó un hervidor de agua con un filtro extraíble de carbón vegetal que atrapaba las partículas de cal al servir el agua. Como resultado, Philips transformó un sector estancado en un sector de rápido crecimiento, aumentó el precio de sus productos y creó una nueva fuente constante de ingresos gracias a los filtros intercambiables.

Tal y como ilustra este ejemplo, es imprescindible visitar a los usuarios para entender de primera mano lo que sucede antes, durante y después de usarse un producto o servicio. ¿Por qué? Porque únicamente así es posible ver todo el contexto y descubrir los pasos y desafíos que quedan ocultos. Cuando Philips preguntaba a los usuarios lo que hacían con el hervidor de agua eléctrico, la respuesta era: enchufar, encender, hervir, verter, y beber. Sin embargo, al visitar a los consumidores en sus casas y observar cómo utilizaban el hervidor, el problema de la cal no tardó en surgir. Desde el punto de vista de muchos usuarios, la cal no tenía nada que ver con el hervidor, así que jamás pensaron en mencionarla y, además, estaban tan acostumbrados a pescar las partículas de cal de la taza, que se había convertido en un acto inconsciente. Lección: cuando se pregunta acerca de un producto o servicio, los usuarios se centran en el producto o servicio y, por lo tanto, sus respuestas apenas difieren de las del sector.

Cuando se visita al usuario, la finalidad no es sentarse en su salón, oficina o fábrica y someterle a una batería de preguntas, sino observarle mientras utiliza el producto o servicio a fin de descubrir las asunciones tácitas de lo que dan por sentado y observar los pasos realizados. Es importante fijarse en los procesos o circunstancias que provocan la necesidad o el deseo de usar el producto o servicio. ¿Hay algún inconveniente? ¿El desencadenante es demasiado costoso o intimidante y frena la demanda del producto o servicio? ¿Qué sucede antes de que el consumidor utilice el producto? ¿Qué ocurre durante su uso o en torno a él? ¿Y qué pasa después?

El mapa de utilidad del comprador presentado en el capítulo 8 es una herramienta útil para analizar estas observaciones, puesto que su estructura te impide quedarte atrapado dentro de los estrechos confines de tu sector. Aprender a observar y detectar los valores mencionados o atrapados de un producto o servicio no siempre es fácil, pero las seis palancas de la utilidad y las seis fases del ciclo de experiencia del comprador facilitan el proceso. El objetivo principal es descubrir los obstáculos a la utilidad, aunque no estén relacionados con tu sector en concreto, ya sea la cal del agua en los hervidores eléctricos, buscar canguro para ir al cine, acudir al aeropuerto para coger un avión o abrir un paquete de folios para la impresora.

También es importante que indagues qué pasa en el nivel de mayor tamaño de no clientes. Por ejemplo, cuando los fabricantes de televisores decidieron entrar en el mercado de Sudáfrica, las conversaciones con los habitantes de las zonas rurales revelaron que el mayor obstáculo para comprar un televisor nada tenía que ver con el aparato, sino con el hecho de que solo una pequeña parte de la población tenía acceso al suministro eléctrico, problema que se resolvió vendiendo los televisores junto con una batería de coche, abriendo así un océano de nueva demanda. Este tipo de información reveladora solo se obtiene entrevistando a los no clientes y observando directamente los retos a los que se enfrentan. En el documento 10-4 se describen los pasos del camino cuatro.

Documento 10-4

Camino cuatro: pasos
1. Analiza el contexto real en el que se utiliza la oferta e identifica lo que sucede *antes, durante y después* de su uso. 2. Observa a los compradores mientras usan tu producto o servicio. Agrupa por patrones la información observada para discernir la frecuencia o gravedad de los obstáculos a la utilidad. 3. Usa el mapa de utilidad del comprador y la herramienta de los no clientes para guiar tus observaciones. 4. Anota toda la información obtenida.

Camino cinco: Replantea la orientación funcional y emocional de tu sector

Lente del océano rojo:		**Lente del océano azul:**
Atención centrada en mejorar el precio y el rendimiento dentro de la orientación funcional-emocional de tu sector.	➡	Replantea la orientación funcional y emocional de tu sector actual u objetivo.

Las organizaciones que compiten en un mismo sector o grupo estratégico no solo tienden a compartir la misma visión sobre el ámbito de su oferta, sino también sobre su atractivo. Algunos sectores y grupos compiten ante todo en precio y funcionalidad: su atractivo es funcional. Otros, compiten en emociones positivas: su atractivo es emocional. A menudo es factible abrir una nueva frontera de valor y coste cambiando de un tipo de atractivo a otro, o bien fusionando las fuentes de atractivo.

Para ello, primero debes tener clara la orientación de tu sector. A veces resulta fácil. Por ejemplo, el segmento más exclusivo del sector de la moda tiene una clara orientación emocional: su objetivo es que la gente se sienta guapa y perteneciente a una élite. No obstante, otras veces, el sector está tan acostumbrado a su orientación que ni la ven;

simplemente la dan por sentada. Para tener clara esta orientación, pide a tus clientes y no clientes que describan la oferta de tu sector con sus propias palabras, no con las tuyas. Al hacerlo, descubrirás si su orientación es funcional o emocional y cuál es el significado de esos adjetivos dentro del contexto de un determinado sector.

En el caso del sector jurídico, cuando se pregunta a los consumidores por su orientación, la respuesta mayoritaria es que se trata de un sector funcional. Su objetivo no es generar emociones positivas. ¿Pero qué significa *funcional* en este contexto? Que hace el trabajo que tiene que hacer, ni más ni menos. Ahora bien, la manera funcional en la que el sector jurídico realiza su trabajo genera emociones negativas en muchas personas, de las cuales las más habituales son: intimidante (¿quién es capaz de leer un documento legal?), complejo y excesivamente caro (¿quién cobra por minuto y redondea los minutos al cuarto de hora?). Piensa en las posibilidades que se abrirían si el sector se decantara hacia una orientación emocional positiva. ¿Qué tal sonaría un producto o servicio jurídico que fuera agradable y sencillo y cuyo precio se basara en el valor ofrecido y no en los minutos dedicados? A nosotros nos suena muy bien.

Ahora piensa en los supermercados, que también suelen tener una orientación funcional. Los tres primeros conceptos que vienen a la mente para describirlo son: un fastidio, un mal necesario e ineficiente (piensa en las largas colas en la caja, en la lentitud del servicio en la carnicería y en la pescadería, etc.). ¿Cómo podría ser un supermercado con una orientación emocional positiva? Podría ser un lugar divertido, moderno y superrápido. El objetivo de este camino es que te replantees tu sector a través de un cambio de orientación, algo que puede abrir las puertas a cambiar por completo el concepto de tu oferta.

Para conocer la opinión general que tienen los clientes y no clientes de tu sector, pregúntales si consideran que es funcional o emocional. A continuación, averigua lo que significa su respuesta en ese contexto pidiéndoles que te den entre tres y cinco adjetivos o características que lo describan. Sus respuestas te proporcionarán pistas sobre los múltiples factores que avalan y refuerzan su imagen del sector (es posible que descubras que la manera en que el público ve y vive tu sector es muy distinta de la tuya). A continuación, da la vuelta a la pregunta y pide a los entrevistados (y a los miembros del equipo) que describan cómo sería el sector con las características opuestas. Esto aporta pistas sobre cómo podría modificarse el atractivo del sector. Por regla general, los equipos se divierten mucho con este camino. En el documento 10-5 se describen los pasos del camino cinco.

Documento 10-5

Camino cinco: pasos
1. Identifica la orientación actual del sector. ¿Es predominantemente funcional o emocional? 2. Escucha la manera en que describen tu sector actual u objetivo los clientes y no clientes. Indaga acerca de las principales características que les llevan a describirlo como funcional o emocional. 3. Busca los puntos en común de sus respuestas y agrupa sus comentarios por similitud. 4. Averigua cuál sería la imagen de la oferta si se invirtiera la orientación. 5. Anota toda la información obtenida.

Camino seis: Participa en la modelación de las tendencias externas a lo largo del tiempo.

Lente del océano rojo:		**Lente del océano azul:**
Atención centrada en adaptarte a las tendencias externas a medida que aparecen.	➡	Participa en la modelación de las tendencias externas que repercuten de forma decisiva sobre tu sector actual u objetivo.

Con el tiempo, las tendencias externas afectan a todos los sectores. En la actualidad, apenas existe ninguna empresa, organización sin ánimo de lucro o agencia gubernamental cuyo mundo no se vea modelado por fuerzas externas, tales como el auge de las redes sociales, el aumento de la obesidad, el movimiento mundial de defensa del medio ambiente o el envejecimiento de la población en los países desarrollados.

Muchas empresas intentan ellas mismas realizar proyecciones sobre esas tendencias externas y adaptarse a los acontecimientos relacionados con estas según se van produciendo. No obstante, proyectar tendencias no suele aportar información sobre posibles fronteras nuevas de valor y coste. Para obtener esta información, hay que fijarse en el modo en que una tendencia influye en lo que valoran los consumidores y en cómo, con el tiempo, repercutirá en el modelo de negocio de una empresa. Por ejemplo, Netflix comprendió que la rápida expansión de la conexión de banda ancha de Internet permitiría el inminente despegue del *streaming* en tiempo real para ver películas. Esto abría la posibilidad de una flexibilidad total para ver películas en cualquier momento de una forma fácil y práctica. Ya no sería necesario realizar primero el pedido de los DVD, esperar a que llegaran físicamente por correo y devolverlos después. En otras palabras, el modelo de negocio original de Netflix dejaría de ser necesario. Esta información inspiró a Netflix a crear un tipo de valor totalmente nuevo para los compradores: la televisión bajo demanda, un nuevo océano azul. Mediante el análisis de los acontecimientos a lo largo del tiempo, desde el valor actual del mercado a su posible valor en el futuro, compañías como Netflix pueden modelar su futuro de una forma activa y crear nuevas fronteras de valor y coste.

El objetivo de este último camino es ayudar a las organizaciones a ir más allá de la simple adaptación a las tendencias externas y que ayuden a modelarlas. Para ello es imprescindible saber en qué tendencias hay que centrarse y hacer las preguntas adecuadas. Para empezar, tienes que saber qué tendencias repercuten de manera decisiva sobre tu sector. El hecho de que una tendencia sea importante para varios sectores no implica que también lo sea para el tuyo. Por ejemplo, un equipo identificó como tendencia el poder creciente de la generación de los *millennials* con sus gustos y necesidades, pero a pesar de su repercusión en muchos sectores, carecía de trascendencia para el suyo: el sector inmobiliario para jubilados. Por consiguiente, es esencial que comprendas y describas al detalle las implicaciones de cada tendencia para tu sector, no para el mundo en general.

No todas las tendencias, sin embargo, por pertinentes que sean, permiten desarrollar un océano azul que maximice las oportunidades y minimice los riesgos. Por eso es importante plantearse estas dos preguntas: ¿Se trata de una tendencia irreversible? ¿Esta tendencia sigue una trayectoria clara? El precio del petróleo, por ejemplo, es trascendental para muchos sectores y, si su precio cae de forma notable durante varios meses, esa circunstancia puede ciertamente suponer una tendencia atractiva. Sin embargo, si fuera razonable imaginar que el precio volverá a aumentar al cabo de seis o doce meses, y los expertos del sector apoyan esta idea, no es conveniente desarrollar nada sobre la base de esta tendencia. Es muy arriesgado implantar una iniciativa de océano azul si, como sucede con el precio del petróleo, existe un alto grado de incertidumbre sobre la evolución o irreversibilidad de la tendencia sobre la que se basa la iniciativa.

Si una tendencia cumple los tres criterios, debes preguntarte lo siguiente: si esta tendencia llegara a su conclusión lógica, ¿cómo incidiría eso sobre el valor que ofrecemos a los compradores? ¿Y qué implicaciones tendría para nuestro sector y nuestra organización? Por ejemplo, cuando el equipo de Groupe SEB aplicó este camino al segmento de las freidoras eléctricas, las principales tendencias externas eran el aumento de la obesidad y la alimentación saludable. Sin embargo, los consumidores de este producto jamás habían mencionado esta preocupación en las encuestas a clientes, puesto que daban por sentado que las patatas fritas siempre tienen un alto contenido de calorías y grasas. Esta información impulsó al equipo de Groupe SEB a explorar estas tendencias con los no clientes, puesto que vieron una clara oportunidad de crear un océano de nueva demanda mediante el lanzamiento de freidoras que no frieran.

Para saber cómo las tendencias decisivas pueden repercutir sobre tu sector, debes fijarte en otros sectores sobre los que estén incidiendo o ya hayan incidido. La desintermediación, la desregularización y la aparición de mercados de doble vertiente son ejemplos de tendencias que ya han influido sobre muchos sectores. Su experiencia te proporciona información interesante sobre las posibles consecuencias para tu organización y sobre la manera en que puedes aprovechar esta tendencia si cambias la definición de valor en tu sector.

La pregunta que nos plantean con más frecuencia con respecto a este camino es: «¿Cuánto tenemos que adentrarnos mentalmente en el futuro?» La contestación es otra pregunta: «¿Cuánto tiempo tardaréis en crear y lanzar una oferta nueva que proporcione a los compradores un salto de valor considerable?» La respuesta a esta pregunta indica el plazo en que cabe pensar para aprovechar una tendencia. El periodo más habitual es de tres a cinco años.

En este camino, el aspecto más difícil de entender es la manera en que una tendencia puede incidir sobre el valor de la oferta actual de un sector, o bien lo que debería tener en cuenta una futura oferta. Aunque el concepto en sí es fácil de comprender, las soluciones no son tan obvias como en el resto de los caminos, que desde el principio producen una sólida lista de factores a modificar. Con el objetivo de resolver este problema, el equipo debe analizar todas las tendencias importantes y, para cada una de ellas, preguntar: «Si esta tendencia continúa avanzando así, ¿qué aspectos de nuestra oferta actual dejarán de tener sentido o pueden restar valor al comprador y, por lo tanto, deben eliminarse o reducirse?» y «¿Qué elementos debemos introducir o incrementar en nuestra oferta para proporcionar a los compradores una diferencia de valor sustancial?» En el documento 10-6 se describen los pasos del camino seis.

Documento 10-6

Camino seis: pasos

1. Identifica de tres a cinco tendencias que pueden tener un impacto decisivo sobre tu sector actual u objetivo. Ofrece la opción al equipo de complementar esta información mediante una investigación secundaria por Internet.
2. Analiza y determina con el equipo la importancia de estas tendencias para el sector. Céntrate en aquellas que pensáis que tendrán una influencia decisiva sobre tu sector actual u objetivo.
3. Analiza y determina con el equipo hasta qué punto es irreversible cada una de las tendencias.
4. Analiza y determina con el equipo si todas estas tendencias siguen una trayectoria clara.
5. Elabora una lista de las implicaciones de todas las tendencias que son decisivas para tu sector, que son irreversibles y que evolucionan en una dirección clara. Describe de forma detallada cómo cada tendencia cambiará el valor para los compradores y el modo en que ello pueda repercutir en tu modelo de negocio con el paso del tiempo.
6. Anota toda la información obtenida.

Aplicar el marco conceptual de los seis caminos

Los deportistas suelen decir que no hay ganancia sin dolor. Lo mismo puede decirse de los seis caminos: los resultados son muy reveladores y te abren los ojos, pero requieren tiempo y esfuerzo, pues hay que realizar multitud de entrevistas individuales y llevar a cabo un trabajo de observación sobre el terreno. Esta es la parte del proceso de transición al océano azul que consume más tiempo, pero los miembros del equipo no pueden delegar este trabajo en otras personas, ya sean de dentro o fuera de la organización. No es posible subcontratar los ojos y los oídos del equipo. La información que se desvela es poderosa y convincente porque es el resultado del trabajo de campo realizado por el propio equipo. No caigas en la tentación de buscar un atajo. Si lo haces, minarás la iniciativa, perderás información, se mermarán las posibilidades de éxito y no cumplirás tu objetivo de transición al océano azul. A continuación se describe el modo en que se desarrolla este paso.

Empieza con una visión global

Comienza por explicar a los miembros del equipo que el objetivo de esta fase es obtener una visión global: la finalidad es buscar información para reconstruir las fronteras del sector y abrir una nueva frontera de valor y coste. No es el momento todavía de buscar respuestas definitivas. Los seis caminos les guiarán en esta búsqueda de información.

Este recordatorio es importante porque, si tienen la sensación de que deben buscar soluciones desde buen principio, muchos se desanimarán cuando no encuentren las respuestas o se paralizarán ante el peso de las preguntas. Recuerda que este proceso es muy distinto al seguido por la mayoría de las organizaciones para desarrollar su estrategia. Si los miembros del equipo se sienten desanimados o paralizados al enfrentarse al mercado, llevarán a cabo este proceso de forma superficial en lugar de mostrarse inquisitivos y sentirse inspirados. Por lo tanto, es importante convertir el proceso en algo divertido: es el momento de transformarse en detectives y descubrir pistas. Asegura a los miembros del equipo que es normal sentirse un poco incómodos y que no son los únicos que se sienten así.

Divide el equipo en dos subgrupos

Explorar cada camino lleva su tiempo y pedir a todo el equipo que explore los seis caminos es pedirles un compromiso de tiempo que pocos pueden asumir, salvo que hayan bloqueado buena parte de sus agendas para dedicarse a esta iniciativa. Si cada grupo se encarga solo de tres iniciativas, este paso será mucho más factible. Además, se crea una sensación de sana competición por hacer el trabajo mejor que el otro grupo, lo cual aumenta la diversión y la calidad de la información obtenida. Y, lo que es más, mitiga las quejas sobre lo injusto o inviable que es realizar una tarea a la vista de las otras responsabilidades laborales de cada miembro del equipo. Esto es algo que debes explicarles desde el principio, cuando formes los subgrupos. De esta manera verán que comprendes la magnitud de lo que les pides, que esperas que realicen un trabajo de alta calidad y que has decidido crear los subgrupos para que este paso les resulte viable y motivador. El silencio *no es* oro. Debes explicar el concepto subyacente a los subgrupos.

Explica el marco conceptual completo al equipo

Explica el marco conceptual completo al equipo, así como lo que hará cada subgrupo en sus caminos respectivos. Es imprescindible que todos los miembros del equipo dispongan de una visión global del trabajo para poder responder de una manera inteligente a las preguntas que puedan hacerles al respecto otras personas de la organización. Al estar al corriente de lo que hace el otro subgrupo, se elimina el temor y la ansiedad que puede provocar una respuesta del tipo «No lo sé. El líder del equipo no ha compartido esa información con nosotros». Por otra parte, a los miembros del equipo les gusta ser tratados como iguales cuya opinión importa. El resultado: más compromiso y menos miedo; además, de este modo, los miembros de los subgrupos disponen de toda la información para mantener al día al resto de la organización.

Explica cómo se desarrollará el proceso

Una vez que los miembros del equipo entiendan la lógica de los seis caminos, los subgrupos ya pueden empezar con sus tareas, que puedes asignarles tú mismo o, preferiblemente, dejar que las echen a suertes. De esta manera, al elegir los caminos al azar, los miembros del equipo sienten que el proceso es justo. A continuación, los subgrupos deben decidir con qué camino desean empezar y no pasar al siguiente hasta que no hayan finalizado el anterior.

Seguidamente, los subgrupos deben establecer un plan de trabajo individual para cada camino, empezando por el que tratarán primero. Lo mejor es empezar repasando con ellos la lógica de cada camino y sus pasos asociados de acuerdo con lo descrito en los documentos 10-1 a 10-6. Para llevar a cabo las tareas de este capítulo de forma más eficaz, descarga gratuitamente los materiales y las plantillas correspondientes en www.blueoceanshift.com/ExerciseTemplates. Las plantillas ofrecen una guía sobre las preguntas en las que profundizar en las entrevistas a los clientes y no clientes que se realicen durante el trabajo de campo. Además, las plantillas ayudan a organizar la información obtenida de una manera útil.

Los miembros de cada subgrupo deben empezar por explorar los distintos caminos individualmente, para luego compartir los resultados con su grupo. A continuación, deben trabajar otra vez de forma individual para obtener la más amplia variedad de perspectivas posibles sobre las que trabajarán juntos después. Esta secuencia favorece la obtención de un rico abanico de percepciones y perspectivas a través del trabajo individual, al tiempo que permite a los miembros descubrir juntos los patrones clave e identificar las anomalías interesantes.

Por ejemplo, en el primer camino, los miembros de cada subequipo deben empezar por elaborar su propia lista de sectores alternativos y, a continuación, decidir juntos cuáles son las más pertinentes en función de los criterios establecidos para cada camino. Después, cada uno debe entrevistar a clientes y no clientes siguiendo los pasos del camino y, finalmente, se reunirá de nuevo con el grupo para analizar los resultados. De esta manera se evita el pensamiento grupal y se fomenta la sabiduría colectiva. En el caso del resto de los caminos, también se aplica este mismo patrón de trabajo con alguna variación.

Una parte del plan de trabajo consiste en determinar quiénes son los clientes y los no clientes a los que deberá observar y entrevistar cada miembro del subequipo para evitar que todos entrevisten y observen a las mismas personas. Por ejemplo, en el camino uno, supongamos que el sector alternativo que han decidido analizar sea el de los medios de transporte de larga distancia. Debes asegurarte de que los miembros del subequipo hablan con clientes diferentes de todos estos medios de transporte. Para ello, hay que decidir cuáles son los consumidores específicos de cada medio de transporte con los que hablará cada miembro del equipo. (Estas personas son los no clientes del sector.) El trabajo de campo implica tomar fotografías, grabar en vídeo lo que se observe y visitar los puntos de venta. En otras palabras, conocer la realidad sobre el terreno. En el caso de los medios de transporte de larga distancia, recomendamos acudir al aeropuerto y hablar directamente con pasajeros que acaben de facturar para realizar un viaje de larga distancia. También recomendamos hablar con el personal del aeropuerto implicado en el proceso de facturación para preguntarles su opinión sobre los motivos por los cuales las personas prefieren realizar viajes de larga distancia en avión en lugar de otros medios de transporte. Durante el proceso, hay que imaginarse a uno mismo haciendo de detective y disfrutar al máximo de la tarea sin perder de vista el objetivo.

¿A cuántas personas debería entrevistar cada miembro del equipo en cada camino? Normalmente, entre diez y doce, aunque a veces los equipos deciden realizar hasta quince entrevistas porque descubren que es un proceso muy enriquecedor del que aprenden mucho. Por regla general, las primeras entrevistas del primer camino suelen ser las más difíciles porque muchos miembros del equipo estarán todavía aprendiendo a usar el nuevo conjunto de habilidades necesario para realizarlas, pero debes instarles a continuar y a no desanimarse. Al final de este proceso, todos los miembros habrán identificado algunos temas, así como algunas respuestas muy idiosincráticas, que resultará útil comentar con el equipo. Anota todas las respuestas y no desdeñes ninguna, por atípica que sea. Al principio, la tarea de las entrevistas puede resultar incómoda e incluso desagradable para algunas personas, sobre todo si están acostumbradas a entender a los clientes a través de encuestas a gran escala. En tal caso, debes mostrar tu apoyo, pero pedirles que perseveren. Todavía no hemos conocido a nadie que no se haya sentido rejuvenecido y asombrado ante todo lo aprendido durante el trabajo de campo.

A fin de sacar el máximo provecho de la información obtenida, recuerda a los miembros del equipo que su cometido no es «vender», sino observar, seguir y preguntar con la debida humildad. Es imprescindible que sean abiertos y que no se muestren a la defensiva cuando los clientes y no clientes respondan de forma franca a sus preguntas. En el caso de recibir algún comentario negativo, deben indagar más para extraer las máximas lecciones posibles. Insiste a los miembros del equipo en que los aspectos negativos son oportunidades ocultas y que por tanto deben tratar de entenderlos muy bien y comprender a fondo por qué aparecen. Recuérdales que anoten y capten *en tiempo real* toda la información y todas las respuestas de todas las personas que conozcan, observen y entrevisten. No deben hacerlo más tarde, porque los recuerdos tienden a volverse borrosos. El objetivo es que vean el mundo con nuevos ojos. No hay observación demasiado nimia. Muchas observaciones pequeñas pueden sumar y convertirse en una información que derive en un océano azul. Piensa en la pequeña observación repetitiva de la presencia de cal en el agua del Reino Unido que llevó a Philips Electronics a crear un océano azul a través de los filtros de carbón vegetal reemplazables.

Los caminos uno, dos y tres indican los grupos de no clientes que deben entrevistar y observar los equipos que son, respectivamente, sectores, grupos estratégicos y grupos de compradores alternativos. En los caminos cuatro a seis, deben entrevistar a las personas que se encuentren en el nivel más grande (o en los dos niveles más grandes) de no clientes identificados en el paso tres del proceso (véase el capítulo 9). La elección de uno o dos niveles dependerá de su tamaño relativo. Si hay un nivel mucho mayor que los otros dos, recomendamos escoger ese nivel únicamente. De lo contrario, pueden elegirse dos niveles.

Siguiente paso

Una vez finalizada la exploración en directo del mercado, los subgrupos dispondrán de una gran cantidad de información nueva sobre la manera de liberar valor de forma innovadora. Inspirados por todo lo aprendido en el trabajo de campo, casi todos los miembros del equipo se sentirán estimulados intelectualmente por las nuevas formas de pensar a las que han estado expuestos. Esto nos lleva a la segunda parte del paso cuatro, donde mostraremos la manera en que el equipo puede usar la información recabada para poner en marcha iniciativas concretas y alternativas de transición al océano azul. Este es el momento de introducir la tabla eliminar-reducir-aumentar-crear, una herramienta clave para despejar la disyuntiva entre valor y coste y abrir una nueva frontera. ¡Vamos allá!.

11

Desarrollar oportunidades de océano azul alternativas

Tras explorar los seis caminos del mercado, los miembros del equipo suelen sentirse agotados, pero también entusiasmados, puesto que han descubierto que hay factores en base a los que se compite desde hace mucho tiempo en el sector que están sobredimensionados o han dejado de ser importantes. Asimismo, se cuestionan los segmentos de mercado tradicionales al identificarse numerosos puntos en común entre los distintos grupos estratégicos. Además, los productos y servicios complementarios a los que el sector nunca había prestado demasiada atención pueden ser palancas importantes para desbloquear valor innovador. En resumen, la energía y la sensación de empoderamiento del equipo son palpables y, de una manera u otra, esto es algo que también acaba percibiendo el resto de la organización.

Ante todo cabe destacar la manera en que las personas implicadas en la iniciativa hablan del proceso de transición al océano azul: en lugar de citar informes y datos, explican historias. Historias que tienen colores, nombres y lugares, y que incluyen observaciones que llevan al resto de las personas de la organización a reflexionar sobre ciertas prácticas del sector y a cuestionarlas, y a que se sientan conectados visceralmente a los resultados.

Ha llegado el momento de transformar las percepciones y las observaciones del equipo en opciones estratégicas de océano azul bien formuladas. Para ello, presentamos el marco de las 4 acciones, una herramienta que permite traducir los resultados de la exploración del mercado obtenidos por el equipo en opciones estratégicas concretas y viables que tienen por objeto la diferenciación y el bajo coste.

El marco de las cuatro acciones

Tal y como se muestra en el gráfico 11-1, el marco de las cuatro acciones se basa en cuatro preguntas clave. Estas preguntas ayudan a cuestionar la lógica estratégica y el modelo de negocio del sector con el fin de obtener unas iniciativas de océano azul que resuelvan la disyuntiva entre la diferenciación y el bajo coste. Veamos cuáles son.

Gráfico 11-1. El marco de las cuatro acciones

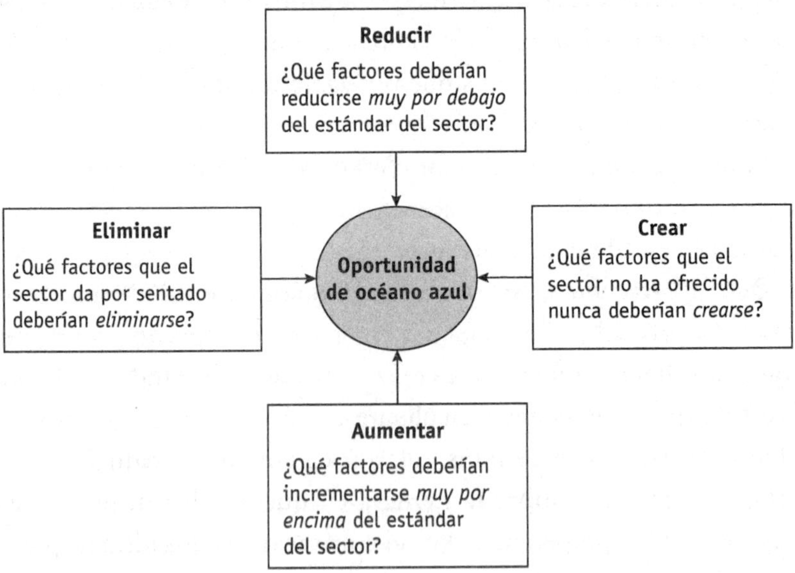

¿Qué factores que el sector da por sentados deberían eliminarse? Esta pregunta insta a eliminar factores en base a los que se compite en el sector desde hace tiempo, pero que tu equipo considera irrelevantes tras haber explorado los seis caminos del mercado. Estos factores ya no añaden valor al sector e incluso le quitan valor, pero su existencia no se cuestiona porque forman parte de la práctica habitual. Otras veces, las organizaciones están tan centradas en superar a la competencia que no actúan en función de cómo cambia lo que valoran los compradores, o ni siquiera perciben dichos cambios. Estos factores lastran la estructura de costes de la organización a cambio de un beneficio mínimo o nulo. Por lo tanto, su eliminación puede aportar un importante ahorro de costes.

¿Qué factores deberían reducirse muy por debajo del estándar del sector? Esta pregunta obliga a pensar si, en su carrera por vencer a la competencia, tu organización ha invertido en exceso en ciertos productos o servicios. En ocasiones, las organizaciones ofrecen a sus clientes un servicio excesivo que incrementa la estructura de costes sin aportar ningún beneficio. Si se reducen estos factores, pueden disminuirse todavía más los costes.

¿Qué factores deberían incrementarse muy por encima del estándar del sector? Esta pregunta revela las concesiones que se ven obligados a realizar los compradores para que puedas ponerles fin. Por regla general, estas concesiones se deben a que el sector es incapaz de detectar que los compradores quieren más cantidad de algunos factores de la que se incluye en la oferta estándar del sector. Sin embargo, como es el estándar, a nadie se le ocurre cuestionarlo.

¿Qué factores que el sector no ha ofrecido nunca deberían crearse? Esta última pregunta te empuja a ofrecer a los compradores unos *tipos* de valor totalmente nuevos y a crear una nueva demanda mediante la conversión de los no clientes en clientes.

Las dos primeras preguntas, relativas a eliminar y reducir factores, aportan información sobre la manera en que pueden disminuirse los costes frente a la competencia. Por el contrario, las dos últimas preguntas, relativas a incrementar y crear factores, impulsan a mejorar significativamente el valor para el comprador. En esta fase son especialmente importantes las acciones de *eliminar* y *crear* porque estimulan al equipo a ir más allá de los ejercicios tradicionales de maximización de valor, cuyo objetivo es ofrecer más valor principalmente *reduciendo* e *incrementando* los factores competitivos *existentes*. Si te centras únicamente en *reducir* e *incrementar*, quizá produzcas un mayor *grado* de valor para el comprador e incluso puede que logres establecer una ventaja competitiva dentro del espacio actual del sector, pero no conseguirás que se vuelvan irrelevantes las normas actuales de la competencia porque no cambiarás los factores clave en base a los que compite el resto del sector. Para abrir una nueva frontera de valor y coste y dejar atrás a la competencia, es necesario ofrecer al comprador nuevos *tipos* de valor, eliminando factores existentes y creando factores nuevos.

A fin de asegurar que los equipos del océano azul buscan tanto la diferenciación como el bajo coste, hemos creado la tabla eliminar-reducir-aumentar-crear (ERAC), que complementa al marco de las cuatro acciones. Juntas, estas dos herramientas permiten traducir las percepciones y observaciones que los miembros del equipo han obtenido durante el trabajo de campo en acciones estratégicas concretas, necesarias para la transición al océano azul. Si el equipo se centra únicamente en un subgrupo de las cuatro acciones y no en todas ellas, aparece en la tabla un espacio en blanco que actúa a modo de advertencia. Veamos ahora cómo funciona este proceso.

Cómo desarrolló una empresa su jugada de océano azul

«De todos los océanos rojos, el sector hotelero es el más rojo de todos», afirma Michael Levie, cofundador de citizenM Hotels. Por regla general, un hotel de cuatro estrellas ofrece unas cuatro quintas partes de lo que proporciona uno de cinco y, uno de tres estrellas, unas tres cuartas partes de lo que aporta el de cuatro, y así sucesivamente hasta el hotel de una estrella que brinda aproximadamente la mitad de los servicios que presta uno de dos estrellas. En otras palabras, todos compiten en base a los mismos factores, básicamente ofreciendo mayor o menor cantidad. «En este sector, la gente cree que innova si pinta las paredes de otro color o si cambia el tipo de chocolatina que deja sobre la almohada», comenta Michael. En 2007, en vista de la situación del sector, Michael Levie y Rattan Chadha, CEO, cofundador y principal inversor de citizenM, se dispusieron a abrir una nueva frontera de valor y coste para captar a la masa creciente de *ciudadanos móviles,* es decir, a los viajeros frecuentes que se desplazan por trabajo, para pasar un fin de semana de compras o para conocer un nuevo destino. Estos empresarios se adentraron en el sector hotelero con la intención de crear un océano azul a través de un nuevo tipo de cadena de hoteles.

Cuando analizaron el perfil de los ciudadanos móviles, Rattan, Michael y su equipo observaron que muchos frecuentaban hoteles de tres estrellas u hoteles de lujo. Al percibir que existía una oportunidad de océano azul entre estos dos grupos estratégicos (camino dos), quisieron comprender por qué los viajeros frecuentes eligen un hotel de lujo en vez de uno de tres estrellas y viceversa. En el proceso de exploración, realizaron toda una serie de descubrimientos importantes.

A continuación presentamos un resumen:

—¿Por qué prefiere el hotel de cinco estrellas al de tres estrellas? ¿Por el precio?

—¿Por el precio? No. ¿A quién le gusta pagar más?

—Entonces ¿es por los botones y los porteros? Suelen ser más elegantes en los hoteles de cinco estrellas.

—Quizás pero no es por eso por lo que elijo un hotel de cinco estrellas en lugar de uno de tres. Para empezar, los botones suelen tardar mucho en subir las maletas y, cuando lo hacen, me siento obligado a darles propina. El botones es muy útil si llevas mucho equipaje, pero yo viajo mucho y viajo ligero. Por practicidad y simplicidad, prefiero llevar mi propia maleta. Y esto mismo es aplicable al portero. Está muy bien que haya portero, pero no elijo un hotel de cinco estrellas por eso.

—Entonces ¿es por el servicio de recepción?

—No. Incluso en un hotel de cinco estrellas tienes que hacer cola para que te atiendan. Y, cuando llega tu turno, tienes la impresión de que el recepcionista te mira de arriba abajo y te juzga por tu aspecto. Lo odio.

—¿Y el servicio de conserjería? ¿Influye en tu decisión?

—No. Hoy en día, con Google Maps y las aplicaciones de restaurantes y viajes, me resulta más rápido buscar la información yo mismo que pedírsela al conserje. De hecho, muchos conserjes utilizan estas mismas aplicaciones.

—¿Entonces es porque prefiere los restaurantes de los hoteles de cinco estrellas que los de tres?

—No. Está bien que los hoteles tengan restaurantes, pero suelo comer fuera porque los hoteles de cinco estrellas siempre tienen una buena ubicación.

—¿Así que la ubicación es importante?

—Sí, para mí la ubicación es muy importante. Normalmente, los hoteles de cinco estrellas tienen una ubicación inmejorable, y eso es lo que busco.

—¿Y el servicio de habitaciones?

—Por lo general, el servicio de habitaciones es lento y caro. Solo lo uso si no tengo más remedio.

—¿Y la conexión de Internet y el teléfono?

—Esto es algo que me fastidia mucho. Si te alojas en un hotel de lujo, ya pagas mucho, pero hay algunos que encima te cobran un precio desorbitado por la conexión a Internet y el teléfono.

—Lo que me importa no es el tamaño de la habitación, sino que tenga una buena cama y unas buenas sábanas, que sea silenciosa y que la ducha sea genial, ¡con mucha presión de agua!

—¿Cuál es el mayor defecto de los hoteles de tres estrellas para no alojarse en ellos?

—Simplemente no me inspiran. Son mediocres y muy estándar. Elijo hoteles de cinco estrellas por la sensación de lujo, belleza y calidad que me transmiten.

En resumen, pese a la multitud de factores en base a los que compite el sector hotelero, al final solo hay tres *decisivos* que determinan por qué los viajeros frecuentes prefieren el hotel de cinco estrellas al de tres: la sensación general de lujo y belleza, el entorno más lujoso para dormir y la ubicación de primer orden.

Por otro lado, cuando el equipo indagó por qué los viajeros eligen un hotel de tres estrellas en vez de uno de cinco, el factor más habitual resultó ser el precio, seguido de otro: suelen encontrar los hoteles de cinco estrellas demasiado solemnes y pomposos. «Son excesivamente pretenciosos. Tengo la impresión de que tengo que vestirme y comportarme de una manera determinada para encajar bien. Para mí son demasiado formales.»

A fin de transformar esta información en acciones claras y en una estrategia concreta, lo primero que hizo el equipo fue desglosarla en factores específicos para eliminar, reducir, aumentar y crear y, al hacerlo, se percató de que existían varios patrones interesantes. Por ejemplo, ni los consumidores de los hoteles de cinco estrellas ni los de tres estrellas eligen el hotel por el servicio de recepción, conserje, botones o portero. El equipo descubrió que la recepción no aporta valor alguno a los clientes y que simplemente existe para que los hoteles puedan registrar a los huéspedes y procesar los pagos. Del mismo modo, para los viajeros frecuentes que viajan ligeros de equipaje, el botones no solo es innecesario, sino incluso una molestia y, en lo que respecta al servicio de conserje, los viajeros frecuentes suelen ser bastante tecnológicos y prefieren orientarse y buscar ellos solos los restaurantes y lugares de interés.

«Podemos *eliminar* estos factores sin que eso afecte al valor percibido por la mayoría de los viajeros frecuentes, ya sean clientes de hoteles de cinco estrellas o de tres estrellas. Además, esto nos permitirá reducir la estructura de costes», pensó el equipo.

Asimismo, se dieron cuenta de que podían *reducir* el tamaño de las habitaciones sin que restara valor a la oferta a ojos de los clientes, ya que apenas pasan tiempo en la habitación y, si las habitaciones eran más pequeñas, era posible tener más por metro cuadrado e incrementar el beneficio. «El lujo se define por el entorno en el que se duerme, no por el tamaño», entendió el equipo. «Dado el alto coste del metro cuadrado, podemos conseguir un ahorro considerable si las habitaciones son más pequeñas, pero a cambio *aumentamos* la calidad del entorno con una cama extragrande, unas sábanas refinadas, un buen aislamiento acústico, unas toallas grandes y esponjosas y unas duchas excelentes. Así los huéspedes estarán encantados y el coste por habitación será muy inferior al coste medio del sector», reflexionó el equipo.

A medida que los miembros del equipo fueron analizando e interpretando la información recabada del mercado, fueron reconociendo nuevos *tipos* de valor que se podían *crear.* «Si eliminamos la recepción, podemos instalar unos kioscos de autorregistro para que los huéspedes se registren sin colas. Podemos complementar este sistema con la figura de unos amables "embajadores" encargados de varias tareas que reemplazarían a los recepcionistas tradicionales. Su cometido consistiría en ofrecer un trato cálido y cercano para explicar a los clientes el funcionamiento de las máquinas y los servicios que estas pueden prestarles.»

«Si no tenemos recepción ni conserje ni botones, ¿para qué queremos un vestíbulo tradicional que estará prácticamente vacío? ¿Por qué no creamos una zona común donde los huéspedes puedan comer y beber algo, reunirse, trabajar y entretenerse a cualquier hora como si estuvieran en casa, las 24 horas del día durante los 7 días de la semana? Si se tratara de un espacio agradable y cómodo, pero también sorprendentemente bonito, los clientes de los hoteles de lujo encontrarían esa belleza e inspiración que buscan en el instante que entraran en el hotel, mientras que los clientes de los hoteles de tres estrellas verían un ambiente más informal y menos pretencioso.» En el gráfico 11-2 se muestran los resultados del ejercicio de profundización realizado por el equipo.

Gráfico 11-2. La Tabla Eliminar-Reducir-Aumentar-Crear (ERAC): el caso de citizenM

Eliminar	**Aumentar**
Recepción y servicio de conserje Botones y portero Restaurantes de servicio completo y servicio de habitaciones Vestíbulo	Entorno para dormir: cama extragrande, sábanas lujosas, silencio, ducha con potencia Ubicación de primer orden Películas gratis a demanda, llamadas a tarifa VoIP, Internet de alta velocidad gratis al instante y muchos enchufes para los dispositivos de los clientes
Reducir	**Crear**
Tipos de habitaciones Tamaño de las habitaciones Precio frente a los hoteles de lujo	Kioscos para autorregistrarse en 1-3 minutos Zona común con bar y zona para tomar algo y con iMacs a disposición de los clientes 24/7 «Embajadores» multifuncionales con un talante amable y una actitud predispuesta a ayudar; sin una plantilla que sigue un guion

En 2008, citizenM inauguró su primer hotel en el aeropuerto de Schiphol en Amsterdam, creando así en definitiva una nueva frontera de valor y coste de lujo asequible para los viajeros frecuentes. Poco después, la nueva cadena estaba abriendo más hoteles en ciudades de la talla de Londres, París y Nueva York. Cabe mencionar que sus hoteles reciben *las mejores puntuaciones de los huéspedes*, que los sitúan en las categorías de «fabuloso» y «soberbio», junto a hoteles de cinco estrellas. Sin embargo, su precio es asequible para los clientes de tres estrellas. Como resultado, la ocupación media de todos los hoteles es del 90%, un extraordinario 80% más que la media del sector. En lo que respecta a los costes, el coste total por habitación es aproximadamente un 40% menos que en los hoteles de cuatro estrellas y, el coste de personal, un sorprendente 50% menos que la media del sector. El rendimiento de citizenM es superior al de los hoteles tradicionales, con una rentabilidad por metro cuadrado de casi el doble que el de otros hoteles comparables de gama alta. En la actualidad, los hoteles citizenM continúan expandiéndose por las principales ciudades del mundo. «Modernos, de alta tecnología y económicos», «una revolución de la noche a la mañana» o «una nueva religión» son algunos de los elogios que los medios de comunicación han dedicado a la transición al océano azul de citizenM.

Cómo generar tus opciones estratégicas de océano azul

El modelo de citizenM es un ejemplo de la manera en que la información y las observaciones generadas a partir de uno de los seis caminos (en este caso, el camino dos: mirar más allá hacia otros grupos estratégicos) se traducen en una serie de acciones claras y concretas que constituyen la base de una jugada estratégica hacia un océano azul. Dado que citizenM era una *start-up*, solo un pequeño grupo de personas, incluidos los dos emprendedores cofundadores, estuvo implicado en el desarrollo de esta jugada. En las organizaciones que cuentan con subgrupos para explorar los seis caminos del mercado, únicamente los miembros que han realizado el trabajo de campo de un camino específico deben desarrollar la jugada correspondiente. Dado que el proceso de traducción de cada uno de los seis caminos es el mismo, continuaremos usando el ejemplo de citizenM para mostrar cómo funciona el proceso para un camino. A fin de simplificar la narrativa, cuando expliquemos los distintos pasos del proceso nos referiremos siempre al «equipo» en lugar de al «subequipo». A continuación explicamos la manera en que se despliegan los diferentes pasos.

Extraer la información clave que revela el camino

En primer lugar, debe quedar clara la información que se revela al explorar el camino. Los miembros del equipo deben leer y revisar cuidadosamente las plantillas que han cumplimentado con los comentarios recibidos y las observaciones realizadas durante el trabajo de campo. Si el equipo no ha agrupado todavía los comentarios similares en las plantillas del camino correspondiente, este es el momento de hacerlo.

Al analizar los comentarios, los miembros del equipo deben prestar especial atención a los factores que se citan de forma más frecuente, tanto los positivos como los negativos. Estos serán los factores clave. Seguidamente, deben reflexionar sobre lo que significa realmente cada factor clave elaborando una descripción breve y convincente de los elementos que lo conforman. Por ejemplo, en el caso de citizenM, el equipo supo ver que, en lo que hacía referencia a la calidad de la habitación, el factor que más mencionaban los viajeros frecuentes era el entorno en que se duerme y, al esforzarse en identificar exactamente qué es lo que más importa en este entorno, lograron definir el *entorno en que se duerme* como «tamaño de la cama, calidad de sábanas y toallas, silencio (o aislamiento acústico) y presión de agua en la ducha». Alcanzar un consenso sobre cuáles son los factores más destacados y lo que engloban exactamente no solo ayuda a los miembros del equipo a estar sintonizados al hablar de los resultados, sino que les obliga a centrarse en los descubrimientos en torno a factores específicos sobre los que se puede incidir después y cuyo coste es relativamente fácil de estimar.

El primer camino con el que se trabaja para crear una opción de océano azul es normalmente el más difícil, entre otras razones porque traducir los comentarios en factores prácticos obliga a los miembros del equipo a pensar de un modo en que pocos han pensado antes. Como resultado, pueden sentir cierta ansiedad y comenzar a dudar sobre su capacidad de «hacerlo bien». Debes tranquilizarlos y decirles que es natural que se sientan así y, cuando recorran juntos el camino, compartan los resultados y aprendan los unos de los otros, se darán cuenta de que todo va bien.

Profundiza en la cuestión de qué factores eliminar, reducir, aumentar y crear

A continuación, debes decidir si los factores identificados deben eliminarse, reducirse, aumentarse o crearse. Usa el marco de las cuatro acciones y la tabla ERAC para ayudarte a organizar las respuestas. Para ello, descarga gratuitamente los materiales pertinentes en www.blueoceanshift.com/ExerciseTemplates.

A fin de asegurar que todo el mundo comprende a la perfección cómo debe aplicarse este marco y rellenarse la tabla, volvamos al ejemplo de citizenM. Dado que una ubicación de primer orden y un entorno en que se duerme más lujoso eran factores decisivos que llevaban a los viajeros frecuentes a elegir hoteles de cinco estrellas, el equipo de citizenM consideró que era imprescindible *aumentar* ambos factores a un nivel inesperado. Asimismo, puesto que algunos viajeros elegían los hoteles de tres estrellas por ser más económicos, el equipo estimó necesario *reducir* notablemente el precio frente a los hoteles de lujo. Además, como ninguno de los clientes de estos grupos estratégicos valoraban la experiencia de la recepción, el equipo juzgó que se podía *eliminar.* Esta reflexión, a su vez, llevó a los miembros del equipo a pensar en los kioscos de autorregistro para que los huéspedes pudieran acceder a las llaves e ir directamente a la habitación con la misma sensación de ahorro de tiempo que genera sacar dinero del cajero automático en lugar de acudir a la ventanilla del banco. Todas estas consideraciones son ejemplos que nos permiten atisbar la manera en que el proceso de clasificación ayuda a completar la tabla ERAC.

Al rellenar la tabla ERAC de un camino específico, recuerda que debes usar factores concretos sobre los que puedas actuar y cuyo coste puedas estimar de una forma bastante precisa. Por ejemplo, «la falta de practicidad» es un factor clave que a menudo se cita como factor a eliminar, pero no es un factor concreto y no se indica de qué modo será eliminado. Por consiguiente, debes instar al equipo a ser más específico preguntando: «¿Qué acciones precisas se llevarán a cabo o qué cosas se modificarán para eliminar la falta de practicidad para el comprador?» Del mismo modo, cuando se incluye «la practicidad» como un favor clave a crear, el término no indica nada sobre el modo en que se creará. Por lo tanto, hay que indagar hasta identificar una acción concreta que cree practicidad para los compradores. Es fundamental comprender la diferencia entre los factores concretos que describen acciones e inversiones y los resultados deseados, que son la consecuencia de tus acciones estratégicas. En la tabla ERAC deben introducirse factores concretos, no resultados. Cuando indiques los factores concretos, empieza a pensar también en un modo creativo de ofrecer aquellos factores que deseas aumentar y crear, con un coste reducido. El objetivo es reducir el coste al tiempo que se aumenta el valor.

De vez en cuando, los miembros del equipo desean volver a trabajar sobre el terreno y entrevistar de nuevo a un grupo escogido de personas a las que ya entrevistaron para clarificar algunos aspectos y validar sus ideas sobre lo que se necesita eliminar, reducir, aumentar o crear. Si sienten esta necesidad, debes permitírselo, pero limita el plazo para hacerlo a un mes a fin de evitar que el equipo caiga en la parálisis por el análisis.

Verificar que estás buscando tanto la diferenciación como el bajo coste

Para abrir una nueva frontera de valor y coste e iniciar la transición al océano azul es imprescindible buscar al mismo tiempo la diferenciación y el bajo coste, innovando para ello en valor. Sin embargo, en la práctica, nos hemos encontrado muchos grupos que, al enfrentarse a la tarea de tener que concebir algo nuevo, se centran sobre todo en aumentar y crear y acaban ideando una oferta potencialmente costosa que refleja una diferenciación de océano rojo, pero no una jugada estratégica hacia un océano azul. Para asegurarte de que esto no ocurra, debes recordar a los miembros del equipo que tienen que invertir tanto esfuerzo en eliminar y reducir como en aumentar y crear. En otras palabras, debes hacer hincapié en que también deben incluir factores concretos en los cuadrantes de eliminar y reducir —no solo en los de aumentar y crear— cuando cumplimenten la tabla ERAC para cada camino.

A veces, los equipos argumentan que no hay nada que eliminar o reducir. En tal caso, insiste y pídeles que reflexionen más aún e intenten identificar factores que se den por sentados en el sector porque las cosas siempre se han hecho así, pero que ya apenas añadan valor o bien se ofrezcan en cantidades que excedan las necesidades de los compradores. Para inspirarles, subraya todo lo que eliminó y redujo citizenM, pero que siempre había sido sagrado en el sector hotelero, o los factores que eliminó y redujo Comic Relief, tales como el servicio de asesoramiento sobre campañas, la solicitud de subvenciones o las peticiones de donaciones a lo largo de todo el año. Para activar su proceso de pensamiento, da la vuelta a la pregunta y plantéales lo siguiente: «¿Cuáles son las mayores estupideces que comete nuestro sector?» A continuación, pídeles que indaguen más en esa cuestión. A menudo, ese es el momento en que empiezan a encenderse las bombillas.

También es posible que los miembros del equipo caigan en la trampa de enumerar factores para «crear» que sean nuevos para su organización, pero no para el sector. Recuerda al equipo que los únicos factores válidos en este momento son los que supongan una novedad para el sector o para el espacio de mercado en el que se están centrando, factores que van más allá de las fronteras convencionales del sector. Por ejemplo, un equipo de una de las principales cadenas de gasolineras europeas incluyó en el cuadrante «crear» la idea de tener unos baños limpios y ofrecer la posibilidad de comprar una gama divertida de alimentos, pero aunque los dos factores fueran nuevos para su compañía, que tenía una reputación terrible en ambas áreas, no eran factores nuevos para el sector que, en este sentido, estaba a años luz de la compañía.

Esboza tus alternativas de océano azul

Ahora el equipo ya está listo para esbozar el escenario estratégico de «lo que está por venir», que se basará en la tabla ERAC que han cumplimentado para el camino que corresponda. El escenario de lo que está por venir te permite visualizar la manera en que una alternativa de océano azul se aleja de la realidad existente de océano rojo para un camino en concreto. Para lograr esto, el equipo debe empezar por puntuar los factores clave de la tabla ERAC del mismo modo que hicieron al dibujar la estrategia existente del sector (véase el capítulo 7). Esta vez, sin embargo, el equipo debe conceder una puntuación de 0 a todos los factores que deban eliminarse. Para el resto, debe usar la misma escala de Likert de 5 puntos empleada con anterioridad (o una variante). Al igual que antes, en relación con el precio, un precio alto debe puntuarse como «alto» y, uno bajo, como «bajo».

A continuación, sitúa todos los factores a lo largo del eje de abscisas. Para comunicar y apreciar de una manera más sencilla el perfil estratégico de la nueva jugada propuesta, introduce primero el precio, seguido de todos los factores que se van a eliminar, reducir, aumentar y, finalmente, crear. De este modo se obtiene un perfil estratégico fácil de leer. Finalmente, debes superponer a la nueva jugada propuesta los perfiles estratégicos de la competencia.

Los movimientos estratégicos hacia un océano azul no suelen revestir demasiada parafernalia ni son ideas especialmente complejas. De hecho, una vez finalizados, tienen un aspecto muy sencillo y claro y rezuman sentido común. Es importante que le recuerdes esto al equipo para que no comience a dudar del poder de su idea «sencilla» y a añadir factores ajenos o ingeniosos que solo la complican y reducen su potencial de océano azul.

El gráfico 11-3 compara el perfil estratégico de la jugada de océano azul de citizenM con los de la competencia. Tal y como puede verse, el perfil estratégico de citizenM supera la prueba de fuego que determina si una oferta es realmente una oferta de océano azul: diverge de la competencia, está focalizada y su eslogan «lujo asequible para la gente» es fiel reflejo de esa oferta.

Gráfico 11-3. Escenario estratégico de citizenM en el momento de su lanzamiento en 2008

«Lujo asequible para la gente»

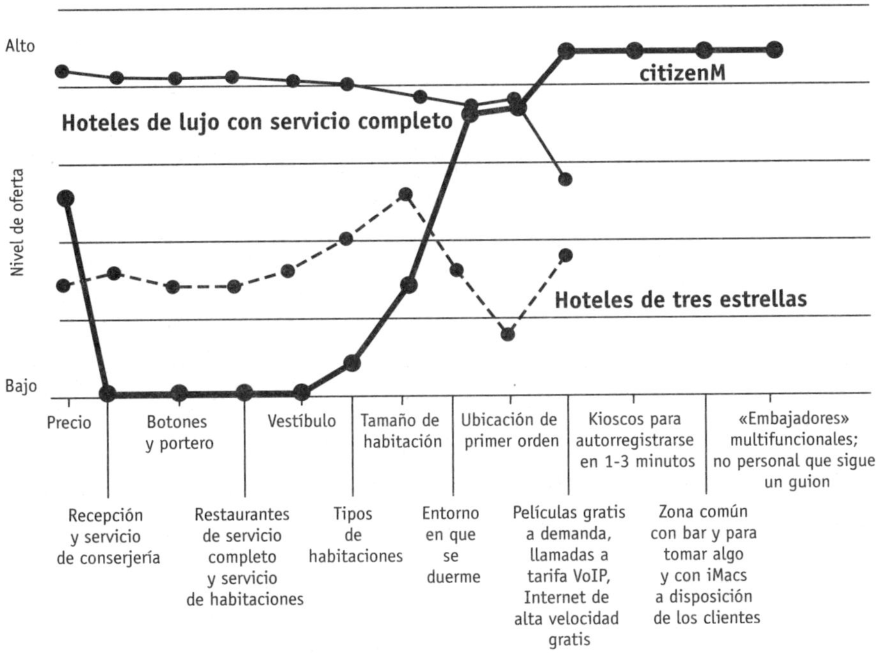

Ahora piensa en el perfil estratégico de tu opción de océano azul y crea un eslogan que sea fiel a dicho perfil *y* atractivo para el comprador. Uno no basta sin el otro. Para el eslogan, piensa en la manera en que la oferta que se propone ofrece un verdadero salto de valor a los clientes y en la mejor manera de comunicarlo. Al pensar en el eslogan, es importante evitar caer en la trampa de crear expresiones pegadizas pero sin sentido. Si sucediera eso, el equipo debe redoblar sus esfuerzos por comunicar la esencia de la oferta de una forma que subraye su convincente beneficio y llegue inmediatamente con ese mensaje al mercado.

Describe los beneficios económicos de la oferta para la organización

Casi todos los sectores tienen una idea aproximada de la forma en que se distribuyen sus costes a lo largo de toda la cadena de valor. El sector de la aviación, por ejemplo, comprende muy bien los costes asociados a las tasas de aeropuerto, el combustible, la plantilla, el mantenimiento, la comida y la bebida, el marketing, los programas de fidelidad, etc. Del mismo modo, en el caso de los hoteles de lujo y de tres estrellas, los expertos del sector hotelero como Michael Levie saben cuáles son los gastos asociados al terreno, las habitaciones, el personal, los restaurantes de servicio completo, etcétera.

Basándose en estos costes relativos, el equipo de citizenM esbozó a grandes rasgos el ahorro que supondría eliminar y reducir prestaciones existentes de estos hoteles y, en el caso de los elementos que deseaba crear y que los hoteles de lujo y de tres estrellas no ofrecían, como los kioscos de autorregistro o las zonas comunes, el equipo se fijó en otros sectores para hacerse una idea de la magnitud de los costes adicionales. Después calculó el saldo de combinar el ahorro y los gastos adicionales para determinar la dimensión económica de la oferta. El objetivo era crear una oferta ganadora no solo para los *ciudadanos móviles*, gracias a un gran salto de valor, sino también para la organización con unas ganancias considerables.

Al igual que en el ejemplo de citizenM, el equipo debe presentar unos indicadores preliminares del beneficio económico de la oferta propuesta y argumentos que lo justifiquen, no importa que sean aproximados. Al final, la oferta de océano azul que se seleccione será sometida por los expertos de la organización a todos los análisis económicos que sean precisos para asegurar un modelo de negocio ganador.

Los resultados de estos pasos son: un escenario estratégico por venir con un eslogan atractivo que comunica su esencia de forma potente y una tabla ERAC que muestra la manera de reducir los costes a la vez que se incrementa la diferenciación, todo con el fin de obtener un salto sustancial en el valor que se ofrece al comprador. A partir de esta información se desarrollan los indicadores generales de las ventajas económicas de la oferta, tales como los beneficios y el crecimiento.

Por regla general, cuando se sigue este proceso para cada uno de los caminos, vemos que hay dos o tres caminos que proporcionan información más valiosa e interesante de cara a crear una nueva frontera de valor y coste, mientras que los caminos restantes revelan uno o dos factores convincentes para eliminar o crear, pero no aportan información suficiente para desbloquear una nueva frontera de valor y coste. Si esto sucede, no hay que alarmarse. Es normal. No obstante, aun así debe realizarse todo el ejercicio completo. ¿Por qué? En primer lugar, porque es un gran aprendizaje para todos y, en segundo lugar, porque la información extraída de los caminos «más débiles» puede ser como la fruta madura del árbol con la que podemos trabajar más adelante. Así pues, para no perder ninguna de las lecciones que ofrece el proceso, este no se debe acortar.

Avanzar hacia la etapa final

Tras haber creado unas oportunidades de océano azul viables, ya estás listo para avanzar hacia la etapa final del viaje de transición al océano azul. En esta última etapa aprenderás a seleccionar tu jugada de océano azul, a testarla de forma rápida y a ajustarla y refinarla para maximizar su potencial en el mercado. La última etapa termina con la formalización y el lanzamiento del modelo de negocio que corresponde a la jugada que hayas elegido. De este modo te aseguras de que la jugada que vas a llevar a cabo no solo genera un salto de valor para los compradores, sino también —y este es un aspecto muy importante— unas ganancias considerables para tu organización.

La energía del equipo está en su punto álgido y sus miembros se sienten orgullosos de lo que han creado, pero también están nerviosos. Es normal. Están a punto de recibir la respuesta objetiva del mercado a la jugada de océano azul que han generado a partir de su exploración sobre el terreno.

Paso cinco:

Ejecutar tu jugada

12

Escoger tu jugada de océano azul y realizar estudios de mercado rápidos

Ahora ya estás preparado para seleccionar tu jugada de océano azul. El equipo ha desarrollado hasta seis oportunidades de océano azul potencialmente viables, cada una de ellas plasmada en una página de escenario estratégico por venir. También ha creado un eslogan atractivo que llega al mercado y refleja la oferta para todas y cada una de las opciones. Además, ha rellenado la tabla eliminar-reducir-aumentar-crear y ha esbozado las ventajas económicas que ofrece cada opción estratégica. En su conjunto, estos materiales muestran la manera en que cada alternativa puede aportar un incremento exponencial de valor para los compradores (para los donantes, si se trata de una organización sin ánimo de lucro, o para el público, si es una agencia gubernamental), así como beneficiar a la organización.

¿Cómo elegirás la opción estratégica que vas a implementar? Mediante la organización de una feria de océano azul, un evento que resulta muy revelador pero que también supone mucha presión. En este acto se exponen las opciones estratégicas del equipo, que quedan abiertas a una crítica y calibrado transparentes para decidir cuál es la mejor jugada a ejecutar y cuáles son los aspectos que pueden ajustarse y refinarse más para abrir una nueva frontera de valor y coste.

En nuestra experiencia con diversas organizaciones, a menudo oímos quejas sobre la actitud muy conservadora de la dirección, que no suele promover ni tomarse en serio las ideas innovadoras, y lo mismo suelen decir los emprendedores de los inversores. Sin embargo, cuando solicitamos a los miembros de un equipo que compartan ejemplos de esas ideas innovadoras que han sido rechazadas, solemos ver dos problemas: por un lado, hay ideas buenas que están envueltas en un lenguaje tan complejo e incoherente que es imposible juzgar su mérito; por el otro, hay ideas que son aparentemente buenas, pero que solo buscan la diferenciación y en realidad no ofrecen un incremento de valor exponencial para el comprador o carecen de una sólida propuesta de beneficio. Por lo tanto, es comprensible que los inversores y los directivos descarten estas ideas.

Por el contrario, jamás nos hemos encontrado un equipo que tuviera estos problemas al presentar sus propuestas en una feria de océano azul. Sin excepción, uno de los primeros comentarios que se oyen es lo profesionales y fáciles de entender que son las ofertas estratégicas y la claridad con que se explican las ventajas para los compradores y la organización.

Veamos cómo funciona una feria de océano azul.

La dinámica de la feria de océano azul

Una feria de océano azul reúne a la dirección de una organización y a todos los miembros del equipo de océano azul. ¿Quién debería estar presente en el acto? Además del encargado de la unidad en cuestión, deberían estar presentes los miembros principales de su equipo, así como los responsables de marketing, producción, recursos humanos, finanzas, sistemas y logística. No solo es probable que precises el apoyo especializado de estos directivos mientras ejecutas la iniciativa, sino que también pueden ser necesarios para eliminar obstáculos de sus áreas de trabajo cuando inicies la fase de implantación. Por consiguiente, debes tratarles con el respeto intelectual y emocional que se merecen, y asegurarte de que comprendan el abanico completo de opciones de océano azul que estás presentando. Al reunir en un mismo acto a esta representación transversal de miembros respetados de la comunidad corporativa y directivos influyentes, la feria de océano azul crea un cuadro natural de embajadores que tendrán información de primera mano sobre los motivos por los cuales es imprescindible la transición al océano azul y, sobre todo, acerca de los méritos de la jugada elegida en última instancia.

A menudo también se invita a este tipo de feria a los clientes y no clientes que tienes la esperanza de que ocupen el nuevo espacio de mercado que has creado. Imagina, por ejemplo, que buscas nuevas opciones en el sector B2B para unos nuevos y sofisticados equipos hospitalarios. En tal caso, querrías invitar tanto a los compradores y usuarios clave actuales (que constituirían un grupo reducido porque se trata de una industria bastante consolidada) como a algunos clientes potenciales de hospitales más pequeños que no usan actualmente estos equipos. Del mismo modo, cuando el éxito de una iniciativa depende en gran medida de un ecosistema más amplio, es recomendable invitar a un grupo selecto de agentes de ese ecosistema o esa cadena de suministro. Si bien estas son las personas que entrevistó el equipo durante la exploración de los seis caminos del mercado, el hecho es que pueden proporcionar una capa adicional de *feedback* de mercado en tiempo real. Por este motivo, algunas organizaciones invitan a la feria de océano azul a otros participantes del sector como, por ejemplo, analistas del mercado, que cuentan con una visión amplia de este.

En el caso de las empresas emergentes o pequeños negocios comerciales, que no disponen del mismo volumen de personal que otras organizaciones consolidadas de gran tamaño, los miembros del equipo de la iniciativa de océano azul y sus líderes son a menudo los únicos participantes internos. Por lo tanto, en estas ocasiones, es especialmente importante que acudan al evento invitados externos relevantes.

La feria comienza con la presentación por parte del equipo de todas las opciones estratégicas que han creado (para simplificar, asumiremos que presenta las seis opciones). Una vez finalizadas las presentaciones, los miembros del equipo de océano azul se distribuyen entre los seis estands colocados en la sala, en cada uno de los cuales se muestra la versión en grande (tamaño póster) del correspondiente escenario estratégico por venir, junto a la correspondiente tabla eliminar-reducir-aumentar-crear y las ventajas económicas para la organización. A continuación, se invita a los asistentes a visitar los estands para obtener información adicional, ofrecer sus comentarios y sugerencias y plantear posibles dudas. Al final, los asistentes usarán adhesivos o pósits para votar por la jugada o las jugadas estratégicas que encuentren más convincentes.

Una vez finalizada la votación, los miembros del equipo principal deben preguntar a los asistentes por qué han elegido o rechazado las diferentes estrategias a fin de obtener sus comentarios al respecto. El hecho de poder ver varios pósits o adhesivos —o ninguno— en una opción específica de océano azul, así como oír de primera mano la opinión de los asistentes, ayuda a los miembros del equipo a empezar a olvidarse de las ideas cuyo atractivo no es suficientemente convincente, para centrarse en aquellas que han recibido una buena acogida.

Todos los asistentes al acto tienen derecho a voto, salvo los miembros del equipo de la iniciativa de océano azul, y la decisión final la toma el equipo ejecutivo de la organización. En ocasiones, la jugada que elige la dirección no es la más votada. Si eso sucede, es importante que se justifique la elección, aunque también es recomendable ofrecer una justificación incluso en los casos en que la opción escogida es la más obvia. Es imprescindible que la explicación sea clara y convincente para así reforzar el proceso justo integrado en la iniciativa de océano azul y para que todas las partes implicadas permanezcan comprometidas con el resultado.

Cómo organizar una feria de océano azul

Para organizar con éxito una feria de océano azul, deben seguirse estos pasos.

Empezar con una visión general de la realidad de océano rojo del sector y de la necesidad de una transición a un océano azul

Comienza con la presentación de la estrategia «tal como es», donde se muestra el océano rojo al que se enfrenta el sector y se explica el motivo por el cual es imprescindible la transición a un océano azul. A continuación, presenta el mapa de utilidad del comprador, que revela los puntos de dolor que sufren los clientes y, por lo tanto, las oportunidades de valor oculto que existen y, finalmente, los tres niveles de no clientes, que ilustran los compradores que el sector excluye actualmente y a los que podría dirigirse potencialmente para crear una nueva demanda. Así se ofrece a los asistentes un contexto y se les ayuda a familiarizarse con la situación.

Es imprescindible que la dirección de la organización asista a la feria de principio a fin. Sin su presencia comprometida, el equipo de océano azul y el resto de los participantes deducirán que la dirección no considera esta iniciativa importante o que no le interesa llevarla a cabo. Podemos asegurar que, si la dirección no acude a la feria, el equipo de océano azul se desmoralizará, ya que sus miembros han realizado un enorme esfuerzo por llegar hasta este punto y se sienten muy orgullosos —con razón— del trabajo realizado. Además, la feria es su momento estelar, su ocasión de brillar y presentar todo lo que han logrado producir pese a las dudas y la inquietud iniciales. En consecuencia, los líderes de la organización deben brindar a los miembros del equipo el respeto que se merecen y la mejor manera de hacerlo es asistiendo a la feria para escuchar sus propuestas con atención. Además, la presencia de los directivos envía a toda la organización un mensaje claro de que la iniciativa debe tomarse en serio, lo cual refuerza el compromiso de todo el mundo con su ejecución al tiempo que desincentiva que nadie se la tome como un juego. Finalmente, asistir a la feria completa es la única manera que tiene la dirección de saber lo suficiente como para elegir la mejor jugada de océano azul para la organización.

Pedir al equipo que presente las opciones estratégicas de océano azul

A continuación, cada opción de océano azul debe ser presentada por un miembro del equipo que haya estado implicado en su desarrollo. La presentación debe realizarse en un *tiempo máximo* de cinco minutos. Es importante ser estrictos con el tiempo porque sabemos que cualquier estrategia que requiera más tiempo para comunicarse es demasiado complicada, no está suficientemente elaborada o no se diferencia lo suficiente. El hecho de tener un tiempo tan limitado anima a los miembros del equipo a reflexionar sobre la oferta y la justificación comercial de cada alternativa y a pulirla según corresponda mientras preparan la presentación.

Es crucial que todos los miembros del equipo usen el mismo formato de presentación. De lo contrario, será complicado llevar a cabo la votación y realizar una comparación correcta en el breve tiempo que dura la feria. Aunque existen diferentes formas de presentar, nosotros hemos podido comprobar que el contenido y la secuencia que sugerimos a continuación funcionan bien para conseguir este objetivo.

- **Describir la oferta:** Comienza por presentar el eslogan de la oferta y continúa con una breve descripción por puntos que sean muy fáciles de entender con el fin de que los asistentes comprendan de inmediato su contenido y atractivo.
- **Presentar el escenario estratégico por venir:** El escenario estratégico «por venir» debe mostrar tanto el perfil estratégico de océano azul como el perfil «tal como es» del sector. Así los asistentes podrán ver por sí mismos los aspectos que diferencian a la jugada propuesta de las prácticas actuales del sector y cómo esta ofrece un incremento exponencial de valor para los compradores. Además, podrán ver si se trata de una oferta focalizada —en vez de limitarse simplemente a ofrecer más de lo que ya ofrece la competencia—, haciendo hincapié en los elementos que se reducen y se eliminan para disminuir el coste, así como en los que se aumentan y se crean para ofrecer un mayor valor.
- **Explicar la tabla ERAC:** Resume los factores que la opción de océano azul elimina, reduce, aumenta y crea. Dado que el equipo ya realizó la dura tarea de describir todos los factores en términos prácticos y concretos cuando creó el escenario estratégico por venir (véase el capítulo 11), este resumen destaca la manera en que la oferta se aleja de la práctica habitual del sector, así como el modo en que crea más valor y reduce los costes. En una organización consolidada, explicar la tabla ERAC permite mos-

trar la gran diferencia que implica la nueva opción frente al modelo de negocio actual.

- **Resumir las ventajas para los compradores (o para los donantes de una organización sin ánimo de lucro, o el público de una agencia gubernamental):** Aunque las ventajas de la oferta ya sean obvias, merece la pena resumir brevemente el salto de valor que supondría para los compradores (incluidos los no clientes que encontrarían atractiva la nueva oferta). En el ejemplo de citizenM, un incremento exponencial de valor puede ser el siguiente: «Por un precio similar al de un hotel de tres estrellas, los clientes disfrutan de una ubicación de cinco estrellas, de un entorno en que se duerme muy superior, de una gran conexión Wi-Fi y de una experiencia de lujo sin esnobismos».
- **Perfilar las ventajas económicas para la organización:** Utiliza el desglose de la distribución de los costes a lo largo de la cadena de valor y calcula la magnitud del ahorro derivado de los factores que se eliminan y se reducen. A continuación, perfila los costes adicionales en los que probablemente incurrirás a raíz de los factores que se aumentan y se crean. Tal y como mencionamos en el capítulo 11, este ejercicio permite obtener una indicación general de las ventajas económicas de esta opción para la organización.

Si existe la posibilidad de que la jugada estratégica que propone el equipo se enfrente a obstáculos externos importantes como, por ejemplo, distintas normas gubernamentales, el equipo debe mencionarlo en la presentación, puesto que se trata de un dato adicional que permite realizar una evaluación más completa de las diferentes opciones alternativas. Por ejemplo, puede darse el caso de que uno de los asistentes a la feria se haya encontrado con este obstáculo o que conozca a alguien de otro sector que haya estado en esta misma situación. Según nuestra experiencia, hablar abiertamente de las posibles dificultades suele ser la mejor vía para encontrar una solución rápida.

Antes de pasar a la siguiente presentación, da cinco minutos a los asistentes para que escriban su opinión acerca de lo que acaban de oír en unas hojas de notas que se les proporcionen a tal efecto (descarga gratuitamente en www.blueoceanshift.com/ExerciseTemplates esas hojas de notas así como el resumen del contenido que debe presentarse en la feria). De esta forma captas la primera impresión del público y te aseguras de que todo el mundo escucha con atención.

Pedir a los asistentes que visiten todos los estands y emitan su voto

En cuanto hayan finalizado las presentaciones, insta a los asistentes a circular por la sala para que revisen las distintas alternativas, aclaren dudas y ofrezcan sugerencias, así como para que asimilen y ponderen el atractivo para los compradores y la dimensión económica de las diferentes opciones. Para responder a las preguntas, en cada estand debe haber disponible un miembro del equipo que haya desarrollado esa opción. Recuerda que es importante apuntar los comentarios de los asistentes en tiempo real.

A continuación, entrega a los participantes varios adhesivos o pósits y pídeles que coloquen uno o varios en su opción(es) estratégica predilecta en función de su atractivo. No hay ninguna regla sobre la cantidad de adhesivos o pósits que deben entregarse, pero basándonos en nuestra experiencia, creemos que de tres a cinco es un buen número.

Si te preocupa que los asistentes se influyan entre sí, entrégales una hoja con los nombres de todas las opciones y pídeles que coloquen allí los adhesivos o pósits. Después, recoge las hojas y transfiere los votos a los pósteres o a las pizarras de papel para ver el resultado.

Indaga para maximizar el **feedback** *y aprendizaje resultantes*

Una vez finalizada la votación, la opinión de los asistentes es visible al instante, es como echar un vistazo a un mapa de temperaturas. Ahora es el momento de iniciar el debate para conocer la opinión detallada de los participantes. Aunque existen varias maneras de plantear el debate, nuestra experiencia nos dice que una buena manera de hacerlo es revisar con el público una a una todas las estrategias de océano azul y preguntar por qué las han votado o no. «¿Qué elemento específico ha captado vuestra atención?» «¿Y cuál no?» «¿Qué inconvenientes tiene esta opción?» «¿Qué aspectos de la propuesta de valor o de las ventajas económicas pueden o deben afinarse?» Si un escenario estratégico recibe un número de votos abrumador, pregunta por qué despierta tanta pasión. Por otro lado, si un escenario estratégico ha recibido muy pocos votos o ninguno, pregunta también por qué. «¿Es porque el resto es mucho mejor o hay alguna cuestión en torno al valor para los compradores o las ventajas económicas de ese escenario estratégico que preocupa o desmotiva?» Recuerda anotar todos los aspectos positivos y negativos y todas las dudas que se mencionen.

Dedicar tiempo a obtener todos los detalles de las respuestas de los asistentes tiene un valor incalculable, no solo a la hora de decidir la opción más apropiada, sino también porque permite elevar el nivel de la oferta de océano azul. Otras veces, se descubre que el eslogan es lo que ha hecho volar la imaginación de la gente, más que el perfil estratégico. Esto revela mucho acerca de los aspectos en los que el equipo ha acertado y los que necesitan modificarse para que la opción de océano azul sea realista.

Si la feria de océano azul cuenta con invitados externos, infórmales de que los líderes de la organización tendrán en cuenta sus opiniones a la hora de decidir la jugada estratégica que se implantará y el modo en que deba afinarse.

Decidir la opción de océano azul que debe implantarse

Ahora ha llegado el momento de que el equipo directivo tome la decisión crítica sobre la opción (o las opciones) que se implantarán. Aunque cada equipo directivo tiene su propio método de evaluar y tomar decisiones, según nuestra experiencia, lo mejor es que todos los miembros den su opinión sobre las distintas alternativas y que se analicen todas las opiniones para determinar si hay algún aspecto que deba aclararse o afinarse. Estas son algunas preguntas clave que el equipo directivo debería explorar:

Si tenemos en cuenta todas las opiniones que hemos oído, ¿es necesario modificar o revisar algún factor del escenario estratégico por venir?

¿Las presentaciones o el debate posterior han revelado la falta de algún componente esencial que, si se incluyera, multiplicaría el atractivo de la oferta para los compradores?

¿La oferta no consigue eliminar o reducir los suficientes factores como para disminuir los gastos y poner fin a la disyuntiva entre valor y coste?

¿Existe una manera de ofrecer a un coste inferior los factores que se propone aumentar o crear con el fin de reforzar las ventajas económicas de la oferta?

¿Qué vacío de competencias debe llenarse para ejecutar esta opción? ¿Existen ideas sobre la manera en que la organización puede salvar esta brecha de una forma eficaz y a bajo coste?

El equipo directivo debe confeccionar una breve lista de las opciones de océano azul más interesantes y seleccionar las que consideren que tienen un mayor potencial de mercado. Al hacerlo, deben tener en cuenta todos los votos y comentarios de los asistentes. Durante el proceso, los directivos a menudo ven la oportunidad de fusionar en una única oferta dos ofertas que se complementan o solapan.

Una vez tomada la decisión, deben comunicarla al equipo de la iniciativa de océano azul y al resto de los asistentes, junto con los comentarios sobre los aspectos que necesitan ajustarse de acuerdo con sus deliberaciones y los comentarios recibidos en la feria. En este sentido, nunca nos cansamos de hacer hincapié en lo importante que es que el equipo directivo defienda su decisión ante el equipo de océano azul con unos argumentos sólidos y concretos.

Dado que la opción elegida por el equipo directivo suele coincidir con el resultado de la votación, raras veces sorprende su decisión. En ocasiones, el equipo de océano azul puede asombrarse ante la sugerencia de fusionar dos ofertas en una, pero una vez explicados los motivos y tras tener la oportunidad de plantear preguntas, los miembros del equipo no tardan en entender la lógica estratégica aplicada por los directivos. De vez en cuando, la estrategia más popular en la feria no es la elegida finalmente. Cuando esto sucede, suele ser porque la opción elegida en la feria apela a lo que denominamos el voto «emocional»: es una oferta que parece mejor de lo que realmente es por el mero hecho de ser muy distinta. Sin embargo, al analizarla, resulta obvio que la diferencia no se fundamenta tanto en un incremento exponencial del valor para los compradores como en el mero hecho de ser original. Esta es una trampa en la que a menudo caen las empresas de orientación tecnológica.

Entre bambalinas en la feria de océano azul de un gigante del sector del gran consumo

¿Qué aspecto tiene, en realidad, una feria de océano azul? Veamos lo que sucedió cuando Kimberly-Clark Brasil (KCB) decidió iniciar la transición al océano azul en el mayor mercado de papel higiénico de Sudamérica. De todos los sectores altamente masificados e hipercompetitivos, pocos son más rojos que el mercado del papel higiénico en Brasil, que supera la cifra de negocio de 1.500 millones de dólares, con más de 50 competidores y 200 marcas. ¿Pero qué puede hacerse con un producto tan simple y básico como el papel higiénico? KCB estaba a punto de descubrirlo.

Todo el equipo directivo de Brasil, los líderes de la categoría de papel higiénico del continente latinoamericano y los ejecutivos de nivel alto e intermedio de todas las líneas de productos de KCB se reunieron en una amplia y moderna sala de conferencias climatizada de un hotel de São Paulo para celebrar su feria de océano azul. El objetivo no solo era seleccionar la opción de océano azul más interesante y con el mayor potencial de crecimiento y rentabilidad, sino también movilizar a todos los directivos de la organización para obtener su compromiso y colaboración y asegurar de este modo la implantación efectiva de la estrategia de océano azul. Dado que el papel higiénico era el tema central de la reunión, en la sala no faltaban experiencias de comprador: todos los asistentes eran clientes. Casi un centenar de personas acudieron al acto, incluido el equipo de océano azul. También asistieron dos miembros externos del consejo de administración de la compañía, cuya presencia elevó la categoría del acto, así como el nivel de nerviosismo del equipo.

La curiosidad y las expectativas eran elevadas. El equipo de océano azul ocupó su lugar frente al público y João Damato, CEO de KCB y líder de la categoría de papel higiénico en Latinoamérica, dio la bienvenida a todos antes de pasar a describir brevemente la masificación y falta de diferenciación del mercado, donde era difícil destacar y obtener un margen aceptable, sobre todo por el poder del sector minorista sobre los productos básicos, independientemente de la marca. Damato también aprovechó para recordar a los asistentes el propósito de la iniciativa: impulsar un incremento exponencial del valor de la categoría que aumentara el margen y promoviera el crecimiento rentable de KCB.

A continuación, el líder de la iniciativa de océano azul detalló la realidad de océano rojo existente en el sector y relató de forma sucinta y cronológica el proceso de transición al océano azul que habían puesto en marcha tan solo tres meses antes. En el momento en que proyectó en la enorme pantalla de la sala la estrategia actual del sector con los puntos de dolor del mapa de utilidad del comprador, un gran murmullo recorrió la sala. Un elevado porcentaje de los no clientes de primer nivel expresaban su frustración, que se resumía con el siguiente comentario: «Hay que ser graduado en matemáticas para elegir el papel higiénico; la oferta es abrumadora y no hay ningún producto que destaque».

Después, el equipo de océano azul presentó con entusiasmo y no pocas pinceladas de humor las opciones de océano azul que habían desarrollado. Con eslóganes tales como *Un simple abrazo* o *Papel divertido*, las estrategias fueron recibidas con evidentes muestras de sorpresa y apreciación. Los aplausos fueron en aumento tras cada presentación y, a lo largo del acto, los asistentes anotaron su opinión sobre los elementos que más y menos les gustaban de cada oferta, así como sus sugerencias de mejora, en las hojas destinadas a tal efecto.

En cuanto finalizaron las presentaciones de las seis opciones, el líder del equipo señaló los seis estands montados alrededor del perímetro de la sala, en cada uno de los cuales se mostraba el escenario estratégico por venir de una de las ofertas junto con su tabla ERAC y el resumen de las ventajas para los compradores y las ventajas económicas para KCB, así como un primer prototipo del producto creado por el equipo. Los miembros del equipo de océano azul entregaron los adhesivos a los asistentes y les solicitaron que otorgaran un máximo de dos votos a su opción predilecta. A continuación, todos se levantaron, caminaron por la sala, estudiaron las propuestas, plantearon preguntas al equipo, hicieron recomendaciones, anotaron sus opiniones en pósits que luego pegaron en las pizarras de papel o las compartieron directamente con el equipo. Después de votar, tomaban un café y, a veces, regresaban a los estands para cambiar su voto o hablar un poco más con los miembros del equipo. A lo largo de entre una y dos horas, los asistentes intercambiaron opiniones y entablaron conversaciones con el equipo.

A medida que empezaba a surgir el mapa de temperatura de las opciones estratégicas más votadas, los miembros del equipo iban comparando sus notas con una emoción creciente:

—¡Eh, Claudio! ¡Felicidades, amigo mío! Parece que tu opción ha sido la más votada.

—Gracias, pero yo solo la he presentado. La idea es realmente de todos, sobre todo de Mario. A mí me han hecho un montón de preguntas sobre los cambios en la línea de producción y las he derivado a Sergio, y creo que sus respuestas han disipado las dudas.

—No existe ninguna cuestión técnica que no podamos resolver. El gran problema no radica en la ingeniería, sino en generar ofertas de producto que generen valor innovador.

—Jamás había hablado con tantos líderes ni recibido tantos buenos consejos en los doce años que llevo en la empresa. Ha sido alucinante, ¡el mejor día de trabajo!

Una vez finalizada la votación, se trasladaron las pizarras de papel a otra sala para iniciarse el proceso de deliberación de los miembros del consejo y los equipos directivos, que se sentaron a la mesa de reuniones con las pizarras delante. El equipo de océano azul se colocó detrás de ellos para escuchar las deliberaciones, aclarar cualquier punto y tomar notas sobre las cuestiones a resolver. Mientras tanto, el resto de los asistentes aprovechó para realizar llamadas, revisar el correo y tomar otro café.

El CEO abrió el debate dirigiéndose primero al equipo de la iniciativa de océano azul. «Lo que habéis hecho es increíble. Habéis presentado un océano de ideas para un producto aparentemente sencillo y con el que ya habíamos intentado diferenciarnos de la competencia por todos los medios.» A continuación, se dirigió a los directivos: «Está claro que las dos primeras ideas han recibido muchos más votos que las otras cuatro. Ahora me gustaría que me contarais con vuestras propias palabras cuáles son vuestras conclusiones principales y los aspectos que os preocupan más de estas dos ideas y, sobre todo, me gustaría que aportarais vuestros conocimientos para que logremos ofrecer a los compradores un valor sustancial, al tiempo que incrementamos la rentabilidad y el crecimiento de la compañía y reducimos el riesgo comercial. Además, os pediría que por favor mencionarais cualquier aspecto de las otras opciones de océano azul que creáis que pueda ayudar a reforzar el valor y los márgenes de estas dos opciones ganadoras».

El debate se centró rápidamente en *Just One Hug* (Un simple abrazo), la idea que obtuvo la mayoría de los votos. Esta opción consistía en comprimir el rollo para reducir significativamente su tamaño, pero ofreciendo la misma cantidad de papel que, con un simple abrazo, recuperaba su tamaño habitual. Además, el envase incluía una sencilla pero robusta asa para que resultara todavía más fácil de transportar.

—En Brasil, mucha gente va a comprar a pie o en transporte público, y muchos recorren largas distancias para ir al supermercado. Llevar a cuestas el papel higiénico es una pesadilla, pero nadie en el sector había prestado atención a este hecho antes —comentó un directivo.

—No hay nadie en Brasil que no se haya encontrado alguna vez en el aprieto de tener que llevar a un niño de una mano, la bolsa del súper de la otra y un gran paquete de papel higiénico bajo el brazo. Es algo que nos ha pasado a todos. De hecho, es una situación a la que se enfrentan muchos brasileños cada semana, sobre todo al segmento con menores ingresos, que representa la mayor parte de la población y al que no hemos logrado acceder nunca —reveló otro.

—No es solo eso, sino que después la gente tiene problemas para almacenar los rollos en casa. Y lo digo por experiencia. Todos compramos paquetes gigantes para no tener que ir a buscar papel cada pocos días, pero a mí no me cabe en el espacio limitado del armario de mi pequeño apartamento. El tamaño comprimido de Just One Hug también resuelve este problema. Sin embargo, la industria solo se centra en grabar más dibujitos en el papel, en añadir distintos perfumes o en crear un papel de baja calidad de una capa. No hay nadie en el sector que tenga en cuenta estos desafíos de la vida diaria. No es de extrañar que una mayoría de los brasileños compre el papel higiénico en función del precio. El sector no ofrece ningún otro factor que sea atractivo para los compradores con poco presupuesto —añadió un líder de categoría de producto.

—Además —agregó otro directivo con entusiasmo—, el tamaño de Just One Hug no solo es considerabblemente más pequeño, sino que el envase con el asa llama la atención de inmediato y ayuda al producto a destacar fácilmente dentro del mar de papel blanco, así que la gente se ahorra tiempo y nervios a la hora de elegir.

—La semana pasada vi en una revista del sector una máquina de envasado al vacío de segunda mano a la venta en Italia por un precio muy bajo —explicó un nuevo directivo—. Si tomamos una decisión rápidamente, seguro que todavía podemos comprarla. Esto nos permitiría disminuir los costes todavía más, aumentar el margen de beneficio y reducir el riesgo comercial.

—Muy buena idea —secundó el director del departamento legal—. Por cierto, verificaré el estado de la patente en cuanto regrese a la oficina. Ya sé que el equipo lo ha comprobado, pero queremos estar seguros de que nadie puede copiar la idea. Es tan sencilla, pero tan genial. ¡Me encanta!

El director de desarrollo de productos se centró en las otras opciones de océano azul:

—Hay otras ideas buenas que también podemos aprovechar. ¿Por qué no combinamos el componente ecológico de Ecko (la tercera opción más votada) con Just One Hug? Por un lado, tenemos la reducción del tamaño, que ya aumenta exponencialmente la eficiencia del transporte y, por lo tanto, el valor medioambiental inherente del producto. Just One Hug con fibra ecológica nos daría una ventaja competitiva todavía mayor en el segmento de las grandes superficies, que cada vez sienten más la presión de la sostenibilidad. Además, su pequeño tamaño reduce nuestra necesidad de espacio en los lineales y el coste derivado de ello.

—Me acabas de quitar la palabra de la boca. —Rio el director de la cadena de suministro.

Uno a uno, todos los responsables de la toma de decisiones en la empresa mencionaron los aspectos que les preocupaban, compartieron sus conocimientos y se comprometieron a colaborar en el proyecto. Mientras tanto, los miembros del equipo de océano azul tomaron notas de todo lo que se decía en la reunión. Después de la feria, si su oferta resultaba elegida, tendrían tres semanas para probarla en las calles de Brasil el prototipo del producto que habían creado y para acabar de argumentar el modelo de negocio que habían desarrollado para la nueva oferta.

Tras 90 minutos de fructífera deliberación, los directivos salieron a estirar las piernas mientras el resto de los asistentes (que habían aprovechado la ocasión para organizar varias reuniones dentro y fuera del hotel) volvían a la sala interesados en conocer al ganador. El CEO explicó la decisión tomada (desarrollar el producto Just One Hug con fibra ecológica) y por qué la habían tomado y resumió las instrucciones dadas al equipo de océano azul. A lo largo de los siguientes veinte minutos, muchos de los presentes ofrecieron su apoyo personal, expresaron sus dudas sobre ciertos aspectos así como posibles soluciones, y aportaron más sugerencias para aumentar la rentabilidad de la oferta y su potencial de crecimiento.

Una vez finalizada la reunión, mientras los miembros del equipo recogían las hojas de las pizarras de papel, el CEO se acercó a abrazarles como si fueran los jugadores de un equipo de fútbol. Damato los felicitó de nuevo por el extraordinario trabajo que habían realizado en menos de tres meses, así como por la información tan reveladora que habían aportado sobre el mercado y por sus divertidas presentaciones de las nuevas ideas «en las que no había habido ni un instante aburrido».

Cómo realizar estudios de mercado rápidos

Después de la feria, el equipo de la iniciativa de océano azul de KCB entrevistó a 210 personas elegidas al azar en una de las calles principales de São Paulo, a las que acompañaban a un estand para mostrarles el prototipo de Just One Hug y solicitarles su opinión. A pesar de que el equipo ya había realizado un amplio trabajo de campo durante el proceso de desarrollo de las distintas opciones de océano azul, este rápido estudio de mercado con el prototipo les permitió confirmar el atractivo de la oferta, entender algunos ajustes necesarios y evaluar su potencial de mercado, que era considerable: el 80% de los entrevistados afirmó que estarían encantados de comprar el producto. Tras este rápido estudio de mercado, KCB lanzó el producto a pequeña escala en el noreste de Brasil, tanto para validar la reacción positiva obtenida en el estudio de mercado de São Paulo como para evaluar mejor el potencial de la oferta en el gran mercado. Como resultado de este rápido estudio, el equipo pudo afinar su jugada estratégica y justificar todavía mejor ante los compradores y los minoristas el motivo por el que Just One Hug abría una nueva frontera de valor y coste en el océano rojo del papel higiénico.

En 2009, varios meses después de que la nueva máquina de envasado al vacío llegara de Italia, KCB usó Neve, una de sus marcas principales, para realizar un lanzamiento a gran escala de Neve Naturali Compacto, el nombre comercial de Just One Hug. El paquete de rollos comprimidos contenía la misma cantidad de papel higiénico por rollo que un paquete estándar, pero su tamaño reducido facilitaba su almacenamiento y transporte, y era muy fácil de identificar en el punto de venta. Su precio competitivo atrajo la demanda de todos los segmentos del mercado, incluso de los compradores que previamente solo habían comprado las marcas más económicas. Además, gracias a sus fibras sostenibles y reciclables, la oferta de producto tenía además un componente ecológico.

En lo que respecta a los costes de KCB, el tamaño comprimido del producto les permitió disminuir un 15% los costes de transporte —un porcentaje muy significativo en un país tan grande como Brasil— y un 19% el coste del embalaje. Además, redujeron el porcentaje de devoluciones por producto dañado. Todo esto se tradujo en un margen bruto superior al 20%, una cifra jamás vista antes en el sector.

Aparte de generar un valor increíble para los compradores y un margen más amplio para KCB, el producto resultó valioso para las cadenas de supermercados (en este caso, Walmart), que supo reconocer la oportunidad única que le proporcionaba Neve Naturali Compacto como producto sostenible gracias a su huella ecológica muy inferior, su embalaje reducido y el uso de fibras ecológicas. Varios meses después del lanzamiento del nuevo producto, KCB fue nombrado «El mejor proveedor sostenible de Walmart», todo un honor y un logro considerable. (Posteriormente, este producto se convirtió en el más sostenible de todos los productos de Kimberly-Clark a escala mundial.) Finalmente, el incremento exponencial del valor para los compradores y el valor sostenible de Neve Naturali Compacto otorgaron a KCB un mayor poder de negociación con los minoristas.

La nueva frontera de valor y coste que abrió este producto inspiró a KCB a lanzar el formato «Compacto» para todas sus marcas de papel higiénico, incluida Scott, con lo cual incrementó el valor de toda esta gama de productos. Tras su lanzamiento en 2009, el formato Compacto que nació en la feria de océano azul continúa siendo el estándar del sector en Brasil y un producto estrella de KCB, a pesar de haber sido imitado por otros fabricantes.

Tal y como hizo KCB, es imprescindible que el equipo de océano azul realice un estudio de mercado *rápido* del prototipo que desea lanzar con compradores potenciales que quiere convertir en consumidores. Esto no solo ayuda a entender cuál es la mejor manera de posicionar el producto ante los compradores y los socios de la distribución (o ante el público o los donantes, según corresponda), sino que también permite comprender si es necesario algún ajuste adicional. La palabra clave aquí es *rápido*. En otras palabras, justo después de la feria, debes testar tu oferta de océano azul en un plazo breve y limitado de tiempo. ¿Por qué? Porque la feria crea una inercia que no quieres perder esperando demasiado tiempo a iniciar el estudio de mercado o dedicándole demasiado tiempo. Cuanto más tardes en testar el prototipo, más tentados estarán el equipo y la organización de crear costosos y elaborados prototipos que apenas aportarán nada a la idea principal y que a menudo complicarán la oferta.

Completar la etapa final de la jugada para su lanzamiento

Uno de los momentos más inspiradores en una feria de océano azul y, en nuestra opinión, uno de los más valiosos, es el profundo cambio en la percepción de la creatividad y el valor propios y de los demás. Casi sin excepción, los altos directivos se asombran ante la creatividad de las ideas presentadas por su gente y es habitual que murmuren para sí o digan en voz alta algo de este estilo: «Jamás pensé que nuestra gente fuera tan buena». Y lo dicen en serio. Del mismo modo, los miembros del equipo suelen sorprenderse ante su propia competencia creativa, un sentimiento que expresan con comentarios tales como «no me imaginaba que pudiera ir más allá de las fronteras del sector» o «nunca pensé que fuera tan creativo» o bien «¡Puedo hacerlo!» Estos sentimientos generan a su vez más confianza, así como un reconocimiento y un respeto mutuos renovados. Es un punto de inflexión que tiene un profundo efecto sobre la cultura de la organización. Cuando los miembros del equipo y el resto de los asistentes regresan a sus departamentos y comparten lo que han oído, visto y aprendido, la autenticidad y el poder de sus palabras son palpables. Esto fomenta en gran medida la confianza en la solidez del proceso y en la transición al océano azul, lo cual ayuda a preparar el terreno para una ejecución eficaz.

Tu jugada estratégica de océano azul está casi lista para el lanzamiento. El equipo directivo ya ha decidido la opción que implementará. El equipo de la iniciativa ha realizado un estudio de mercado rápido para confirmar el potencial de mercado de la oferta elegida y realizar los últimos ajustes. Ahora el equipo ya está preparado para formalizar el modelo de negocio global de la jugada estratégica de una manera que maximice el retorno y minimice el riesgo del lanzamiento. Veamos cómo se desarrolla esta última etapa para asegurar que el modelo de negocio de la nueva oferta no solo ofrece un gran salto de valor para el comprador, sino también unas ganancias económicas atractivas para tu organización.

13
Finalizar y lanzar tu jugada de océano azul

Una vez elegida la jugada estratégica de océano azul y confirmado su potencial de mercado, ha llegado el momento de formalizar el modelo de negocio. El objetivo es establecer el marco general: la lógica económica que demuestra que los elementos de valor y coste de esta jugada interactúan y se combinan entre sí para ofrecer un incremento de valor exponencial para el comprador, de tal manera que generan un crecimiento fuerte y rentable para ti. Este modelo de negocio permite apreciar y ver el modo en que las tareas operativas individuales deben encajar entre sí para producir el resultado final. Además, actúa como una excelente hoja de ruta cuando se actualiza la jugada a nivel operativo. En cuanto dispongas del modelo de negocio global, tu jugada de océano azul ya estará lista para su lanzamiento.

A tal fin, el equipo de la iniciativa se ampliará e incluirá, con la autorización de la dirección, a personas de toda la organización con los conocimientos operativos necesarios. Además, los miembros del equipo pasarán a dedicarse al proyecto a tiempo completo para asegurar que disponen de la capacidad necesaria para llevarlo a cabo. Utilizarán como guía de trabajo el escenario estratégico por venir, que proporciona una imagen clara no solo de lo que es necesario eliminar, reducir, aumentar y crear, sino también del precio que debe obtener la organización para poder abrir la nueva frontera de valor y coste. Ése escenario estratégico por venir establece los objetivos que deben cumplir las personas implicadas y las empodera para que empiecen a pensar de forma creativa sobre la manera de lograrlos a un coste inferior.

Los principios del proceso justo también son aplicables aquí: al facilitar a toda la organización información actualizada sobre las lecciones clave extraídas de cada paso del proceso, consigues que todos estén al día de cómo se va desarrollando este, y eso favorece su colaboración y su compromiso. Deberás seguir aplicando los términos del proceso justo con todas las personas que se impliquen en el proyecto, ya sean parte del equipo ampliado o no.

Formalizar el modelo de negocio global

Al haber aplicado el marco de las cuatro acciones durante la fase de creación de la jugada estratégica de océano azul, el equipo ya ha realizado una buena parte del trabajo requerido para formalizar el modelo de negocio global. Por un lado, identificaron los factores en base a los que compite y en los que invierte actualmente en el sector, y que pueden eliminarse o reducirse porque aportan poco o ningún valor al comprador, o incluso pueden reducir ese valor. Aunque estas decisiones se basaron en el valor para el comprador y no en el coste, la experiencia nos ha enseñado que casi todos los factores que deben eliminarse o reducirse suelen disminuir —a menudo de forma significativa— la estructura de costes de la organización, y tienen unas claras implicaciones operativas. Asimismo, el equipo identificó los factores que el sector no ofrece hoy en día, o que ofrece en cantidad insuficiente, y que deben aumentarse o crearse porque constituyen una forma decisiva de incrementar el valor para el comprador. Por norma general, estos factores también repercuten sobre los costes y tienen implicaciones operativas directas pero, en este caso, suelen aumentar la estructura de gastos de la organización.

Por ejemplo, en el caso de los hoteles de lujo asequible de citizenM descrito en el capítulo 11, su tasa de ocupación es del 90% y los consumidores los ponen a la altura de los hoteles de cinco estrellas, pero la oferta de océano azul de citizenM elimina numerosos factores costosos, desde los espacios tradicionales de la recepción y el vestíbulo, hasta los botones, el portero, el conserje, el servicio de habitaciones e incluso los restaurantes de servicio completo, puesto que citizenM determinó que no eran factores decisivos para la mayoría de los viajeros frecuentes. Cada uno de los factores eliminados por citizenM supone una reducción directa de la plantilla requerida en cada hotel (sus hoteles funcionan con menos de la mitad del personal que otros hoteles comparables de 200-400 habitaciones), lo cual implica a su vez una disminución general de los gastos de personal. Mediante la eliminación del tradicional vestíbulo y restaurante y la reducción del tamaño de las habitaciones en un 50%, también se reduce de forma significativa el costoso factor del precio inmobiliario. Las repercusiones de todo lo anterior van mucho más allá de lo que resulta visible para los clientes, puesto que la consecuencia es que citizenM también puede eliminar el espacio de una cocina profesional, así como todos los costes asociados a construir y mantener una cocina. Del mismo modo, al reducir la variedad de tipos de habitaciones a un único formato estándar, no solo se simplifica su construcción, lo cual conlleva una ganancia en eficiencia, sino que permite, tal y como veremos más adelante, aplicar unas innovadoras técnicas de construcción de alto valor y bajo coste.

Asimismo, citizenM identificó tres factores que debían aumentarse: el entorno en que se duerme de las habitaciones (con camas extragrandes, sábanas de alta calidad, toallas esponjosas, silencio —o aislamiento acústico— y duchas potentes); la ubicación de primer orden y la conectividad (con conexión Wi-Fi gratuita de alta velocidad, películas bajo demanda y tarifas de teléfono como las de Skype, todos ellos elementos muy apreciados por los clientes y que, sin embargo, resultan económicos de suministrar). Finalmente, citizenM identificó tres factores que debían crearse: kioscos fáciles de usar para el autorregistro de los clientes; una atractiva área común de carácter único con bar y zona para tomar algo abiertos las 24 horas, 7 días a la semana y unos embajadores multifuncionales. Finalmente, el equipo de citizenM se comprometió a ofrecer esta experiencia a un precio asequible para los clientes de los hoteles de tres estrellas. El resultado fue una oferta con el potencial de atraer a todos los «ciudadanos móviles», independientemente de si se alojaban en hoteles de lujo o de tres estrellas.

El siguiente paso para formalizar el modelo de negocio global consiste en determinar el margen de beneficio objetivo que deseas obtener para asegurar unas buenas ganancias para tu organización. Según nuestra experiencia, lo mejor es comenzar con un margen de beneficio más agresivo de lo que consideres razonable en vista de las prácticas existentes en el sector. A continuación, determina tus costes objetivo —el nivel de costes que será necesario en última instancia— restando al margen objetivo el precio estratégico identificado por el equipo.

Cuanto más agresivo sea el margen de beneficio objetivo, más agresivo será el coste objetivo. Si obligas a una persona a cumplir unos objetivos de beneficio y coste agresivos, les fuerzas a ir más allá de sus prácticas habituales y a buscar soluciones innovadoras a lo largo de toda la operación. Al igual que hay sectores que compiten en base a factores que los compradores ya no valoran, las prácticas operativas estándar del sector a menudo suelen dejar mucho margen para desarrollar nuevas formas de pensar e innovar que pueden reducir los costes. Por lo tanto, por mucho que la gente rechace en un principio unos objetivos agresivos de beneficios y costes, te instamos a mantenerte firme. Si los motivas, se esforzarán por realizar el trabajo de una manera innovadora con un alto valor y un bajo coste, y consiguiendo unos resultados sorprendentes.

A diferencia del sistema habitual de fijación de precios con el método del coste incrementado, según el cual un precio se fija sumando al coste el margen deseado, el cálculo del coste objetivo se basa en restar los costes al precio. A la vista de nuestra experiencia, las organizaciones que no calculan el coste objetivo de su jugada estratégica de océano azul, se encuentran con que, al crear el modelo de negocio, los costes son demasiado elevados para obtener un beneficio con el precio estratégico marcado. En consecuencia, aumentan el precio de la oferta o recortan el valor que tenían previsto proporcionar, lo cual compromete en ambos casos la jugada estratégica y empuja a la organización a navegar de nuevo en un océano rojo. En otras palabras, el escenario estratégico por venir debe ser innegociable, lo que puede negociarse es la manera en que el modelo de negocio lo hace realidad.

Cómo cumplir un objetivo de coste difícil

Aparte de todo lo que eliminan y reducen las organizaciones para rebajar los costes en su jugada de océano azul, existen otras maneras de cumplir un objetivo de coste difícil sin comprometer la oferta de océano azul para los compradores. Aunque no hay ninguna fórmula mágica, al formalizar el modelo de negocio, hay unas preguntas que el equipo debe explorar con el fin de asegurar que la organización recorta el gasto de la manera adecuada para actualizar su jugada de océano azul: «¿Con quién podemos asociarnos?» «¿Cómo podemos racionalizar e innovar a nivel de operaciones?» y «¿Cómo podemos multiplicar la energía positiva del equipo y sus aportaciones?» Profundicemos en cada una de estas preguntas individualmente.

¿Con quién podemos asociarnos? Al lanzar una nueva idea al mercado, muchas organizaciones cometen el error de intentar ocuparse ellas mismas de todos los aspectos de la operación. A veces, esto se debe al hecho de que ven el producto o servicio como una plataforma para desarrollar nuevas capacidades. Sin embargo, con mayor frecuencia, es porque las cosas siempre se han hecho así y a nadie se le ocurre cuestionar ese enfoque. Si bien es cierto que hacer las cosas por uno mismo aporta un mayor control, también suele llevar más tiempo y puede resultar más costoso que establecer una alianza con una organización que sea más experta y eficiente en un área del modelo de negocio en la que uno sea un principiante. Establecer alianzas con otras empresas (incluso mediante pequeñas adquisiciones en los casos en que sea la opción más rápida y económica) y aprovechar su experiencia y economías de escala permite reducir los costes y los plazos, así como salvar las brechas de competencias existentes.

Por ejemplo, el equipo de citizenM identificó dos áreas importantes —alimentación y limpieza— donde podía reducir de forma significativa sus costes al subcontratarlas de forma creativa, al tiempo que mejoraba el valor para el comprador, que se beneficiaba de la experiencia probada de terceros en estas áreas. Aunque citizenM había decidido eliminar los restaurantes y el servicio de habitaciones de sus hoteles, deseaba ofrecer a sus clientes unos platos sanos y frescos en la zona para tomar algo del área común, pero la restauración es un asunto complejo: requiere comprar muchos ingredientes, cocinar implica ensuciar y generar basura, se precisa una cocina y un buen cocinero, etcétera. Y, sin embargo, tal y como afirma Michael Levie: «A pesar de los esfuerzos y el coste invertidos en restauración, pocos hoteles ofrecen una comida que merezca la pena».

CitizenM resolvió este dilema estableciendo varias alianzas con empresas de *catering* locales situadas a pocas manzanas de sus hoteles. La experiencia probada de estas empresas y su poder de compra le permite tener las despensas de sus hoteles siempre repletas de buena comida (por ejemplo, *sushi*, ensaladas o bocadillos sabrosos y saludables). Así, citizenM puede ofrecer un servicio de restauración de bajo coste con una alta calidad. La cadena hotelera también contrata a empresas externas para que se ocupen de la limpieza y la ropa de cama. Pero eso no es todo: estas empresas también se encargan de suministrar los artículos de cortesía de las habitaciones y de comprar los artículos de limpieza, productos que almacenan en sus propias instalaciones. Si a esto se le suma el hecho de que la jugada de océano azul de citizenM elimina los restaurantes y el servicio de habitaciones, esto le reporta una ventaja competitiva exclusiva porque implica que elimina de sus hoteles los consiguientes servicios de compras, recepción y almacenaje, lo que a su vez se traduce en más espacio disponible para habitaciones y en una disminución significativa de los costes de explotación.

Wawa, la cadena de minisupermercados estadounidense que sirve a más de 600 millones de clientes al año a través de sus más de 700 establecimientos en seis estados y que tiene una facturación de casi 10.000 millones de dólares anuales, también ha sabido establecer alianzas inteligentes. Algunos clientes (como Jeremy Plauche) están tan enamorados de sus tiendas que llevan tatuado su logo en el brazo. El equipo de dirección de Wawa consideraba que su compañía era una organización de océano azul pero, en 2009, su CEO, Howard Stoeckel, percibió que estaban iniciando una deriva hacia las aguas del océano rojo. La crisis económica había sido muy dura y la competencia era cada vez más feroz. Decididos a no dejarse arrastrar hacia el inminente océano rojo, Howard y su equipo directivo aplicaron el enfoque del océano azul para abrir una nueva frontera de valor y coste. Hasta ese momento, el océano azul de Wawa se había basado en la manera en que había perfeccionado la intersección de sus tres negocios: tienda de conveniencia, gasolinera y restauración, todo bajo un mismo techo y con un extraordinario servicio al cliente. La perfección de la fórmula se reflejaba en sus cifras: a pesar de no tratarse de una tienda de conveniencia propiamente dicha, las ventas de las tiendas de Wawa más que triplican las de la típica tienda 7-Eleven.

Cuando Howard y su equipo comenzaron a trabajar con las herramientas de océano azul y crearon lo que se acabó conociendo como su «plan estratégico de océano azul», descubrieron que el servicio de restauración era el eslabón más débil de su oferta global, y al mismo tiempo el que ofrecía el mayor potencial de crecimiento rentable. Según Howard, «cuando se vende gasolina, tradicionalmente la gente ha asumido que no es posible que, además, ofrezcas un servicio de restauración de alta calidad». Al iniciar el proceso de transición al océano azul, el equipo se marcó como objetivo cambiar esta percepción. Su propósito era crear un salto de valor en la calidad, la frescura y el carácter saludable de la comida que ofrecía al mejor precio posible, todo con el fin de pasar de ser una tienda de conveniencia y gasolinera que también vendía comida, a convertirse en un restaurante de comida rápida líder en el sector que, además, vendía gasolina y artículos de conveniencia.

Para ello, se replantearon por completo el tipo de comida que debían ofrecer, lo fresca y saludable que debía ser, cómo debía presentarse para resultar atractiva y apetecible y cómo podían facilitar el proceso de selección y servicio para los compradores al mejor precio posible. En la actualidad, Wawa vende pan recién hecho; ensaladas de *kale* y quinua; bocadillos tipo burrito y sopas saludables; sándwiches tipo submarino más frescos y con ingredientes novedosos; sándwiches calientes para desayunar, comer o cenar y lo que algunos denominan «el nirvana del café». Como resultado de este replanteamiento, se dispararon las ventas así como la calidad general de la experiencia de Wawa. El poder de esta transición al océano azul se plasma en sus cifras. Hoy en día, sus ventas de comida por tienda superan a las de McDonald's. No obstante, lo más sorprendente es el modo en que el equipo creó un modelo de negocio para la nueva oferta de alimentación que permitió a Wawa obtener un margen de beneficio agresivo a la vez que cumplía un objetivo de coste agresivo.

Wawa elimina varios elementos que ofrecen otros establecimientos de comida rápida, como las mesas o el restaurante *drive-in*. Ahora bien, la clave de sus bajos costes y de su eficiencia radica en lo extraordinariamente diferentes que son sus operaciones entre bambalinas. Wawa no solo colabora con McLane Company, líder logístico en alimentación, sino que subcontrata toda su cadena de suministro de productos alimentarios. Por un lado, trabaja con panaderías que le abastecen de productos horneados y, por otro, con Taylor Farms y Safeway Group, que se ocupan de la comida preparada. Para el suministro diario de los productos frescos a todas las tiendas, Wawa contrata a Penske Corporation, que gestiona un centro de distribución al que llegan cada día los alimentos perecederos que preparan los socios de Wawa. Y Wawa no gestiona ninguna de estas actividades. Su implicación se limita a un pequeño grupo de empleados que trabajan con estos socios en cuestiones de comunicación y control de la calidad para garantizar unas entregas fiables y en buenas condiciones.

Según Howard, «al aplicar el enfoque de océano azul, pudimos identificar lo que necesitábamos hacer para ofrecer un salto a los clientes en lo que a la calidad, el valor y la presentación de los alimentos se refiere, y para mejorar al mismo tiempo la experiencia general de practicidad y calidad de Wawa. Sin embargo, carecíamos de instalaciones para preparar la comida y de la experiencia necesaria para ofrecer el producto que deseábamos vender: un producto de máxima calidad. Por lo tanto, en lugar de comprometer la oferta de océano azul o de intentar desarrollar esa experiencia internamente generando con ello un alto coste, hemos creado alianzas con los mejores socios posibles para hacer realidad nuestra visión de manera rápida y a un coste bajo». Según

Chris Gheysens, actual CEO de Wawa, «la categoría de bebidas y de alimentos frescos representa en estos momentos más del 40% de las ventas de Wawa. Hemos pasado de ser una tienda de conveniencia tradicional a convertirnos en un restaurante de comida rápida con servicio de gasolinera. Somos difíciles de clasificar».

¿Cómo podemos racionalizar e innovar a nivel de operaciones? Esta pregunta abarca múltiples posibilidades de reducción de costes que no sacrifican el valor para el comprador. Entre las preguntas que puede plantearse un equipo para descubrir estas posibilidades, se encuentran: «¿Podemos reemplazar las materias primas con componentes no convencionales menos costosos?» «¿Podemos eliminar las actividades e instalaciones de alto coste y de bajo valor o sustituirlas por unas eficientes y de bajo coste?» «¿Podemos desplazar la ubicación de nuestra oferta a un lugar de menor coste?» «¿Podemos acortar el número de fases o pasos del proceso de producción?» «¿Podemos producir industrialmente componentes que la competencia fabrica a mano?» «¿Hay alguna tecnología estándar o alguna actividad que podamos digitalizar para reducir los costes?» Por ejemplo, la Joven Orquesta Nacional de Irak se planteó esta pregunta y la respondió de forma brillante organizando conciertos por YouTube y usando Skype para la gestión de proyectos. Estas innovaciones creativas no solo eliminaron el coste y la pesadilla logística de intentar llevar a cabo estas tareas en persona en Irak sino que, a resultas de ello, la NYOI estableció su presencia en las redes sociales.

Asimismo, a través de este tipo de preguntas, el equipo de citizenM descubrió una manera innovadora de reducir los costes inmobiliarios de forma radical y de aumentar al mismo tiempo la calidad de las habitaciones. En el sector hotelero, el gasto de construcción es uno de los factores de coste más importantes, pero como la estrategia de océano azul de citizenM se basaba en un único tipo de habitación, el equipo reflexionó sobre el modo en que otros sectores fabrican productos estandarizados, dado que su intención era que las habitaciones pasaran a ser precisamente eso: estandarizadas. Al contemplar el problema desde esta perspectiva, la respuesta saltaba a la vista: los productos estandarizados no se suelen fabricar a mano, sino en serie. Esta idea llevó al equipo a plantearse si sería posible fabricar industrialmente las habitaciones de citizenM en lugar de utilizar los métodos de construcción tradicionales. La respuesta fue un rotundo sí. La fabricación modular les permitía construir las habitaciones a un coste muy inferior y de una forma más rápida, con un alto grado de calidad y, lo que era muy importante, con un sistema optimizado de aislamiento acústico y cableado basado en avanzados sistemas de ingeniería. En consecuencia, aunque citizenM utiliza métodos tradicionales para construir las plantas inferiores de sus hoteles, las habitaciones son prefabricadas y, dado que su jugada estratégica de océano azul reduce el tamaño de las habitaciones de forma significativa, estas se pueden suministrar premontadas para que sean fáciles de apilar y encajar. Esta innovación ayudó a la cadena hotelera a reducir el coste de construcción de las habitaciones hasta un 35% en comparación con el coste medio de un hotel de cuatro estrellas, y entre un 35 y 50% el coste global de la construcción si se compara con hoteles de lujo y de tres estrellas.

Además, citizenM observó que podía reducir los costes todavía más si eliminaba los centros de atención telefónica y el sistema de reservas por teléfono y los sustituía por un sistema de reservas por Internet rápido y sencillo. Por un lado, la población creciente de ciudadanos móviles domina las nuevas tecnologías y está acostumbrada a realizar transacciones en línea. Por otro lado, casi todos los centros de atención telefónica y sistemas de reservas por teléfono de los hoteles suelen incluir largos y enojosos mensajes grabados con instrucciones sobre la tecla que hay que pulsar para cada servicio y luego hay que esperar a que esté un operador disponible y, mientras tanto, estás obligado a escuchar una música o unos anuncios aburridos e interminables. ¿A quién le gusta eso?

¿Cómo podemos multiplicar la energía positiva del equipo y sus aportaciones? Las personas que son el rostro visible de tu marca y que, en última instancia, reflejan la autenticidad de tu oferta de océano azul, son las que interactúan directamente con los clientes, si eres una empresa; con los donantes, si eres una organización sin ánimo de lucro; o con los ciudadanos, si eres una agencia gubernamental. Estas personas son las que están de cara al público y las que crean esa experiencia especial para los clientes que hace que se sientan a gusto, sonrían y tengan ganas de volver una y otra vez. No obstante, a menudo son consideradas y tratadas como el último escalafón de la estructura jerárquica. Sin embargo, si te planteas en serio crear una oferta honesta y reducir los costes de tu modelo de negocio, no debería ser así. Si se fomenta y se multiplica la energía de las personas que se encuentran en la primera línea de fuego, sube su productividad, baja la tasa de rotación y aumenta su compromiso por esforzarse al máximo. Para conseguirlo, existe un proceso que se centra en la calidad humana del trato. Tal y como se explica en el capítulo 4, este proceso de carácter humanístico consigue que la gente que trabaja con el público se sienta reconocida y apreciada, no por ser brillante o perfecta, sino porque tiene algo que aportar y desea marcar una diferencia. Este enfoque humanista es una palanca potente para explorar en la etapa final de la jugada estratégica de océano azul. Veamos cómo se aplica en la práctica a los empleados que interactúan con los clientes.

Por ejemplo, citizenM, Wawa y NYOI aplicaron este enfoque a la hora de formalizar sus modelos de negocio. Un denominador común que comparten —y que no conlleva coste alguno—, son los nombres de los cargos que otorgan a sus empleados, todos los cuales revisten un cierto sentido de dignidad. En citizenM no hay recepcionistas, botones ni porteros, sino «embajadores». En Wawa, no hay personal de caja, dependientes ni mozos de almacén, sino que todos y cada uno de los casi 22.000 empleados de las tiendas son «asociados». Y, en la Joven Orquesta Nacional de Irak, los músicos no solo son intérpretes, sino «diplomáticos culturales» y «pacificadores». Todos estos cargos transmiten un sentido de responsabilidad y propósito que va más allá del mero cumplimiento del deber e influye sobre su sentimiento de orgullo y sensación de importancia.

Ese mensaje respetuoso que comunican estos cargos se refuerza con la forma que tienen los líderes de la organización de configurar el modelo de negocio para situar en una posición elevada dentro de la jerarquía corporativa a las personas que trabajan de cara al público. Por ejemplo, en citizenM, la «pirámide inversa» constituye una parte central de su cultura; en esta pirámide organizativa, el personal del hotel se posiciona en la punta y la dirección en la base. En Wawa, todos los directivos deben pasar al menos un día al mes visitando entre 12 y 15 tiendas para hablar con los asociados y los directores de los establecimientos. En la época navideña, la tradición marca que los directivos visiten las tiendas (luciendo en su inmensa mayoría un gorro de Papá Noel) para agradecer a los asociados su extraordinario servicio a los clientes los 365 días del año. En estas visitas, los directivos deben escuchar, dar las gracias, averiguar lo que preocupa a los asociados y pedir tanto a estos como a los directores de tienda que compartan sus ideas sobre cómo mejorar el negocio y cuenten historias de clientes satisfechos. En la NYOI, Paul MacAlindin reunió a todos los miembros de la orquesta y, a través de un facilitador de la Iraqi Peace Foundation que hablaba kurdo y árabe, les invitó a definir lo que deseaban que representara su orquesta. Los valores elegidos por los músicos fueron amor, compromiso y respeto. No se nos ocurre una mejor manera de que Paul les demostrara que la orquesta eran ellos y que, además de ser músicos, tenían la misión de ser una luz de esperanza para su país.

Empoderar al personal que trabaja en contacto directo con los clientes y confiar en que actuarán con buen juicio en sus interacciones con ellos en lugar de darles un guion a seguir como si fueran robots, es otra manera poderosa de fomentar el compromiso y la energía del personal. En este sentido, merece la pena analizar el modo en que citizenM y Wawa contratan, forman y recompensan a su personal para que eso sea posible. Para empezar, ambas compañías contratan a los empleados por su actitud y por sus valores y los forman en las habilidades necesarias, puesto que «las habilidades son algo que se puede enseñar, mientras que la actitud y los valores son difíciles de cambiar». En cualquier caso, si bien es cierto que reciben una formación intensa en las habilidades pertinentes, es mucho más importante transmitir a los empleados qué es lo que defiende la marca, cuál es la promesa de transición al océano azul que le hace al cliente y el papel que deberán desempeñar ellos para que esta promesa se haga realidad.

«Yo les digo a los asociados que, tanto si preparan cafés como si cobran en la caja o hacen bocadillos, su verdadero trabajo en Wawa consiste en ayudar a la gente a pasar un mejor día. No hay mayor vocación que esa», revela Howard Stoeckel. Tras ser contratado, el personal que trabaja de cara al público tiene que interpretar por sí mismo cómo puede cumplir la promesa de marca. Es de esta manera y por este motivo que entablan con los clientes una conexión humana auténtica, que puede iniciarse con un simple «Buenos días, cielo» o abriendo la puerta para alguien o bien preguntando «¿Le pasa algo?» a un cliente que parece triste. Esta responsabilidad personal de cumplir la promesa de marca se refuerza y complementa con las políticas de bonificaciones que aplican estas empresas. En citizenM, por ejemplo, los embajadores —no los directivos— pueden ganar (o perder) una bonificación mensual del 30%, que se calcula al 100% en base a la satisfacción de los clientes. CitizenM siempre presupuesta asumiendo que se alcanzará ese 30%. ¿Por qué? Para explicarlo no hay más que consultar el grado de satisfacción y las puntuaciones de cinco estrellas que otorgan los clientes de estos hoteles de forma constante a sus embajadores multifuncionales.

Por su parte, Wawa cuenta con uno de los diez programas más grandes de participación accionarial de los empleados de todo Estados Unidos, que se basa en el número de participantes. Casi el 40% de su capital privado pertenece a los empleados y la mayor parte de este no está en manos de los altos directivos, sino de los asociados y los directores de tienda. Motivados por las decenas de historias que han escuchado sobre los asociados que se jubilaron millonarios, los asociados se toman en serio la propiedad de las acciones. Prácticas tales como unos incentivos apropiados basados en el desempeño, la contratación basada en la actitud, la formación en habilidades y, sobre todo, la internalización de la promesa de marca por parte del personal que trabaja con los clientes o el empoderamiento de los empleados para que representen a la marca a través de un servicio excepcional, consiguen multiplicar la energía de los empleados, generar una sólida cultura de responsabilidad, crear experiencias auténticas y memorables para los consumidores y reducir la tasa de rotación de la plantilla. Todo son ventajas. Estas organizaciones no tienen clientes, sino fans a los que deleitan a diario.

Obtener una visión de conjunto

En un modelo de negocio global se observa la manera en que el valor y el coste se combinan en el océano azul de una organización para generar un crecimiento rentable por el precio estratégico fijado. En el gráfico 13-1 se muestra el modelo de negocio global de citizenM y la manera en que los distintos componentes interactúan entre sí. En el lado izquierdo se plasma el modo en que la dinámica de costes de la organización permite cumplir el objetivo de coste, mientras que en el lado derecho se describe todo lo que reciben los compradores para garantizar que la nueva oferta les resulta atractiva y asequible. Las flechas reflejan la forma en que interactúan los elementos de ambos lados del gráfico para crear un modelo de negocio rentable para la empresa y un producto ganador para los consumidores.

Gráfico 13-1. Cómo funciona el modelo de negocio de citizenM

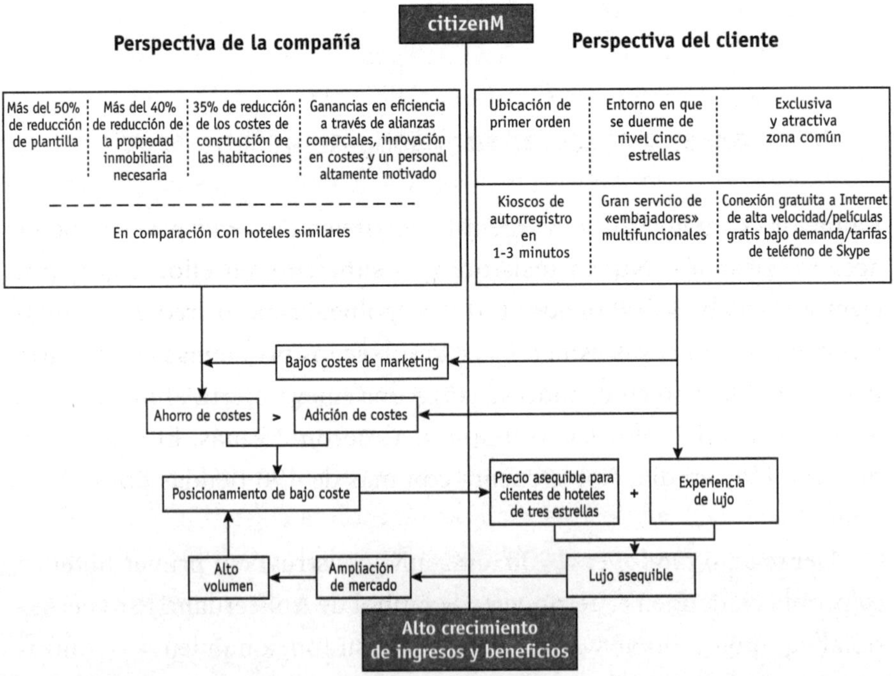

Al observar el modelo de negocio global de citizenM, resulta fácil comprender como esta organización obtiene un sólido crecimiento rentable. De hecho, su rentabilidad supera con creces a la de los establecimientos tradicionales, con una rentabilidad por metro cuadrado que casi dobla la de otros hoteles comparables de alta gama. Este modelo de negocio de visión global ayuda a captar la lógica económica de la transición al océano azul por medio de un único gráfico, y a comprender la manera en que las tareas individuales encajan entre sí para producir el resultado final. Este gráfico es una buena hoja de ruta con la que representar todos los detalles y acciones a nivel operativo, incluidos los hitos de qué tiene que pasar y cuándo, los objetivos que deben cumplirse y los resultados que deben alcanzarse para cada función.

En combinación con el escenario estratégico por venir, el modelo de negocio global consigue que la atención de todos se centre en un mismo objetivo final y evita que nadie se despiste o desvíe mientras se traduce la jugada estratégica de océano azul en una oferta tangible. Básicamente, estas herramientas actúan como un «filtro de decisiones» que alinea los esfuerzos de todas las personas de la organización encargadas de desarrollar los detalles operativos.

Lanzar y ejecutar tu jugada de océano azul

La mejor estrategia de lanzamiento consiste en empezar poco a poco y acelerar después. Nunca insistimos lo suficiente en ello. Apple, por ejemplo, no abrió 300 tiendas todas de golpe. Primero creó dos tiendas y concentró todos sus esfuerzos en resolver los problemas que, de forma inevitable, surgen cuando se lanza una nueva oferta al mercado en directo y a todo color. Poco después, abrieron 25 más. El resto ya es historia. Hoy en día, Apple cuenta con más de 490 tiendas por todo el mundo.

Del mismo modo, en 2008, citizenM construyó su primer hotel en su propia ciudad: en el aeropuerto Schiphol de Amsterdam. Esto permitió al equipo observar y analizar de cerca su funcionamiento y realizar los ajustes necesarios para obtener un buen modelo de negocio. ¿Los kioscos de autorregistro estaban situados en el lugar correcto en la entrada del hotel o debían moverse un poco a la izquierda o a la derecha? ¿Las pantallas de autorregistro eran lo bastante intuitivas como para que el proceso de registro durara entre uno y tres minutos o los clientes se atascaban siempre en el mismo punto? ¿Bastaba con tener un único embajador multifuncional para dar la bienvenida a los clientes y entablar con ellos una conexión auténtica de océano azul o eran necesarios más embajadores? ¿Y cómo funcionaban las habitaciones prefabricadas? ¿El sistema de cableado encajaba tan bien como en los prototipos de fábrica o era necesario ajustarlo? ¿El aislamiento acústico ofrecía el nivel de silencio deseado? Etcétera.

De esta manera, citizenM pudo resolver de forma rápida los problemas detectados, desde la forma en que se transmitía el valor a los clientes hasta las operaciones entre bastidores o el modelo de negocio, y hacerlo conservando su capital además, dado que solo debía realizar cambios en un único hotel. Tras realizar los ajustes necesarios y validar el éxito del producto, citizenM abrió un segundo hotel en el centro de Amsterdam, donde aplicó las lecciones aprendidas y tuvo la oportunidad de validar de nuevo el modelo de negocio. El tremendo éxito logrado por el hotel de Amsterdam ratificó ante la dirección de citizenM el salto de valor que ofrecían sus hoteles y la validez del mecanismo de rentabilidad subyacente. A partir de ese momento, citizenM pisó el acelerador y comenzó a abrir hoteles en las principales ciudades del mundo.

Wawa también aplica esta misma estrategia inteligente cuando lanza una nueva oferta: siempre empieza con un número limitado de tiendas, realiza los ajustes necesarios, amplía la oferta a unas cuantas tiendas más para confirmar la solidez y eficacia del modelo de negocio y, finalmente, aprieta el acelerador y realiza un despliegue rápido en todas las tiendas. Esta estrategia de lanzamiento presenta múltiples ventajas por diferentes motivos. Para empezar, reconoce que casi siempre hay puntos de mejora en la oferta de océano azul y en el modelo de negocio. Esto permite controlar el efecto emocional que genera la aparición de problemas durante el lanzamiento. El mensaje es el siguiente: «Nuestro objetivo es la medalla de oro, pero no hay que desanimarse ni hundirse si se producen pequeños fallos al principio. Es algo que cabe esperar. Hay que enfrentarse a ellos con la mente abierta, sin desesperarse y sin buscar culpables. Hay que tomarlo como una valiosa oportunidad de aprendizaje y tratar de resolver los fallos lo antes posible». Este enfoque también minimiza el riesgo financiero, el riesgo de perder credibilidad en el mercado y el riesgo de desmotivación del personal.

También hemos visto lo que sucede cuando una organización adopta el enfoque contrario y despliega su estrategia de forma muy rápida para descubrir después que contiene fallos. En tales casos, resulta mucho más costoso resolver los problemas y realizar los ajustes necesarios, lo cual genera frustración y, por regla general, la búsqueda de culpables. Además, cuando se trata de un despliegue amplio, la prensa suele fijarse y, si algo no sale según lo previsto, no tarda en publicar una crítica negativa, lo cual desanima todavía más a las personas de la organización. Por desgracia, cuando eso sucede, muchas organizaciones tiran la toalla, tildan de fracaso la iniciativa y se retiran dejando atrás una estela de egos dañados, dinero malgastado y personas desmotivadas, así como una organización temerosa de volver a probar algo nuevo, cuando, en realidad, los problemas detectados no son mayores ni peores que los habituales al lanzar una nueva oferta, pero la escala del lanzamiento los magnifica de forma exponencial.

Plantéate el lanzamiento y despliegue de tu jugada de océano azul como la producción del próximo éxito de Broadway. Tras seguir todos los pasos del proceso de transición al océano azul, has creado un guion atractivo y original que gusta mucho a todo el mundo. La gente te dice que apenas puede esperar a ver la obra y los que han trabajado contigo en su creación apenas pueden contener su impaciencia por salir al escenario. Además, tras crear el modelo de negocio global, sabes perfectamente cómo debe funcionar todo entre bastidores, desde los decorados y las luces hasta el vestuario y el sonido. ¿Pero acaso significa eso que no es necesario ensayar y pulir los detalles para que el musical sea un bombazo? Claro que no. Antes de que la obra se convierta en un gran éxito de taquilla, debes ser consciente de que surgirán pequeños fallos que requerirán ciertas modificaciones. Si, después del preestreno, la gente comenta que «algunos aspectos requieren más elaboración», escucha con atención, toma notas, evita buscar culpables y esfuérzate en liberar la magia del guion. Tú y tu equipo debéis comprender que esos ajustes son algo natural en el camino hacia la excelencia.

Ahora ya estás preparado para realizar la transición al océano azul. Dispones de las herramientas, el proceso y la mentalidad que se requieren para conseguirlo, de principio a fin. El mundo necesita más océanos azules. Te invitamos a crear el tuyo.

Epílogo
Una transición nacional al océano azul en acción

En un mundo donde los países deben hacer frente a las necesidades crecientes de los ciudadanos con unos presupuestos muy ajustados, la «transición al océano azul» es tan aplicable a los gobiernos como a las grandes corporaciones, las entidades sin ánimo de lucro o las pequeñas empresas emergentes. En este epílogo presentamos la experiencia de Malasia, que ilustra una transición nacional al océano azul en acción, y analizaremos los problemas que aborda, la mecánica del proceso de transición y la trascendencia de los resultados obtenidos.

En los albores del nuevo milenio, Malasia se encontraba en una encrucijada, atrapada en la denominada trampa de los ingresos medios. En la década de 1970, su nivel de desarrollo había sido similar al de Singapur, Corea del Sur y Taiwán, pero ya no era así. En los años transcurridos desde entonces, estos tres países se habían convertido en estados con un alto nivel de ingresos, mientras que Malasia no había logrado dar ese salto. El país se enfrentaba al desafío de tener que diferenciarse, por un lado, de regiones y países desarrollados como Estados Unidos, Europa y Japón, que ofrecían una mayor calidad y, por el otro, de países emergentes como China, la India, Vietnam e Indonesia que ofrecían un menor coste.

Los líderes de Malasia, deseosos de sacar al país de esta trampa de océano rojo, pensaron que una estrategia de océano azul podía ayudarles a aumentar el bienestar de la población e incrementar los ingresos nacionales. Para evaluar y validar este razonamiento, el primer ministro y el vice primer ministro de Malasia nos invitaron a participar en varias rondas de conversaciones con diferentes grupos de interés, que incluyeron desde pequeñas sesiones informales en grupo hasta un retiro de tres días con líderes nacionales del sector público y privado, pasando por una reunión oficial con el gabinete del primer ministro presidido por él mismo. Tras dos años de exploración e investigación, el gobierno había decidido aplicar la teoría y las herramientas de la estrategia del océano azul para iniciar una transición hacia aguas azules en las áreas económica y social.

Con este propósito, el gobierno fundó en 2008 el Instituto para la Estrategia del Océano Azul de Malasia (Malaysia Blue Ocean Strategy Institute, MBOSI), un instituto de investigación sin ánimo de lucro y, al año siguiente, organizó la Cumbre de la Estrategia Nacional de Océano Azul (National Blue Ocean Strategy Summit, NBOS Summit), una cumbre de carácter mensual que reúne a los máximos cargos del país y a los funcionarios de más alto rango, incluidos los de las fuerzas de seguridad nacional, así como a un selecto grupo de líderes del sector privado. En las ocasiones en que el orden del día no requiere la presencia del primer ministro o del vice primer ministro, las reuniones de la cumbre NBOS son presididas por el primer secretario del gobierno. Desde sus inicios, la cumbre cuenta con el apoyo del MBOSI, que garantiza la correcta aplicación de los principios del proceso de transición al océano azul.

En junio de 2013, la cumbre ya había lanzado más de 50 iniciativas de océano azul de tipo económico y social. En todas ellas, la *diferenciación* se concibió como una estrategia de alto valor o alto impacto para la economía y la sociedad del país, mientras que el *bajo coste* se definió como el ahorro derivado de reducir el gasto de los servicios prestados por el gobierno. Además, como el sector público tiene fama de avanzar muy lento, la *velocidad de ejecución* fue el tercer parámetro de evaluación que se tuvo en cuenta para determinar si una transición se había realizado de forma satisfactoria. En otras palabras, todas las iniciativas de la cumbre NBOS debían cumplir los siguientes principios: alto impacto, bajo coste y ejecución rápida.

En vista de los resultados positivos de estas iniciativas y de su rápida expansión, el gobierno fundó la Unidad de Estrategia Nacional (National Strategy Unit) bajo los auspicios del Ministerio de Finanzas para que apoyara, acelerara y supervisara las iniciativas en estrecha colaboración con el MBOSI. En 2017, Malasia ya había implantado más de 100 iniciativas de océano azul.

Cómo se formulan y ejecutan las iniciativas nacionales de océano azul

Con frecuencia los programas de transformación nacionales fracasan porque las organizaciones gubernamentales son incapaces de eliminar ciertos silos de trabajo profundamente arraigados. Los ministerios, los departamentos y las agencias del gobierno suelen trabajar de forma aislada y raramente comparten recursos o información. Además, en estos entornos abundan las luchas territoriales y la falta de asunción de responsabilidades. Sin embargo, la cumbre NBOS determinó que, para crear océanos azules, era necesario derruir estos silos y eliminar las fronteras que separan a los cuerpos de funcionarios federales, estatales y locales. Por consiguiente, la cumbre instó a los líderes nacionales a encontrar nuevas maneras de crear y captar oportunidades económicas y sociales para el país y a ampliar sus miras a través de la cooperación y el trabajo conjunto, lo cual conllevaba compartir sus recursos y conocimientos del modo establecido en las herramientas y los procesos de transición al océano azul.

Para facilitar esta colaboración, la cumbre creó dos plataformas: la precumbre y la plataforma externa. Toda iniciativa es liderada siempre por la cumbre NBOS, que establece las prioridades estratégicas y su orden de consecución en función de los problemas que afectan al país. Los asuntos debatidos por los miembros de la cumbre engloban desde cuestiones sobre la seguridad nacional, el incremento del índice de criminalidad o el terrorismo global hasta temas económicos como el desarrollo urbano y rural, la necesidad de más innovación y emprendimiento, la creación de mejores infraestructuras o el empleo juvenil, pasando por problemas sociales o temas relativos al bienestar de la población como, por ejemplo, el empoderamiento de las mujeres, la ineficacia de los servicios gubernamentales, la atención sanitaria, las viviendas de bajo coste o el deterioro medioambiental (incluida la caza furtiva). Las reuniones de la cumbre tienen una duración de tres horas y siempre finalizan con el anuncio de las nuevas iniciativas que se pondrán en marcha y que se suman a las que ya están en curso. Posteriormente, las dos plataformas de apoyo desarrollan con mayor detalle el proceso de estas iniciativas.

La precumbre, que es presidida por el primer secretario del gobierno, especifica —siguiendo las directrices de la cumbre NBOS— el ámbito, los miembros del equipo y la dirección estratégica de las nuevas iniciativas antes de traspasarlas a los equipos de la plataforma externa, que son debidamente instruidos al respecto. La precumbre, formada por líderes de ministerios, departamentos y agencias gubernamentales, también prepara la agenda de la cumbre con los puntos que deben tratarse en cada reunión, supervisa el progreso de las iniciativas para asegurar su correcta implantación y soluciona los conflictos interdepartamentales e interinstitucionales que pueden surgir durante el proceso.

Las plataformas externas se componen de los equipos que ejecutan las iniciativas de océano azul. Sus líderes también son miembros de la precumbre para asegurar que sus acciones estén alineadas. Los equipos deben elaborar unas hojas de ruta pormenorizadas que contengan tareas y plazos viables que todos los miembros puedan realizar con facilidad y de cuya ejecución asumen la responsabilidad. Los miembros del equipo se reúnen para exponer lo que han averiguado durante el trabajo de campo y, en función de la información obtenida, pueden ajustar ciertos aspectos de la hoja de ruta.

El primer secretario del gobierno y su equipo desempeñan un papel crucial en las tres plataformas de la NBOS, dado que se encargan de coordinar y orquestar sus esfuerzos para cumplir los objetivos marcados en beneficio del país. Desde sus inicios, este proceso de transformación nacional ha contado con el liderazgo de unos primeros secretarios competentes, decididos y dedicados, cuyas aportaciones a la transición de Malasia de un océano rojo a un océano azul merecen especial atención.

Para que todas las personas implicadas en el proceso puedan comprender el contenido de los debates estratégicos y compartir una misma visión del camino emprendido, es imprescindible que las tres plataformas NBOS utilicen un mismo lenguaje. En este sentido, los escenarios estratégicos, el marco de las cuatro acciones y la tabla eliminar-reducir-aumentar-crear (ERAC) son herramientas visuales que cumplen bien ese propósito. Cuando se plasma en una misma hoja un escenario estratégico con un lema convincente y sus cuatro acciones, como en el gráfico E-1, los representantes de todos los niveles del gobierno y de sus correspondientes ministerios y agencias pueden percibir a simple vista si una determinada jugada estratégica genera una transición hacia una nueva frontera de valor y coste.

Gráfico E-1. Estrategia del Programa de Reinserción Comunitaria de Malasia
«Una segunda oportunidad a través de la rehabilitación, no la encarcelación»

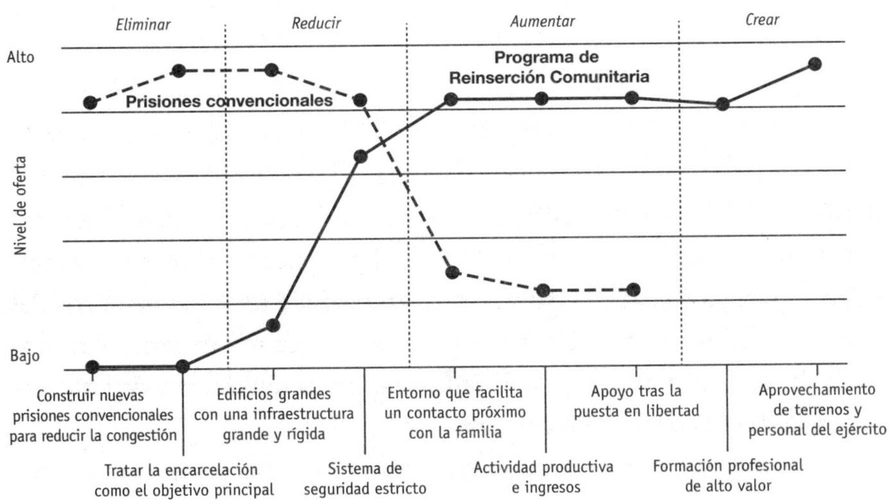

En el gráfico E-1 se muestra, tal y como se presentó ante la cumbre con su lema y sus cuatro acciones, el escenario estratégico del Programa de Reinserción Comunitaria (CRP) analizado en el capítulo 1. A modo de breve recordatorio, decir que el CRP fue creado para rehabilitar a los delincuentes menores, que constituyen el mayor porcentaje de la población penitenciaria del país. Desde la aplicación de la transición al océano azul, la tasa de reincidencia de estos delincuentes ha caído en picado, sus familias están entusiasmadas y la sociedad es más segura. En lo que al coste se refiere, un centro CRP es un 85% más económico de construir que una prisión convencional y un 58% más barato de mantener. En vista de las cifras disponibles en la actualidad, se prevé que el CRP logre durante su primera década de vida una reducción de los costes y unos beneficios para la sociedad por valor de 1.000 millones de dólares. De todos modos, el mejor regalo del CRP es la forma en que transforma la vida de los exreclusos ofreciéndoles esperanza, dignidad y habilidades para convertirse en miembros productivos de la sociedad.

A la hora de formular y ejecutar sus iniciativas, todas las plataformas de la NBOS deben seguir tres reglas básicas. En primer lugar, para que una idea o propuesta sea tenida en consideración, debe implicar a dos o más ministerios y su diseño debe cumplir los tres criterios de océano azul: alto impacto, bajo coste y ejecución rápida. En segundo lugar, deben observarse los principios del procedimiento justo —compromiso, explicación y expectativas claras— en todas las reuniones y en todos los procesos de toma de decisiones. En tercer lugar, deben usarse las herramientas de creación de mercado (por ejemplo, escenarios estratégicos, marco de las cuatro acciones, tabla ERAC, etc.) según proceda y reflejarse su uso en todos los debates e informes. Durante el proceso, el Instituto de la Estrategia de Océano Azul de Malasia y la Unidad de Estrategia Nacional desempeñan una labor de apoyo fundamental. La cumbre, por su parte, es la responsable de impulsar la adopción de un enfoque humanista que atraiga la cooperación voluntaria de las personas, y de promover la aplicación de herramientas de océano azul que promuevan sus competencias creativas.

Cómo comenzó el viaje

El viaje al océano azul de Malasia comenzó de forma modesta en 2009 con una única iniciativa. En esa época, el índice de delincuencia callejera estaba por las nubes. Los robos por el método del tirón (método por el cual el ladrón se aproxima en motocicleta a sus víctimas —en su mayoría mujeres— y les arranca el bolso de un tirón antes de huir a toda velocidad) estaban fuera de control. Los ciudadanos exigían más presencia policial, pero a pesar de hacer todo lo posible por responder a la demanda, la policía carecía de suficientes dotaciones para incrementar el número de unidades de patrulla en la calle. A raíz de todo ello, la policía propuso al gobierno construir más instalaciones de entrenamiento policial para formar a nuevos agentes. Sin embargo, la opción se descartó a causa de la compleja situación financiera provocada por la crisis económica mundial de 2008 y por el creciente déficit presupuestario que sufría el país. La policía, por tanto, se encontraba atrapada en un océano rojo de auge de la criminalidad. Los ciudadanos estaban desesperados. Y la competencia —los delincuentes— estaba ganando. El gobierno era consciente de que no podía cambiar nada con las prácticas habituales. Se imponía una transición al océano azul.

Cuando se debatió el tema en la cumbre, quedó claro que el Cuerpo Nacional de Policía de Malasia no podía solucionar el problema por sí solo y que era necesario implicar también al Ministerio del Interior y al Departamento de Administración Pública. Por lo tanto, la cumbre creó un equipo mixto con representantes de ambas instituciones al que encargó que presentara un plan estratégico en la próxima cumbre. Para ello, el equipo organizó una ronda inicial de reuniones con la precumbre y la plataforma externa para conocer mejor la situación y crear unas soluciones alternativas de océano azul que fueran viables.

El equipo descubrió que, a lo largo y ancho del país, muchos agentes cualificados para patrullar las calles se dedicaban a funciones administrativas en las comisarías, tales como redactar informes, gestionar inventarios o archivar documentos, pero como la policía siempre había realizado este tipo de tareas, nadie había cuestionado nunca esta práctica. Sin embargo, el equipo se preguntó si no sería posible delegar estas tareas en personal no policial para que hubiera más agentes disponibles para patrullar las calles como reclamaban los ciudadanos. Dado que el equipo contaba entre sus filas con algunos miembros del Ministerio del

Interior y del Departamento de Administración Pública, pudo averiguar que el cuerpo de funcionarios del país tenía un excedente de personal administrativo en plantilla cuya carga de trabajo era muy ligera. Por lo tanto, existía una oportunidad de océano azul de trasladar de manera rápida a funcionarios competentes e infrautilizados de las «zonas frías» de los departamentos de la administración pública a las «zonas calientes» de las comisarías. El equipo consideró que esta acción permitiría al gobierno iniciar la transición al océano azul, puesto que se trataba de una propuesta de alto impacto con un bajo coste y una ejecución rápida.

El equipo estaba preparado para trazar las estrategias específicas de la transición. No obstante, pese a que se habían aplicado las reglas del proceso justo en todas las reuniones de las plataformas y los responsables de los organismos pertinentes estaban alineados, no era tan sencillo trasladar a funcionarios de un ministerio o departamento a otro. Este tipo de acción no solo podía provocar duras luchas territoriales y generar problemas derivados de la reubicación de la plantilla y sus incentivos, sino que requería un profundo cambio en la mentalidad y la conducta de las personas implicadas. Además, la Oficina del Fiscal General debía comprobar si el traslado de funcionarios de la administración pública al cuerpo de policía infringía alguna normativa legal y, en tal caso, verificar si era posible resolver el problema dentro del marco de la legislación nacional.

Tras revisar los argumentos y desafíos arriba descritos, la cumbre incorporó a la Oficina del Fiscal General al equipo, aprobó la propuesta y solicitó al nuevo equipo ampliado que trazara y presentara un plan de acción con unos hitos concretos, en cuya elaboración también debían participar la precumbre y la plataforma externa de la NBOS. El periodo fijado para la presentación de los resultados fue de seis meses, el mismo que el otorgado en todos los proyectos posteriores de la NBOS, salvo en algunas excepciones. Este plazo tan ajustado tiene por objeto crear un sentido de urgencia que inspire enfoques innovadores que, a su vez, aceleren la ejecución de la iniciativa. Todos los miembros de la NBOS recibieron desde un principio una descripción clara de las expectativas y las explicaciones pertinentes.

Cada mes, el equipo informaba de sus progresos a la cumbre para obtener sus comentarios y opiniones. En un periodo de seis meses, más de 7.400 agentes fueron relevados de sus funciones administrativas y destinados a patrullar las calles, mientras que 4.000 funcionaros fueron trasladados a las comisarías para hacerse cargo de las labores administrativas que antes realizaba la policía. La ganancia en eficiencia identificada durante el proceso también tuvo en cuenta la menor necesidad de nuevo personal, lo cual supuso una disminución adicional del coste: en comparación con el tradicional enfoque de océano rojo que entrañaba reclutar y formar a nuevos agentes para que patrullaran las calles, la iniciativa interinstitucional e interdepartamental aplicada ahorró al gobierno cientos de millones de dólares y tuvo un rápido impacto sobre la seguridad en las calles: entre 2009 y finales de 2010, se registró un descenso del 35% de la delincuencia callejera, una tasa que ha continuado disminuyendo desde entonces.

Todavía más gratificante fue observar el cambio en la actitud y la conducta de las personas implicadas, reflejado en conversaciones como la siguiente:

—Me hice policía el día que cumplí 22 años —explicó un agente volviéndose al funcionario que se ocupaba de su trabajo administrativo—. Después de 15 años en la calle, por fin conseguí un buen puesto sentado en una cómoda oficina con aire acondicionado (cabe recordar que en Malasia hace calor todo el año), pero de repente llegaste tú y tuve que salir de nuevo a patrullar bajo el sol radiante. No me hizo ninguna gracia.

El funcionario miró al policía.

—¡Ahora entiendo por qué te mostraste tan distante y agresivo conmigo al principio! Pero has cambiado. Ahora me ayudas y me apoyas mucho. ¿Por qué?

El oficial sonrió.

—Para empezar, he visto lo bien que haces el trabajo administrativo, cosa nada sorprendente porque es tu especialidad. Pero lo más importante es que, cuando volví a subir a un coche de patrulla, me di cuenta de lo mucho que echaba de menos la calle. Me divierte estar en contacto con las personas a las que sirvo y protejo mientras controlo lo que sucede en sus barrios. La NBOS nos ha unido y nos ha forzado a trabajar en cosas que nos gustan y hacemos bien.

Esta conversación no es una excepción. Si bien es cierto que todavía existe un amplio margen de mejora y que conseguir eliminar determinados silos muy arraigados requiere una gran dosis de tiempo y paciencia, son muchos los policías y funcionarios que ahora comparten una visión positiva del trabajo de colaboración que llevan a cabo por el bien de su país.

De manera similar, en la iniciativa CRP, hubo algunos generales que al principio se mostraron reticentes a la implicación del ejército, puesto que les preocupaba que eso les distrajera de su labor principal de proteger al país de una amenaza externa o una invasión. Sin embargo, después de varias rondas de conversaciones, todos aceptaron probar la iniciativa CRP que, como ya hemos visto, fue todo un éxito. En una cumbre reciente, el jefe de las Fuerzas de Defensa —el general de más alto rango del ejército— compartió sus reflexiones al respecto: «Hemos avanzado mucho y estamos encantados de formar parte de este cambio iniciado por la NBOS. Nuestro deber es servir al Estado y hemos encontrado nuevas formas de hacerlo sin perder de vista nuestro objetivo principal de mantener el país a salvo». A día de hoy, la iniciativa de la NBOS ha promovido la creación de seis centros CRP y la reinserción de unos 10.000 reclusos.

Antes de la NBOS, el ejército y la policía casi nunca traspasaban la frontera que divide a sus instituciones. Pero las cosas han cambiado. En la actualidad, varias acciones demuestran que comparten una misma visión sobre su misión: proteger a la población y facilitar el desarrollo del país. En este sentido, no solo organizan patrullas conjuntas en las zonas de mayor criminalidad, sino que el ejército también ha cedido el espacio sobrante de sus instalaciones al cuerpo policial. Gracias a ello, la policía puede formar a nuevos agentes más rápido para que patrullen las calles. Además, esto supone un notable ahorro de costes para el gobierno, que elimina la necesidad de construir nuevas instalaciones de entrenamiento policial. «El paso de marcha y la forma de saludar de la policía y el ejército son diferentes —comentó en una cumbre el inspector general de la Policía—. Sin embargo, con el fin de poner de manifiesto el cambio en nuestra manera de cooperar por el bien del país, ¿por qué no celebramos una ceremonia de graduación común para que la primera promoción de policías formados en instalaciones del ejército se gradúe junto a los militares de esa misma promoción? Una ceremonia así sería la primera de nuestra historia», sugirió con el respaldo del jefe de las Fuerzas Armadas. Alrededor de 20.000 personas acudieron a presenciar ese acto histórico, donde el espíritu de cambio era palpable en el ambiente.

La evolución del viaje

Desde 2009, el gobierno de Malasia ha aplicado más de 100 iniciativas de océano azul con la participación de más de 90 ministerios y agencias de las áreas de finanzas, educación, desarrollo regional y rural, agricultura, bienestar en la ciudad, defensa, vivienda y gobiernos locales, así como de los ámbitos de la mujer, la familia y el desarrollo de la comunidad. Las cuestiones tratadas abarcan desde la seguridad hasta el desarrollo económico y social, pasando por el medioambiente y el bienestar público. Para obtener más información al respecto, visita www.nbos.gov.my y wwww.blueoceanshift.com/malaysia-nbos. Las iniciativas de la NBOS que han generado la mayor demanda entre los ciudadanos hasta la fecha están relacionadas con el bienestar en la ciudad y las zonas rurales, el emprendimiento y los programas de voluntariado para jóvenes. Veamos un breve ejemplo de cada.

En junio de 2012, la NBOS fundó el primer Centro de Transformación Urbana (Urban Transformation Center, UTC) en la ciudad de Malaca, una de las capitales de Estado del país. Desde entonces, se han creado más de veinte centros de este tipo de diverso tamaño en las principales ciudades del país. Los UTC son centros polivalentes que engloban bajo un mismo techo *la totalidad de* los servicios gubernamentales. Abren los siete días de la semana, de las 8:30 h a las 22:00 h, y sus servicios comprenden, entre otros, la renovación del pasaporte, la concesión de licencias y autorizaciones, la distribución de formularios, la información sobre programas educativos, consultorios médicos, programas de bienestar social y la concesión de certificados oficiales de diversa índole. Los UTC gozan de una enorme popularidad. En un país con una población de poco más de 30 millones, han recibido casi 50 millones de visitas relacionadas con servicios gubernamentales en sus primeros años de funcionamiento. En estos centros también se pueden comprar productos de alimentación, disfrutar de espacios de ocio (por ejemplo, gimnasios) y realizar transacciones bancarias. Dado que los UTC están ubicados en edificios estatales que estaban previamente vacíos o infrautilizados, su ejecución fue rápida en cuanto la cumbre aprobó la idea. El primer UTC de Malaca se montó en tan solo seis semanas y, dos semanas después, estaba abriendo sus puertas al público. Con los UTC, los ministerios y las agencias gubernamentales eliminan la necesidad de tener oficinas en las ciudades, lo cual supondrá un ahorro para el Estado de miles de millones de dólares en los próximos años. Asimismo, la ganancia en eficiencia y practicidad para la población es sustancial, puesto que ya no necesitan luchar contra el tráfico de la ciudad para acudir a múltiples oficinas a realizar sus gestiones. En las zonas rurales, la cumbre NBOS ha creado un modelo similar: más de 200 Centros de Transformación Rural (Rural Transformation Centers, RTC) de pequeño y gran tamaño brindan nuevas oportunidades económicas, sociales y educativas a la población rural para aumentar sus ingresos.

El Centro de Innovación y Creatividad Global de Malasia (Malaysian Global Innovation and Creativity Center, MaGIC) también nació a partir de la cumbre NBOS. Este centro reúne a empresarios, proveedores de servicios financieros, expertos de diferentes sectores, universidades y funcionarios para proporcionar su apoyo a emprendedores nacionales e internacionales. Desde su inauguración en abril de 2014 por el entonces presidente de Estados Unidos Barack Obama y el primer ministro de Malasia Najib Razak, este centro ha respaldado a más de 15.000 empresas emergentes. El MaGIC no solo coordina el ecosistema empresarial del país, sino que también mejora sus competencias creativas enseñando las herramientas y los métodos de océano azul a personas de todos los segmentos de la sociedad. El programa MaGIC Accelerator, destinado a crear una comunidad de empresas emergentes en ASEAN (Asociación de Naciones del Sudeste Asiático), es el más amplio de sus características en la región.

El proyecto 1Malaysia for Youth (iM4U), también lanzado por la cumbre, tuvo un efecto transformador similar sobre el voluntariado joven. Lanzado en 2012, el propósito de esta iniciativa era crear una nueva frontera de voluntariado mediante el fomento de la confianza de los jóvenes en sí mismos y el despliegue de su energía y talento para el bien del país. Con unos 3 millones de miembros, iM4U es la mayor organización de voluntarios del Sudeste Asiático y una de las principales del mundo. Sus miembros han participado en más de 4.500 proyectos nacionales e internacionales de ayuda para catástrofes, proporcionan profesorado complementario a las escuelas, organizan actos benéficos para ayudar a los ancianos y a los más necesitados y realizan trabajos en la comunidad de ámbito local y regional, entre otras muchas actividades. Este nuevo nivel de voluntariado joven sin precedentes ha impresionado tanto a los ciudadanos del país como de la región. En lo que respecta a los jóvenes, el programa les brinda la oportunidad de experimentar de primera mano el efecto positivo que pueden tener sus acciones sobre los demás. Esto fomenta su autoestima, promueve su sensación de orgullo por los logros obtenidos y amplía sus habilidades, todo ello por un bajo coste para el gobierno.

Estas iniciativas cambian las reglas del juego, no solo en cuanto a la forma de colaborar de las personas en aras de la creación de nuevas fronteras de valor y coste, sino también en la manera en que desempeñan sus funciones y sus responsabilidades. En una de las reuniones de la cumbre, el secretario del Tesoro declaró con una amplia sonrisa: «Yo soy un hombre de finanzas y, desde que se me asignó la tarea de liderar y ejecutar iniciativas como las de UTC y MaGIC, he aprendido mucho sobre la manera de pensar y actuar según los principios del océano azul. Mis compañeros de la NBOS y yo nos hemos dado cuenta de que tenemos que cambiar de mentalidad y transformar en océanos azules todas nuestras acciones. En mi caso, eso significa ser mucho más que un mero experto en finanzas: para presentar un presupuesto nacional con un alto impacto a un bajo coste y una ejecución rápida, debo convertirme en un estratega de océano azul».

Desde 2009, año en que el primer ministro de Malasia puso en marcha el proyecto del Viaje de Transformación Nacional en el que la NBOS ha desempeñado un papel fundamental, el PIB del país ha aumentado casi un 50% y se han creado más de 2 millones de empleos. A la vista del cambio, la comunidad internacional —especialmente los países emergentes y en vías de desarrollo— solicitó al gobierno malasio que compartiera su experiencia. En respuesta a esta solicitud, el país y sus líderes organizaron un congreso mundial sobre la NBOS del 16 al 18 de agosto de 2016.

El congreso de tres días atrajo a 5.500 personas de 45 países y se celebró en Putrajaya, la capital administrativa del país situada a las afueras de Kuala Lumpur. Entre los asistentes se encontraban jefes de Estado, ministros y funcionarios de alto nivel, así como representantes de las Naciones Unidas, de la Organización para la Cooperación Islámica y de la Asociación de Naciones del Sudeste Asiático y países miembros de la Commonwealth Association of Public Administration and Management (Asociación de Administración y Gestión Pública de la Commonwealth).

El primer secretario del gobierno inauguró el congreso con un resumen de las iniciativas de la NBOS y, a continuación, en el transcurso de su inspiradora ponencia inaugural, el primer ministro afirmó: «Si hubiéramos seguido con las antiguas políticas, el país y el gobierno hubieran acabado sumergidos en un océano de aguas rojas. Sabíamos que debíamos cambiar de paradigma y crear un nuevo modelo económico, un modelo impulsado por el conocimiento, la creatividad y la innovación, un "océano azul" de nuevas oportunidades». En la mesa redonda que siguió, en la que participaron varios jefes de Estado, el primer ministro de Tailandia insistió sobre la misma idea: «En tiempos de incertidumbre económica, los países tienden a volver a estrategias de océano rojo basadas en la competencia». En lugar de ello, animó a los delegados a centrarse «en innovar para crear océanos azules».

Tras las primeras ponencias inaugurales, el congreso se dividió en varias sesiones en las que los participantes no solo debatieron sobre el modo en que las iniciativas transforman la concepción y ejecución de las políticas nacionales, sino también sobre lo mucho que estos cambios modifican el entorno económico y social del país, así como la mentalidad y la actitud de las personas implicadas y su manera de cooperar. Según el ministro de Defensa de Malasia, que había liderado la primera iniciativa NBOS cuando ocupaba la cartera de interior, «la NBOS es un recordatorio constante de que de vez en cuando es necesario cambiar las cosas y de que debemos mantener la mente abierta y colaborar entre todos». Dado que los principios de cualquier iniciativa de cambio son la fase más compleja, sus comentarios y aportaciones tuvieron especial relevancia para el público.

El congreso también acogió varias exposiciones de la NBOS y los asistentes pudieron visitar los estands para profundizar en su conocimiento de las iniciativas presentadas. Asimismo, el último día, se les brindó la posibilidad de visitar algún centro con el fin de conocer de cerca el funcionamiento de la iniciativa y su influencia sobre la vida de las personas. Uno de los centros visitados fue el CRP de Gemas, donde los visitantes tuvieron la oportunidad de ver las nuevas habilidades generadoras de ingresos que estaban aprendiendo allí los reclusos y de escucharles describir con gran orgullo el trabajo que realizaban y los logros alcanzados.

«Cualquier transformación entraña aprender a colaborar de nuevas maneras, pensar de forma distinta y asumir nuevas funciones y responsabilidades. No es fácil, pero es gratificante. Durante este viaje, la NBOS ha creado nuevas maneras de servir mejor a los ciudadanos ofreciéndoles cosas que realmente les importan. La NBOS ha transformado el país entero. ¡Océanos azules a la vista!», concluyó el vice primer ministro malasio en la ponencia de clausura.

Actualmente, en las reuniones de la cumbre, es habitual oír expresiones tales como «pasar una iniciativa a océano azul» o «NBOSear una tarea» y, en un reunión reciente, el primer ministro hizo hincapié en la importancia de este tipo de trabajo: «Aspiramos a estar entre los primeros 20 países del mundo en 2050. Para eso, tenemos que perseverar en nuestro viaje al océano azul». En ese sentido, el primer secretario del gobierno está orquestando todas las actividades de la NBOS con renovada energía, sin dejar de motivar a los participantes o de supervisar y comunicar los resultados. Hace poco, en una charla ante un grupo de funcionarios reflexionaba así: «Sin duda alguna, el cambio no es fácil, pero tal y como hemos visto con la NBOS, los milagros existen si se tiene una mentalidad positiva. La NBOS es el eje central del viaje de transformación de nuestro país». La transición al océano azul continúa con renovada confianza.

Agradecimientos

Hemos recibido una cantidad de ayuda muy significativa a la hora de actualizar este libro. INSEAD, nuestro hogar académico ha seguido brindándonos un entorno único e inspirador en el que realizar nuestras investigaciones. Nos hemos beneficiado en gran medida de la componente verdaderamente internacional de nuestro claustro, alumnado y participantes en los programas para ejecutivos, así como de la polinización cruzada entre teoría y práctica que se da en INSEAD. El decano de INSEAD Ilian Mihov y el vicedecano Peter Zemsky nos han brindado respaldo institucional y ánimo constantes. También nos gustaría dar las gracias al antiguo decano Frank Brown, por su visión para establecer en INSEAD el Blue Ocean Strategy Institute [Instituto para la Estrategia de Océano Azul].

Con el apoyo de nuestros decanos —incluido el antiguo decano dedicado a los programas para ejecutivos, Sumitra Dutta, que ahora es decano de la Escuela de Negocios Cornell SC Johnson— hemos podido crear muchos programas de océano azul para participantes en programas para ejecutivos y alumnos de MBA de INSEAD, que se desarrollan a día de hoy por todo el mundo. Queremos agradecer asimismo a todos los alumnos de MBA de INSEAD que han participado en el grupo de estudio de océanos azules o Blue Ocean Study Group, en el Blue Ocean Simulation Course o curso de simulación de océanos azules y el Blue Ocean Theory Course o curso de teoría de océanos azules, y a todos los ejecutivos de todo el mundo que participaron en el Blue Ocean Strategy Open Enrolment Program o programa de inscripción abierta en la estrategia de océanos azules y en otros programas corporativos concretos de océanos azules. Tanto sus desafiantes preguntas como el reflexivo *feedback* que nos han brindado contribuyeron a aclarar y fortalecer nuestras ideas. También deseamos dar las gracias especialmente al Boston Consulting Group (BCG), que ha proporcionado apoyo financiero a nuestra investigación y, además, ha resultado ser un gran socio a largo plazo durante ya más de veinte años.

Estamos muy agradecidos a los miembros del claustro de profesores de INSEAD, que han impartido cursos de océanos azules en los programas de MBA y EMBA y otros programas de formación de ejecutivos de la facultad. Entre estos compañeros del cuerpo docente, citar a los catedráticos Andrew Shipilov, Fares Boulos, Peter Zemsky, Guoli Chen, Jens Meyer, Javier Gimeno, Neil Jones, Mi Ji, James Costantini, Ben Bensaou, Michael Shiel, Narayan Pant, Loïc Sadoulet, Matthew Lee, Lauren Mathys y George Eapen. Todos nos han brindado tanto sus valiosos comentarios como también un rico debate que han estimulado nuestro pensamiento, además de convertirse muchos de ellos —y esto es lo más importante— en grandes amigos. Gracias a todos.

A lo largo de nuestra singladura investigadora, ha habido mucha gente que nos ha apoyado en distintos momentos y les estamos agradecidos a todos. Ahora bien, hay dos personas que se merecen una mención especial: Gavin Fraser y Marc Beauvois-Coladon. A lo largo de muchos años, Gavin y Marc nos han dado *feedback* y han puesto en práctica nuestras ideas, a menudo antes de que ni tan siquiera se publicaran. Estamos encantados y muy orgullosos de que dos de las transiciones al océano azul que se describen en este libro sean resultado de la potente aplicación práctica de las ideas que contiene por parte de ellos dos. Gavin y Marc: gracias por vuestro apoyo y vuestras perspicaces observaciones, por la integridad intelectual que ponéis en vuestro trabajo y, sobre todo, por vuestra amistad. También debemos dar las gracias especialmente a Jae Won Park, consejero delegado del Malaysia Blue Ocean Strategy Institute [Instituto de Estrategia de Océano Azul de Malasia] (MBOSI); a John Riker, que lideró con gran habilidad el Blue Ocean Strategy Initiative Center [Centro para la Iniciativa de Océano Azul]; y a los expertos de máximo nivel en océanos azules Jason Hunter y Ralph Trombetta, cuyas experiencias en la aplicación de nuestras ideas han contribuido de manera muy directa a la confección de este libro. La dedicación y el esfuerzo de todos los directores y miembros del cuerpo docente del MBOSI, incluidos Jang Rae Cho, Gowrishankar Sundararajan, Lisa Carse, Tim Polkowski, Pamela Leong, Craig Wilkie, Julie Lee, Pallav Jha, y el resto del equipo del MBOSI han sido el esqueleto que ha sostenido la transición nacional al océano azul que explicamos en el epílogo de este libro.

También estamos particularmente agradecidos a nuestra directora de océanos azules Kasia Duda y su equipo en el MBOSI por su entusiasta apoyo y dedicación. Kasia, gracias por ser un buque imposible de hundir y una gran capitana de equipo. Apreciamos muchísimo todo lo que haces.

Asimismo, hemos de dar las gracias especialmente al consejero delegado de Blue Ocean Global Network [la red de contactos mundial para océanos azules], Robert Bong, que es, además, asesor de máximo nivel del MBOSI, y a todo su equipo: Chin Chin Lim, Serena George y Gan Kah Liang. Nuestro profundo agradecimiento va también para los miembros del Blue Ocean Global Network, una comunidad global de práctica de los conceptos de la familia de los océanos azules, y en particular a aquellos cuyos nombres no hemos podido mencionar aquí.

Además, agradecemos encarecidamente su tarea a nuestro increíble equipo de ejecutivos e investigadores, tanto actual como del pasado reciente, del INSEAD Blue Ocean Strategy Institute (IBOSI), y muy particularmente a Mi Ji, Oh Young Koo, Michael Olenick, Mélanie Pipino, Katrina Ling y Jee-Eun Lee. A través de los interesantes casos que tanta reflexión provocan y los vídeos de primera mano basados en la teoría original, en la actualidad, los conceptos de océanos azules se utilizan en más de 100 países de todo el mundo. Damos asimismo las gracias a nuestra coordinadora del IBOSI, Kim Wilkison. Hay, además, unos cuantos investigadores, además de los que ya hemos nombrado, que merecen una mención especial: Zunaira Munir, Allison Light y Amara Buyse.

A lo largo de la década transcurrida desde la publicación de nuestro primer libro *La estrategia del océano azul,* ejecutivos de grandes corporaciones, funcionarios, emprendedores, propietarios de pequeñas y medianas empresas e incluso alumnos de instituto y organizaciones religiosas se han propuesto poner en práctica nuestras ideas así como las herramientas y marcos conceptuales de creación de mercado con el objetivo de realizar una transición al océano azul. A todas estas personas, algunos de los cuales aparecen en este libro, les damos las gracias de todo corazón: nos habéis inspirado, nos habéis hecho aguzar el ingenio y habéis contribuido en gran medida a dar formas a las ideas que contiene esta obra.

El gobierno malasio ha estado aplicando el concepto y las herramientas de la transición al océano azul al desarrollo nacional a través de su iniciativa de Estrategia nacional de océanos azules (NBOS por sus siglas en inglés). Estamos inmensamente agradecidos al primer ministro Najib Razak y al antiguo primer ministro Abdullah Badawi por su visión e inspirador liderazgo a la hora de crear océanos azules para el país. Además, damos las gracias especialmente al vice primer ministro Zahid Hamidi, al ministro de Defensa y Funciones especiales Hishammuddin Hussein y a todos los miembros del gabinete ministerial que han impulsado la colaboración entre ministerios bajo el paraguas de la NBOS.

El primer secretario del gobierno de Malasia, Ali Hamsa, y el presidente de Petronas y antiguo primer secretario del gobierno Sidek Hassan, merecen de igual modo una mención especial por el excelente trabajo realizado para institucionalizar y fomentar el crecimiento de la Estrategia Nacional de Océano Azul dentro del gobierno de Malasia. Otros importantes contribuidores a la NBOS incluyen al secretario general del Tesoro, Irwan Serigar; al presidente de Permodalan Nasional Berhad (PNB) y antiguo ministro de Presidencia, Wahid Omar; el gobernador del Banco Central de Malasia, Muhammmad Ibrahim; el director general del Departamento de Servicio Público, Zainal Rahim; el presidente de Agrobank y antiguo director general del Departamento de Servicio Público, Zabidi Zainal; el inspector general de la Policía, Khalid Abu Bakar; el jefe de las Fuerzas Armadas, Raja Mohamed Affandi; el antiguo jefe de las Fuerzas Armadas, Zulkifeli Zin; el consejero delegado de Petronas, Zulkiflee Ariffin; el comisario general de Prisiones, Zulkifli Omar; y el director de la Unidad Nacional de Estrategia, Aminuddin Hassim, junto con todos los secretarios generales y directores generales de la administración pública de Malasia y los líderes de las fuerzas de seguridad malasias.

Sería todo un descuido por nuestra parte no mencionar a los millones y millones de malasios que han contribuido directa o indirectamente a crear océanos azules en Malasia a través de varias iniciativas de la NBOS. Estamos inmensamente agradecidos a los numerosos funcionarios, profesores, alumnos, generales y soldados, agentes de policía, profesionales, empresarios, emprendedores, jóvenes, jubilados, amas de casa, incluso reclusos penitenciarios y muchos otros que nos han brindado su tiempo, energía y corazón como participantes y voluntarios. Si bien son demasiados como para mencionarlos a todos aquí, ha sido una verdadera fuente de inspiración ser testigos de los esfuerzos realizados por los ciudadanos de todos los ámbitos, que han apoyado y desempeñado un papel fundamental en el desarrollo nacional de Malasia a través de la NBOS.

También deseamos dar las gracias a la Junta de asesores del presidente Obama en torno a la Iniciativa de la Casa Blanca con relación a universidades y escuelas universitarias históricamente negras [Board of Advisors on the White House Initiative on Historically Black Colleges and Universities]. Este trabajo nos dio nuevo brío para continuar aplicando y expandiendo la teoría de los océanos azules en el sector benéfico.

Durante el tiempo dedicado a la escritura de este libro nos hemos podido beneficiar de los comentarios de mucha gente y, más concretamente, agradecemos los reflexivos comentarios y sugerencias de Nan Stone. Nan, no solo es una amiga muy querida a la que conocemos desde hace más de veinte años, sino que, además, ha sido editora jefe de la revista *Harvard Business Review*, y fue quien supervisó nuestros primeros artículos en esa publicación que constituyen la semilla de nuestras posteriores investigaciones. También debemos dar las gracias por los valiosos comentarios y *feedback* de Andrea Ovans.

Para terminar, querríamos dar las gracias a nuestra editorial, Hachette Books. Desde el principio, todo el equipo editorial, pero sobre todo Mauro diPreta, Michelle Aielli y Betsy Hulsebosch, han creído en nuestras ideas y nos han apoyado con gran entusiasmo, proporcionándonos aliento e inspiración y, no menos importante, siendo tremendamente pacientes durante toda la etapa de intenso trabajo hasta finalizar el manuscrito. Apreciamos mucho también los denodados esfuerzos de Joanna Pinsker y David Lamb. Gracias asimismo a Michael Pietsch, el consejero delegado de Hachette, por su incondicional apoyo y compromiso con el libro. Estamos profundamente agradecidos a todos.

Sobre los autores

W. Chan Kim y Renée Mauborgne son catedráticos de estrategia en INSEAD, que ocupa de manera continuada los primeros puestos en las listas de las mejores escuelas de negocios del mundo, y codirectores del Blue Ocean Strategy Institute [Instituto para la Estrategia de Océano Azul] en Fontainebleau, Francia. Son también miembros del Foro Económico Mundial y la publicación *MBA Rankings* los han situado entre los cinco mejores profesores de escuela de negocios. Kim es miembro del cuerpo de asesores de la Unión Europea, ofreciendo asesoría a varios países. Mauborgne ha formado parte de la Junta de asesores del presidente Obama relacionado con la Iniciativa de la Casa Blanca sobre universidades y escuelas universitarias históricamente negras (las HBCU por sus siglas en inglés o Historically Black Colleges and Universities) durante los dos mandatos del presidente. Ambos realizan labores de asesoría y consultoría, dan charlas a gobiernos y a empresas de todo el mundo y han escrito varios artículos de gran repercusión para publicaciones como *Harvard Business Review, Academy of Management Journal, Management Science, Organization Science, Strategic Management Journal, Administrative Science Quarterly, Journal of International Business Studies, MIT Sloane Management Review,* el *Wall Street Journal,* el *New York Times* y el *Financial Times* entre otros.

Kim y Mauborgne son asimismo autores de *La estrategia del océano azul: crear nuevos espacios de mercado donde la competencia sea irrelevante* (Harvard Business Review Press). Se han vendido más de 3,6 millones de *La estrategia del océano azul* y se reconoce como uno de los libros sobre estrategia más icónicos e impactantes que jamás se hayan escrito. Se ha publicado en la cifra récord de 44 idiomas y ha sido un éxito de ventas en los cinco continentes. *La estrategia del océa-*

no azul ha recibido además varios galardones, incluido el de «Mejor libro temática empresarial de 2005» de la Feria del Libro de Frankfurt, y también fue seleccionado como uno de los «10 mejores libros de negocios del 2005» por Amazon.com, y uno de los 40 libros más influyentes en la historia de la República Popular China de 1949 a 2009, junto con *La riqueza de las naciones* de Adam Smith y *Libertad de elegir* de Milton y Rose.

Kim y Mauborgne se encuentran entre los 3 gurús más importantes a nivel mundial sobre temas de gestión, según la lista Thinkers50, y Mauborgne es la mujer que más alto ha llegado en esa lista. Los autores también han recibido numerosos premios académicos y de gestión por todo el mundo, entre los que se incluyen: el Carl S. Sloane Award for Excellence, un premio a la excelencia que concede la Asociación de Empresas de Consultoría de Gestión, la Association of Management Consulting Firms; el Leadership Hall of Fame [integrante de la galería de la fama en materia de liderazgo] de la revista *Fast Company*; el Nobels Colloquia Prize for Leadership on Business and Economic Thinking [premio Nobels Colloquia al liderazgo en el pensamiento empresarial y económico]; y el premio Eldridge Haynes de la Academia Internacional de Negocios, la Academy of International Business, a la mejor comunicación en el ámbito internacional de los negocios. También son los ganadores del Prix DCF 2009 (Prix des Dirigeants Commerciaux de France 2009, el premio a los directivos comerciales de Francia de 2009) en la categoría de «Estrategia empresarial». Además, *L'Expansion* nombró a Kim y a Mauborgne «gurús número uno del futuro». El *Sunday Times* (Londres) se ha referido a ellos como «dos de los pensadores más brillantes de Europa en materia empresarial». *The Observer*, por su parte, calificó a Kim y a Mauborgne como «los próximos grandes gurús del mundo empresarial». Kim y Mauborgne han ganado también varios premios del Case Centre, incluida su inclusión entre los «10 autores de casos que más venden a nivel mundial (2015/2016)», entre los «40 autores de casos de todos los tiempos que más venden» en 2014, el galardón al «Mejor caso en general» en 2009, entre todas las disciplinas, y el reconocimiento de «Mejor caso sobre estrategia» en 2008.

Además, son fundadores del Blue Ocean Global Network, la red de contactos mundial para Océanos Azules (BOGN por sus siglas en inglés), la comunidad global de puesta en práctica de la familia de conceptos de los océanos azules que han creado. La BOGN incluye representantes del mundo académico, consultores, ejecutivos y funcionarios gubernamentales. Se puede obtener más información sobre los autores y la BOGN en www.blueoceanshift.com.

ECOSISTEMA
DIGITAL
NUESTRO PUNTO DE ENCUENTRO
www.edicionesurano.com
2 AMABOOK
Disfruta de tu rincón de lectura y accede a todas nuestras novedades en modo compra.
www.amabook.com
3 SUSCRIBOOKS
El límite lo pones tú, lectura sin freno, en modo suscripción.
www.suscribooks.com
AB
SB suscribooks
DISFRUTA DE 1 MES DE LECTURA GRATIS
quieroleer
You Tube
1 REDES SOCIALES:
Amplio abanico de redes para que participes activamente.
4 APPS Y DESCARGAS
Apps que te permitirán leer e interactuar con otros lectores.
iOS